Auf der Suche nach Timotheus

Wie Gemeindemitarbeiter ihr volles Potential
entdecken und entfalten können

Tony Cooke

... sondern wenn jemand unter euch groß werden will, wird er euer Diener sein, und wenn jemand unter euch der Erste sein will, wird er euer Sklave sein; gleichwie der Sohn des Menschen nicht gekommen ist, um bedient zu werden, sondern um zu dienen und sein Leben zu geben als Lösegeld für viele.

Matthäus 20:26-28

Dies schreibe ich dir in der Hoffnung, bald zu dir zu kommen; wenn ich aber zögere, damit du weißt, wie man sich verhalten muss im Hause Gottes, das die Gemeinde des lebendigen Gottes ist, der Pfeiler und die Grundfeste der Wahrheit.

1.Timotheus 3:14-15

Auf der Suche nach Timotheus
Tony Cooke

Titel der amerikanischen Originalausgabe:
In Search of Timothy

Übersetzung aus dem Amerikanischen: Manfred Roth
Lektorat: Katharina Roth
Druck: Schönbach Druck GmbH, D-64390 Erzhausen

Die Bibelzitate sind, wenn nicht anders vermerkt, der
Revidierten Elberfelder Übersetzung, 1985, entnommen.

Andere verwendete Übersetzungen:

Schlachter Version 2000 (SCHLACHTER, bzw. SCHL)
Neue Evangelistische Übersetzung (NeÜ)
Römerbrief bis Offenbarung – Eine erklärende Übersetzung (NTR)
Verschiedene englische Übersetzungen, die jeweils aus dem Englischen
übertragen wurden.

1. Auflage 2007

ISBN: 978-3-909260-37-3

Bestellungen bei:
Zoe Evangelistische Vereinigung
Badenerstrasse 808, 8048 Zürich
www.zoe-online.ch

Mitherausgeber:
Gospel Center Brugg
Gospel Training Center, Brugg
Zoe Christliches Centrum, Basel
Zoe Gospel Center, Zürich
biblisches Glaubenszentrum Schaffhausen

Inhaltsverzeichnis:

Vorwort des deutschen Herausgebers 7
Vorwort von Tony Cooke 9
Einführung 13

Teil I – Biblische Grundlagen des unterstützenden Dienstes

1. Leiterschaft und ihre Herausforderungen 19
2. Einsame Leiter melden sich zu Wort 23
3. In der Schule des Timotheus 31
4. Vier Verpflichtungen für unterstützende Mitarbeiter 37
5. Richtige Prioritäten führen zur richtigen Perspektive 43

Teil II – Biblische Beispiele für unterstützenden Dienst

6. Paulus und Timotheus: Von gleicher Gesinnung 53
7. Paulus und Markus: Wenn der erste Versuch ein Flop ist 61
8. Paulus und andere: Strategische Beziehungen 65
9. Jesus und Seine Jünger 71
10. Johannes der Täufer: Den Erfolg eines anderen fördern 79
11. Mose und seine Helfer 83
12. David und Jonathan: Wenn Seelen sich verbinden 91
13. David und seine starken Helden 95
14. Elisa: Ein Vorbild echter Nachfolge 103

Teil III – Eigenschaften guter Mitarbeiter

15. Gute Mitarbeiter sind loyal 109
16. Gute Mitarbeiter haben eine tadellose Einstellung 117
17. Gute Mitarbeiter sind treu 121
18. Gute Mitarbeiter sind beziehungsfähig 127
19. Gute Mitarbeiter sind dienstbereit 137
20. Gute Mitarbeiter sind tatkräftig und begeisterungsfähig 143
21. Gute Mitarbeiter pflegen einen ausgewogenen Lebensstil 149
22. Gute Mitarbeiter sind flexibel und wachstumsorientiert 159
23. Gute Mitarbeiter haben Eigenmotivation 165
24. Gute Mitarbeiter sind kommunikationsfähig 171
25. Gute Mitarbeiter multiplizieren sich 177
26. Gute Mitarbeiter sind integer und ehrlich 183
27. Gute Mitarbeiter sind weise in ihrem Predigtdienst 191
28. Gute Mitarbeiter sind einsichtig und verständig 197

Teil IV – Damit in Ihrem Team keine Epidemie ausbricht

29. Wie man Ansteckung vermeiden kann 205
30. Unter schlechtem Einfluss 213
31. Für wen arbeiten Sie? 223
32. Ärgernisse können tödlich enden! 229
33. Absalom: Ein schlimmes Beispiel einer Epidemie 235

Teil V – Wo ist er zu finden?

34. Der Mann im Spiegel 245
35. Der Timotheus in Dir 255

Vorwort des deutschen Herausgebers

Das vorliegende Buch von Tony Cooke führt den Leser auf kurzweilige und praktische Weise in die Bedeutung des Dienstes der Hilfeleistung ein. Für Personen, die schon aktiv in der Gemeinde mithelfen, ist es ein Leitfaden zu noch mehr Effektivität und Freude am Dienst; für solche, die gerade erst beginnen, die Gemeinde als Arbeitsfeld zu entdecken, bietet es viel Ermutigung, weiter in diese Richtung zu gehen.

Neben einer fundierten Begründung und Beschreibung des Dienstes der Hilfeleistung vermittelt das Buch viele Führungsprinzipien, die auch im weltlichen Beruf angewandt werden können. Es richtet sich sowohl an den „gesuchten Timotheus" als auch an den Pastor, Leiter oder Chef, der diese Art von Mitarbeitern sucht, sie ausbilden und in ihre Berufung führen möchte. Das Buch eignet sich besonders auch für Christen, die in einer Ausbildung zur ehrenamtlichen oder hauptberuflichen Gemeindemitarbeit stehen.

Tony Cooke schreibt aus langjähriger intensiver Erfahrung mit Pastoren, Co-Pastoren sowie bezahlten und unbezahlten Mitarbeitern. Damit der Leser einen größtmöglichen und ungetrübten Nutzen von der Lektüre hat, möchten wir darauf hinweisen, dass sich die amerikanische Gemeindesituation, von welcher der Autor ausgeht, in einigen Aspekten von der europäischen unterscheidet. So kommt es zum Beispiel aufgrund der Größe vieler Gemeinden häufiger vor, dass ein bezahlter Mitarbeiterstab von zehn, zwanzig oder mehr Personen beschäftigt wird. Obwohl die Beispiele und manche Aussagen des Buches von der amerikanischen Situation geprägt sein mögen, liegen ihnen doch allgemeingültige, biblische Prinzipien zugrunde.

Wir wünschen dem Leser, dass er sich diese schriftgemäßen Prinzipien aneignen und sie in seiner jeweiligen Situation umsetzen kann.

Zürich im November 2007

Vorwort von Tony Cooke

Ich schreibe dieses Buch in großer Wertschätzung der Tatsache, dass ich im Laufe der letzten zwanzig Jahre in zwei hervorragenden Gemeinden arbeiten durfte. Ich bin Dr. Dan Beller und Pastor Kenneth Hagin Jr. zu großem Dank verpflichtet, dass ich ihnen in ihren Gemeinden dienen konnte; die Ausbildung, die ich bei ihnen genossen habe ist von unschätzbarem Wert. Die Arbeit im Rahmen dieser Gemeinden hat mir den Wert von Partnerschaft gezeigt. Sie hat mir Einsichten über die Arbeit mit Menschen, vermittelt, die verschiedene, einander ergänzende Fähigkeiten haben, und sie hat es mir erlaubt, zu sehen welche Kraft in echter Teamarbeit steckt.

Obwohl ich viele wertvolle Lektionen in der Zusammenarbeit mit diesen beiden exzellenten Pastoren gelernt habe, stammt doch ein großer Teil der Information, die dieses Buch vermittelt, aus meiner Zeit als Direktor der *RHEMA Ministerial Association International* (der internationalen Predigervereinigung der RHEMA Bibelschule in Tulsa, Oklahoma). In meinen Jahren als Direktor von RMAI führte ich hunderte von Gesprächen mit verschiedensten Pastoren über ihre Erfahrungen mit Mitarbeitern und Leuten, die in unterstützender Funktion wirkten. Außerdem führte ich zahllose Gespräche mit unterschiedlichen Mitarbeitern über ihre Erfahrungen in den jeweiligen Diensten.

Ich bin auch dankbar für die vielen, vielen Begegnungen mit anderen Leitern, die ich über die Jahre meines Reisedienstes in verschiedenen Staaten der USA und in anderen Ländern erlebt habe. Alle diese Begegnungen und der Austausch, der dabei stattfand, haben mir unzählige Einblicke in innergemeindliche Abläufe gegeben; dabei konnte ich sowohl positive als auch negative Aspekte von Dienst-Beziehungen beobachten.

Ich weiß, dass die Beziehungen mit Mitarbeitern und Personen, die in unterstützenden Diensten wirken, nicht immer ungetrübt sind. Eine anerkannte Autorität in Sachen Gemeindewachstum und Leiterschaft hat folgende ernüchternde Feststellung gemacht:

> Mein fünfunddreißigjähriges Engagement in hunderten von Mitarbeiterstäben christlicher Gemeinden ist äußerst ernüchternd. Mit Mühe findet man in einem von vier Mitarbeiterstäben das Ideal der Zusammenarbeit in Liebe und Harmonie. Viele Teammitglieder tolerieren sich nur. Sie gleichen Ehepaaren, die wie Singles zusammenleben, und haben keine Hingabe, keine gemeinsamen Ziele, keinen Gemeinschaftssinn. Sie teilen sich nur dasselbe Dach über dem Kopf.
>
> Wenn es einen Ort in der christlichen Welt geben sollte, wo Leute als echtes Team zusammenarbeiten, dann ist es die Leiterschaft der Gemeinde. Die Zusammenarbeit zwischen dem Pastor und seinen Mitarbeitern sollte ein Modell für all das sein, was Christus mit der Gemeinde beabsichtig hat. Dem Vater wohlgefällig zu sein, bedeutet in Harmonie zu arbeiten. Die Leitung der Gemeinde sollte das echte Zusammenwirken verschiedener Gaben demonstrieren. Der Mitarbeiterstab der Gemeinde sollte ein Bild dafür sein, wie Annahme, Vergebung, Teilhaberschaft, Unterstützung, Ermutigung und das Erreichen gemeinsamer Ziele ausgelebt werden können. Der Mitarbeiterstab sollte ein Miniaturbild des Leibes Christi darstellen, eine Gemeinde im Kleinen. Wenn die Mitarbeiter nicht in der Lage sind, dem Volk Gottes die Schönheit und Harmonie des Leibes Christi zu demonstrieren, dann können auch die einzelnen Glieder dieses Leibes nicht erwarten, dass die Gemeindefamilie als Ganzes in angemessener Weise zusammen wirkt.[1]

Dieses Buch kann von jeder Einzelperson mit großem Gewinn gelesen werden, aber ich glaube, dass sich der größte Nutzen von *Auf der Suche nach Timotheus* dann ergibt, wenn das Buch in der Gruppe studiert und besprochen wird. Ich stelle mir vor, dass Gemeindemitarbeiter und Leitungsteams dieses Buch als eine Art „Gruppen-Andachtsbuch“ lesen, und jeweils die Fragen zum Nachdenken und Gespräch zusammen durchgehen und besprechen. Ich glaube, dass dieses Vorgehen mithelfen wird, die Ergebnisse zu erzielen, die in Hebräer 10:24 und 25 beschrieben werden: „Und lasst uns aufeinander Acht haben, um uns zur Liebe und zu guten Werken anzureizen,

[1] Zitat aus dem *Church Staff Handbook,* 2nd ed., © 1997 by Harold J. Westing. Published by Kregel Publications, Grand Rapids, MI.

indem wir unser Zusammenkommen nicht versäumen, wie es bei einigen Sitte ist, sondern einander ermuntern, und das um so mehr, je mehr ihr den Tag herannahen seht!“

Mir ist bewusst, dass Männer und Frauen gleichermaßen im Leib Christi mitarbeiten. Jede Erwähnung eines Pastors, Leiters oder Mitarbeiters als „er“ oder „ihm“ soll im allgemeinen Sinn verstanden werden. Es ist nicht meine Absicht, die wichtige Rolle der Frau in der Gemeinde – sei es in Leiterschaft oder Mitarbeit – klein zu machen. Ich möchte nur umständliche Formulierungen wie „sie und er“ oder „PastorInnen“ und ähnliche vermeiden, die den Leser sehr ermüden können, wenn man sie zu oft gebraucht.

Zum Schluss noch ein allgemeines Wort. Bitte denken sie daran, dass ich in diesem Buch oft vom *Idealfall* ausgehe, bzw. diesen beschreibe. Wir stehen alle an unterschiedlichen Punkten, was unseren Wachstum, unsere Reife, unsere Entwicklung, ja, sogar unsere Hingabe angeht. Der Inhalt dieses Buches soll nicht einen starren, eisernen Standard vermitteln, an dem Leute gemessen und mit dem sie womöglich verurteilt werden, wenn sie ihm nicht entsprechen.

Es ist mein Gebet, dass dieses Buch mit Gnade gelesen und angewendet wird; es ist wichtig, zu verstehen, dass wir alle im Wachsen begriffen sind, und dass jeder von uns ein „Werk in Arbeit“ ist. Wenn Gott hätte warten müssen, bis wir vollkommen sind, bevor Er uns gebrauchen konnte, dann dürfte keiner von uns Ihm dienen. Zugleich bin ich aber zuversichtlich, dass meine Leser sich danach ausstrecken, für das Reich Gottes von größtem Nutzen zu sein, und dass sie danach trachten in all das hinein zu wachsen, was Gott für sie bestimmt hat. Unsere Entwicklung benötigt Zeit, aber mit Gottes Hilfe werden wir fortwährend wachsen und an Wert und Nutzen für Sein Reich zunehmen.

Einführung

Was bedeutet der Titel *Auf der Suche nach Timotheus?* Leiter sind (manchmal fast verzweifelt) auf der Suche nach Mitarbeitern, die loyal und zuverlässig sind und ihren Dienst mit hoher Qualität ausführen. Dieses Buch beschreibt detailliert die Eigenschaften, die jeder Leiter gerne unter seinen Mitarbeitern und in anderen Schlüsselpersonen der Gemeindeleitung finden möchte. Es ist mein Gebet, dass meine Leser sich selbst *erforschen,* um herauszufinden, wie sie die Qualität ihres Dienstes steigern können, den sie ihrem Pastor, ihren Leitern, und dem Leib Christi erbringen.

Warum sind wir auf der Suche nach *Timotheus?* Timotheus ist ein herausragendes Beispiel dafür, wie Leute, die in einem unterstützenden Dienst stehen, ihren Leitern im Leib Christi dienen und zur Hand gehen können. Die Art und Weise wie Timotheus Paulus gedient hat und ihm zur Seite stand, war nicht als isolierter oder idealer Einzelfall gedacht und gehört darum nicht in eine Vitrine gestellt. Timotheus ist vielmehr ein wunderbares Beispiel, dem jeder Christ nachfolgen und nacheifern kann, um ein besserer Mitarbeiter und Teamspieler zu werden. Timotheus gehört zu der großartigen Gruppe von Menschen in der Bibel, die Gott dienten, indem sie anderen zur Hand gingen, und er ist noch immer ein Vorzeigebeispiel für all jene, die heute ihren Leitern dienen.

Weil die Formulierung *Mitarbeiter im unterstützenden Dienst*[1] in diesem Buch häufig verwendet wird, wollen wir sie gleich zu Anfang genauer definieren. Etwas, das unterstützt verschafft Stabilität und gibt Stärke; es untermauert eine Sache und hilft mit. Ein Mitarbei-

---

[1] Die Formulierung *supportive minister* lässt sich nicht wörtlich ins Deutsche übersetzen. Das Wort *minister* beschreibt im christlichen Kontext bereits einen Diener Gottes oder Mitarbeiter einer Gemeinde; leider gibt es dazu im Deutschen keine Entsprechung und es wäre zu umständlich immer von einem *Mitarbeiter im unterstützenden Dienst* oder gar einem *Diener Gottes, der unterstützend wirkt,* zu sprechen. Wenn also in der Übersetzung von einem „Mitarbeiter" die Rede ist, dann ist das gemeint, was der Autor an dieser Stelle beschreibt.

ter in diesem Sinn ist jemand, der Gott und anderen dient. Darum beschreibt die Formulierung *Mitarbeiter im unterstützenden Dienst* jede Person, die einer anderen hilft, für Stabilität sorgt, Stärke gibt, etwas untermauert und durch ihren Dienst Unterstützung darreicht.

Die Grundsätze, die ich anspreche sind zum großen Teil anwendbar, ob jemand von der Gemeinde bezahlt wird oder seinen Dienst auf einer unentgeltlichen Basis leistet. Natürlich werden Leute, die vollzeitlich in einer Gemeinde angestellt sind, eine ausführlichere und längere Arbeitsbeschreibung haben, aber Gott möchte, dass jeder, der Ihm dient darin Vorzüglichkeit an den Tag legt und ein dienendes Herz hat, egal ob er dafür eine Entlöhnung bekommt oder nicht.

Warum hat die Einheit unter den Mitarbeitern bei Gott eine solche Priorität? Weil Er weiß, dass Einheit ein enormes Potential freisetzen kann.

Nach der Sintflut, unternahmen die Nachkommen Noahs ein ehrgeiziges Bauprojekt, und Gott stellte Folgendes fest: „Siehe, *ein* Volk sind sie, und *eine* Sprache haben sie alle, und dies ist erst der Anfang ihres Tuns. Jetzt wird ihnen nichts unmöglich sein, was sie zu tun ersinnen" (1.Mose 11:6). Gott anerkannte die grenzenlosen Möglichkeiten, die durch Einheit verfügbar werden und setzte dieser Kraft, was den Turmbau zu Babel angeht, ein Ende, weil die Erbauer üble Absichten verfolgten.

Einheit ist eine gute Sache, wenn sie auf das Richtige ausgerichtet ist; sie ist eine machtvolle, positive Kraft, wenn sich Menschen mit dem richtigen Ziel vereinen. Heutige Gemeinden werden in der Lage sein unvorstellbares zu erreichen – Dinge, die Außenstehende als unmöglich bezeichnen würden – wenn ihre Leitungsteams in der gemeinsamen Hingabe gegenüber dem Herrn Jesus Christus, eins sind!

Überall in der Bibel sehen wir, wie Gott beständig durch Gruppen von Menschen, die aus zwei oder mehr Leuten bestanden, gewirkt hat, um Seinen Willen und Seine Absicht umzusetzen.

Mose wirkte zusammen mit Josua, Aaron, Hur, und den Ältesten des Volkes.

Jonathan und dic anderen Helden Davids hatten Anteil an dem, was Gott durch David vollbrachte.

Elisa arbeitete für Elia.

Jesus hatte ein Team von zwölf Jüngern.

Paulus hatte eine Arbeitsbeziehungen mit vielen Leuten: mit Timotheus, Barnabas, Lukas, Silas, Titus, Johannes Markus, und anderen.

Wir erfahren in der Bibel, dass diese Leiter nie als Einzelkämpfer auftraten, um den Willen Gottes zu vollbringen; sie waren dazu gesetzt, in Gruppen zusammen zu arbeiten, und Partnerschaften miteinander einzugehen. Es ist mir ein tiefes Anliegen, dass dieses Buch mithelfen möge, eine neue Generation von Mitarbeitern aufzurichten, die dasselbe Herz und die selbe Einstellung haben wie Timotheus, und dass es denen, die bereits in einem unterstützenden Dienst arbeiten, dazu verhilft, ihre Leistung zu steigern und die Qualität ihrer Arbeit auf eine höhere Ebene zu bringen.

Die Bibel vermittelt eine hohe Wertschätzung für Menschen, die in unterstützender Funktion mitarbeiten, und ich schreibe mit großem Respekt und besonderer Hochachtung für all jene, die hinter den Kulissen wirken. Häufig sind sie die verkannten Helden der Gemeinde. Pastoren wissen, dass die Effektivität der Gemeindedienste ohne die Mithilfe und Unterstützung dieser Mitarbeiter in dramatischer Weise abnehmen würde. Ich glaube, dass wir im Himmel über die Ehre und Belohnung überrascht sein werden, die Gott den vielen zukommen lassen wird, die vielleicht niemals gepredigt, aber dafür treu und fleißig in einer Vielzahl von unterstützenden Diensten mitgearbeitet haben.

Lasst uns in unseren Diensten danach trachten, Timotheus ähnlicher zu werden. Lasst uns damit fortfahren, Jesus ähnlicher zu werden, während wir den Menschen in unserer Umgebung die Liebe Gottes mitteilen.

Teil I

Biblische Grundlagen des unterstützenden Dienstes

In diesem ersten Teil von *Auf der Suche nach Timotheus,* werden wir verschiedene biblische Grundlagen des unterstützenden Dienstes studieren. Diese Prinzipien haben eine geistliche und eine praktische Anwendung und werden uns einen ersten Einblick in den Wert und die Bedeutung geben, die Gott den Mitarbeitern in unterstützenden Diensten und ihrer Arbeit zukommen lässt. Ja, wir reden hier wirklich von echtem geistlichen Dienst, und Leute, die in unterstützender Funktion wirken haben keinen Grund sich als zweitrangig zu empfinden.

Eine Redewendung lautet: „Jemand, der sagt, er sei ein Leiter, obwohl ihm niemand nachfolgt, der befindet sich nur auf einem Spaziergang.“ Jeder gute Leiter braucht gute Nachfolger. Wenn wir diese Prinzipien umsetzen, werden wir dazu befähigt und ausgerüstet, die guten Nachfolger zu werden, die sich jeder Leiter wünscht und zu dem „Timotheus“ zu werden, den unser Pastor sucht.

Kapitel 1

Leiterschaft und ihre Herausforderungen

Ein geistlicher Leiter, den ich kenne, hatte eine große Gemeinde. Alles schien gut zu laufen bis einer seiner obersten Mitarbeiter – einer seiner persönlichen Assistenten – plötzlich der Meinung war, er könnte die Dinge besser tun. Diesem Assistenten gelang es, über 30 Prozent der Versammlung abzuziehen, und seinen eigenen Dienst anzufangen. Natürlich war diese Spaltung für den Leiter eine sehr schmerzhafte Erfahrung.

(Wenn solche Dinge geschehen, kommen Fragen auf. Die Besserwisser in den Lehnstühlen lassen gute Ratschläge verlauten: „Wenn der Leiter doch nur mehr Kontakt zu seiner Mannschaft gesucht hätte, dann wäre das nicht passiert." Oder: „Wenn der Pastor nur eine tiefere Beziehung mit seinen Mitgliedern gepflegt hätte, dann wäre wohl kaum ein so hoher Prozentsatz mitgegangen.")

Nach der Spaltung, setzte der Leiter seine Arbeit mit dem Rest der Versammlung fort – es war noch immer eine ansehnliche Gruppe. Aber der Leiter traf auch die Entscheidung nach vorne zu sehen und eine neue Arbeit zu beginnen – eine andere Art von Versammlung an einem anderen Ort. Wie die meisten neuen Werke, war auch dieses am Anfang eher klein, genau genommen sehr klein, aber der Leiter sah ein großes Potential in dieser Gruppe. Dieses Mal gab es keine Spaltung. Noch schlimmer: Dieses Mal verlor der Leiter die *ganze* Versammlung.

Der Leiter setzte einiges in Bewegung um einen Teil seiner verlorenen Gruppe wieder zurück zu gewinnen und sie ein zweites Mal zu noch mehr Größe aufzubauen, aber das Ganze lief nicht ohne Herausforderungen und Rückschläge ab. Eine Menge Blut, Schweiß und Tränen war nötig, um den Wiederaufbau zu bewerkstelligen.

Jener erste Leiter hatte einen nahen Verwandten, der ebenfalls in den Dienst eintrat. Er hatte ein echtes Hirtenherz und war ein hervorragender Lehrer. Der Geist war in außerordentlicher Weise auf ihm, und er hatte großartige Resultate. Allerdings begegnete auch er in seiner Rolle als Leiter großen Herausforderungen. Die Fluktuation in seinem Dienst war groß, regelmäßig kamen Leute, nur um bald wieder ihres Wegs zu ziehen. Er erlebte große Unbeständigkeit unter seinen Leuten und bei einer Gelegenheit kam es sogar zu einem Massenexodus in seiner Gefolgschaft.

Auch mit seinen engsten Mitarbeitern hatte es dieser Leiter nicht leicht. Seine Hauptleiter hatten häufig Auseinandersetzungen. Sie standen in einem dauernden Wettstreit und führten regelmäßig Wortgefechte miteinander. Später kam sogar ans Licht, dass einer seiner engsten Mitarbeiter Gelder aus dem Vermögen des Dienstes in die eigene Tasche abzweigte. Ein weiterer seiner Mitarbeiter war dafür bekannt, ein sehr impulsives Wesen zu haben. Diese Person rastete in einer Drucksituation völlig aus, und fügte einer anderen Person körperlichen Schaden zu.

Weil Sie offenbar Interesse daran haben, ein Buch über den unterstützenden Dienst zu lesen, möchte ich Ihnen einige Fragen stellen, über die es sich lohnt nachzudenken:

- Würden Sie im Team eines der erwähnten Leiter mitarbeiten wollen?
- Würden Sie für einen Leiter arbeiten wollen, der über 30 Prozent seiner Gemeinde verliert, dann eine neue Arbeit beginnt, die (zumindest vorübergehend) völlig aus dem Ruder läuft?
- Würden Sie für einen Leiter arbeiten wollen, in dessen Mitarbeiterstab regelmäßig Streit ausgetragen wird, und in dessen Gefolgschaft eine hohe Fluktuation herrscht?

Wer sind diese Leiter?

Der erste Leiter, den ich beschrieben habe ist Gott, der Vater. Der zweite Leiter ist Jesus. Ich habe ihre Geschichte absichtlich in einer leicht verschleierten und undeutlichen Weise mitgeteilt. Wir alle stimmen der Aussage zu, dass Gott, der Vater und Jesus unantastbar und in jeder Hinsicht vollkommen sind. Dennoch erlebten auch sie in ihren Leitungsaufgaben schwere Auseinandersetzungen.

Luzifer, einer der Erzengel, rebellierte gegen Ihn und verführte ein Drittel der Engel. Später wandten sich Adam und Eva (Gottes zweite „Gemeinde") gegen Ihn, und brachen in ihrer Rolle als erste Vertreter der Menschheit die Beziehung zu Ihm ab. Und die Aussage, dass die Jünger Jesu zum Teil ein wenig kantige Persönlichkeiten waren, ist eine recht milde Beschreibung ihres Charakters.

Waren die oben beschriebenen Probleme, Probleme der *Leiterschaft* oder Probleme der *Nachfolgerschaft?* War es so, dass Gott und Jesus keine vorzügliche Leiterschaft ausübten, oder war es vielmehr so, dass andere sich nicht als gute Nachfolger erwiesen? Noch einmal, wir wissen, dass Gott und Jesus beide vollkommen und unfehlbar sind. Darum ist auch an ihren Leitungsfähigkeiten gewiss nichts auszusetzen. *Aber gute Leiterschaft kann nicht zu optimalen Ergebnissen führen, wenn keine gute Nachfolgerschaft ausgeübt wird.*

Gute Leiter brauchen gute Nachfolger

Leiterschaft ist zweifellos ein wichtiges Thema. Wir haben das Vorrecht, im Leib Christi in den letzten Jahren einiges an hervorragender Lehre über Leiterschaft gehört zu haben, Gott sei Dank dafür. Leiter müssen leiten, und wir sind dankbar für die vielen wichtigen Wahrheiten, die Leitern geholfen haben, ihre Fähigkeiten auszubilden und in effektiverer Weise zu leiten. Aber auch die Nachfolger haben ihren Teil beizutragen. Ihr Anliegen sollte es sein, nach Vortrefflichkeit in der Nachfolge zu streben und ihre Pflichten und Verantwortlichkeiten treu zu erfüllen.

Die Aussage von Paulus in Römer 1:11 und 12 illustriert diesen Punkt.

> Römer 1:11-12
>
> Denn mich verlangt sehr, euch zu sehen, damit ich euch etwas geistliche Gnadengabe mitteile, um euch zu stärken, das heißt aber, um bei euch mitgetröstet zu werden, ein jeder durch den Glauben, der in dem anderen ist, sowohl euren als meinen.

Beachten Sie, wie Paulus seinen Brief an die Gemeinde in Rom beginnt. Als Leiter dachte er selbstredend daran, was er tun konnte, um zu dienen und den Gläubigen zu helfen, und was er in Vers 11 schreibt, ist im Grunde genommen ein Ausdruck dieser „Einbahnstraßen-Mentalität". Er sagt eigentlich: „Ich werde kommen und euch etwas mitteilen, das euch helfen wird."

Aber dann bemerkt Paulus, dass sein Dienst keine Einbahnstraße ist. In Vers 12 sagt er mit anderen Worten: „Es geht nicht nur darum, dass ich euch etwas gebe, sondern wir müssen in dieser Angelegenheit zusammenarbeiten. Es ist ein gegenseitiges Geben und Nehmen, das wir pflegen wollen. Ich muss meinen Teil beitragen, aber auch ihr müsst euren Teil tun, und wenn wir beide unseren Auftrag erfüllen, dann werden wir gemeinsam gesegnet und ermutigt werden."

Leiterschaft ist nicht der einzige Faktor, der zum Gelingen führt. Nachfolgerschaft ist ebenfalls ein wichtiger Posten in der Gleichung. Es besteht kein Zweifel daran, dass gute Leiterschaft mithilft gute Nachfolgerschaft ins Leben zu rufen und zu motivieren. Aber gute Nachfolgerschaft ermutigt auch zu guter Leiterschaft. Wenn beide Parteien sich ihrer Aufgabe gemäß verhalten, dann werden wir alle auf eine höhere Ebene gelangen können.

Fragen zum Nachdenken und zur Diskussion

1. Was dachten Sie, als Sie merkten, dass die zwei Leiter am Anfang des Kapitels, Gott der Vater und Jesus sind?
2. Wie sehen Sie die Herausforderungen im Bereich Leiterschaft/ Nachfolgerschaft, mit denen Gott und Jesus zu tun hatten?
3. Stimmen Sie der Aussage „Gute Leiterschaft ohne gute Nachfolgerschaft kann nicht zu optimalen Ergebnissen führen" zu?
4. Was denken sie über Römer 1:11-12?
5. Was haben Sie in diesem Kapitel gelernt und wie können Sie es anwenden?
6. In welchen Bereichen müssen Sie ins Gebet gehen oder sich verbessern?

Kapitel 2

Einsame Leiter melden sich zu Wort

Wir kennen die Redewendung: „Auf dem Gipfel ist es einsam.“ Wer diese Worte auch geprägt haben mag, er hätte dabei das Leben und den Dienst der großen Leiter der Bibel im Sinn haben können. Im Alten und im Neuen Testament, finden wir Leiter, die einen großen Mangel an Unterstützung zu ertragen hatten und sich sehr einsam fühlten, während sie den Auftrag ausführten, den Gott ihnen gegeben hatte; zumindest bis sie schließlich von der Partnerschaft derer profitieren konnten, die dazu gesetzt waren, ihnen zu helfen. Viele heutige Leiter sehen sich mit denselben Herausforderungen konfrontiert. Sie sind auf der Suche nach Leuten, die von Gott dazu gesetzt sind, mit ihnen in eine Partnerschaft einzutreten und ihnen zu helfen, die Vision, die sie empfangen haben, zu verwirklichen.

Paulus – ein einsamer Apostel?

Im letzten Brief von Paulus erhalten wir erstaunliche Einsicht in das Leben dieses großen Apostels. Wenn wir an Paulus denken, dann oft im Zusammenhang mit der herausragenden Offenbarung, die er von Gott empfangen, und die er in seinen Briefen niedergeschrieben hat; wir denken an die vielen Gemeinden, die er gegründet und an die außergewöhnlichen Verfolgungen, die er erlitten hat. Was wir oft vergessen, ist das Gefühl von Einsamkeit und der Mangel an Unterstützung, die er in manchen Zeiten erlebte, während er in seinem Dienst auf die Ziellinie zustrebte.

Beachten Sie diese Aussagen von Paulus im 2. Timotheusbrief:

- *„Du weißt dies, dass alle, die in Asien sind, sich von mir abgewandt haben; unter ihnen sind Phygelus und Hermogenes“* (2.Tim. 1:15).

- „*Denn Demas hat mich verlassen, da er den jetzigen Zeitlauf liebgewonnen hat, und ist nach Thessalonich gegangen, Kreszenz nach Galatien, Titus nach Dalmatien*" (2.Tim. 4:10).
- „*Bei meiner ersten Verteidigung stand mir niemand bei, sondern alle verließen mich; es werde ihnen nicht zugerechnet*" (2.Tim. 4:16).

Als seine Unterstützer ihn in schweren Zeiten im Stich ließen, da rief Paulus nach einem alten Freund, nach seinem Schützling und Sohn im Glauben. Er suchte nach Timotheus. Aus der Enge und Begrenzung seiner römischen Gefängniszelle, formulierte Paulus folgende Anliegen:

- „*Beeile dich, bald zu mir zu kommen!*" (2.Tim. 4:9).
- „*Den Mantel, den ich in Troas bei Karpus zurückließ, und die Bücher, besonders die Pergamente, bringe mit, wenn du kommst!*" (2.Tim. 4:13).
- „*Beeile dich, vor dem Winter zu kommen!*" (2.Tim. 4:21).

Das sind keine Routineanweisungen, sondern tief empfundene Herzensanliegen von Paulus, der sich nach Timotheus sehnte. Charles Swindoll gewährt uns in seiner Erweiterung der Worte von Paulus einen anschaulichen und bildhaften Einblick in sein Empfinden:

> Ich brauche meinen Mantel, ich muss ihn in der Wohnung von Karpus in Troas liegen gelassen haben. Du wirst ihn ohne Mühe finden, Timotheus. Es ist ein altes Ding, aber er hat mir über viele bitterkalte Winter gute Dienste geleistet. Er war nass vom Salzwasser des großen Meeres, er war weiß vom Schnee der zerklüfteten Berge Pamphyliens, kiesig und braun vom Staub der Via Ignatia und dunkelrot von meinem eigenen Blut, das bei der schrecklichen Steinigung in Lystra floss. Der Mantel ist fleckig und zerrissen, Timotheus, aber der Winter ist im Anmarsch und ich brauche die Wärme, die er mir geben wird.
>
> Außerdem brauche ich die Bücher. Du erinnerst dich an sie. Ich las sie bei Kerzenlicht, während wir auf den rauen Wassern der Ägäis segelten und zusammen in Mazedonien die Kälte ertrugen ... diese

Schriftrollen, die meinen Sinn mit neuer Hoffnung und belebenden Ideen versorgten. Bringe diese Bücher mit, mein Freund.

Vor allem brauche ich die Pergamente! Das sind meine kostbarsten Kleinode, Timotheus. Wie sehr brauche ich den Trost der Psalmen Davids, die Kraft der Worte der Propheten, die Einsichten und Erkenntnisse aus den Sprüchen Salomos. Ja, die Pergamente. Sicher werden sie helfen, mein Herz warm zu halten und meine Hoffnung zu bewahren an diesem trostlosen Ort.

Aber Timotheus, ich brauche dich. Wie sehr brauche ich dich! Nimm jede Mühe auf dich, zu kommen ... komme vor dem Wintereinbruch. Komm, bevor der Novemberwind die Blätter von den Bäumen fegt und sie über die Felder wirbelt, bevor er durch die geschäftigen Straßen über mir saust. Komm, bevor der Schnee zu fallen anfängt, die Karren bedeckt und die gefrorenen Teiche mit seiner eisigen Decke überzieht. Komm, mein Freund ... die Zeit meines Abscheidens ist nahe. Bald wird die Klinge fallen und meine Zeit wird um sein. Ich kann den Gedanken an einen eisigen Winter ohne deine wärmende Gesellschaft nicht ertragen ... diese Augen voll Verständnis, diese Worte, die nur du mir bringen kannst, um mir durch diese öde und bittere Jahreszeit zu helfen. Nimm jede Mühe auf dich, vor dem Wintereinbruch zu kommen.[1]

Es gab einen Grund dafür, dass Paulus gerade nach *Timotheus* verlangte, als er unbedingt jemanden brauchte. Paulus vertraute Timotheus als einem Freund und wertschätze ihn als einen Dienstkollegen. Warum gerade Timotheus? Auf den Seiten dieses Buches werden wir zusammen entdecken, welche Charaktereigenschaften es waren, die Timotheus für Paulus und den Leib Christi so besonders sein ließen.

Kein anderer wie Timotheus

Paulus empfand einen Mangel an Unterstützung und Hilfe auch zu anderen Zeiten seines Dienstes, nicht nur in diesen letzten Tagen seines irdischen Lebens. Viele Jahre bevor Paulus den 2. Timotheusbrief schrieb, erwähnte er diesen Mangel an Unterstützung in sei-

[1] Charles R. Swindoll, *Come before Winter and Share my Hope* (Wheaton, IL: Living Books / Tyndale, 1985), S. 12-13.

nem Brief an die Philipper, während er zum ersten Mal in römischer Gefangenschaft war.

Paulus liebte die Gläubigen in Philippi über alles; sie hatten ihm nie Anlass für die Frustrationen und Ärgernisse gegeben, die er mit den Gemeinden in Galatien und Korinth erlebt hatte. Obwohl er hunderte von Kilometern von den Philippern entfernt war, befand sich Paulus mit seinem Herzen doch bei ihnen. Er wollte ihnen einen neuerlichen Besuch abstatten, was aber infolge seiner Gefangenschaft nicht möglich war. Stattdessen schrieb Paulus an sie und teilte ihnen folgendes mit:

> Philipper 2:19-21
> Ich hoffe aber im Herrn Jesus, Timotheus bald zu euch zu senden, damit auch ich guten Mutes sei, wenn ich um euer Ergehen weiß. **Denn ich habe keinen ihm Gleichgesinnten,** der aufrichtig für das Eure besorgt sein wird; denn alle suchen das Ihre, nicht das, was Jesu Christi ist.

In der *New Living Translation* lautet Vers 20: „Ich habe keinen anderen wie Timotheus." Und in der *Amplified Bible* heißt es: „Denn ich habe keinen wie ihn [keinen mit einer ähnlichen Gesinnung]."

Wenn man das tiefe Sehnen von Paulus nach den Christen in Philippi vernimmt, dann hat man sogleich die Beschränkungen und Begrenzungen vor Augen, in denen er sich befand. Er wollte bei ihnen sein. Er wollte sich selbst versichern, dass es ihnen gut ging, und dass sie im Glauben fest waren. Er wollte gewiss sein, dass man sich gut um sie kümmerte und ihnen angemessen diente.

Aber infolge seiner Gefangenschaft brauchte Paulus jemanden, der als eine Brücke zwischen ihm und den Philippern dienen konnte. Er brauchte einen Repräsentanten –jemanden, der als eine Verlängerung und als Ausdruck seiner selbst dort hin ging; jemanden, der sein Stellvertreter sein konnte und dabei den Philippern ein Spiegelbild seines Herzens präsentieren würde. Nicht jeder war dazu geeignet; ein Mietling würde dieser Aufgabe nicht gewachsen sein. Es musste jemand sein, der sich aufrichtig um die kostbaren Gläubigen kümmern und in der selben Weise nach ihrem Wohl trachten würde, wie Paulus selbst. Paulus hatte nur einen Mann, der dies tun konnte – und das war *Timotheus.*

Gott sei Dank, dass Paulus Timotheus hatte, aber ich frage mich, warum Paulus nur einen Mann hatte, dem er in diesem Maß vertrauen konnte. Warum hatte der bedeutendste Diener Gottes in der Geschichte des Christentums nur eine Person zur Verfügung, die ihm in dieser schwierigen Situation beistehen konnte? Hätte es nicht Dutzende von jungen Predigern geben sollen, die bereit waren, zu dienen und an der Seite des großen Apostels Opfer zu bringen?

Denken Sie daran, es ist einsam auf dem Gipfel. Oder, was die Bereitschaft zum Dienst angeht, könnte man auch sagen: „Es ist einsam am Fuß des Berges." Beim aufmerksamen Lesen der Bibel wird man sehen, dass Paulus nicht der erste Gläubige war, der in seinem Bemühen, den Willen Gottes auszuführen, mit Gefühlen von Isolation und Einsamkeit zu kämpfen hatte.

Mose – Eine Art „Do-it-yourself"-Mann

In 2.Mose 18 sehen wir, wie Mose einen riesigen Berg Arbeit alleine erledigen wollte. So bewundernswert seine Absicht (den Leuten zu helfen) war, seine Neigung, alles selbst tun zu wollen, war im Grunde eine Einladung für Frustration und Erschöpfung. Mose arbeitete von Morgens früh bis Abends spät, und versuchte die Probleme und Streitigkeiten des ganzen Volkes selbst zu lösen.

Gott sei Dank hatte Mose einen weisen und einsichtigen Schwiegervater. Jethro, der Schwiegervater von Mose, sah, was sich da zusammenbraute und machte folgende Feststellung:

> 2.Mose 18:17-18
> Da sagte Moses Schwiegervater zu ihm: Die Sache ist nicht gut, die du tust. Du reibst dich auf, sowohl du als auch dieses Volk, das bei dir ist. *Die Aufgabe ist zu schwer für dich, du kannst sie nicht allein bewältigen.*

So sehr wir die Dinge selbst tun möchten, die Bibel lehrt, dass es nicht gut für uns ist, alles selbst tun zu wollen. Gemäß Vers 18 wird es mit Sicherheit dazu führen, dass man sich selbst verbraucht, wenn man alles alleine machen möchte und natürlich auch den Leuten in seiner Umgebung schaden wird, wenn man so lebt.

Bei einer anderen Gelegenheit geriet Mose in arge Not, nachdem er eine Zeit heftigen Klagens von Seiten des Volkes durchlebt hatte. Man kann die tiefe Frustration mitfühlen, die in seinen Worten in 4.Mose 11 zum Ausdruck kommt:

> 4.Mose 11:11-12 u. 14-15
>
> Und Mose sagte zu dem HERRN: Warum hast du an deinem Knecht so schlecht gehandelt, und warum habe ich nicht in deinen Augen Gunst gefunden, dass du die Last dieses ganzen Volkes auf mich legst? Bin ich etwa mit diesem ganzen Volk schwanger gewesen, oder habe etwa ich es geboren, dass du zu mir sagst: «Trage es an deiner Brust, wie der Wärter den Säugling trägt», in das Land, das du ihren Vätern zugeschworen hast?
> *Ich allein kann dieses ganze Volk nicht tragen, denn es ist mir zu schwer. Und wenn du so mit mir tust, dann bringe mich doch um,* wenn ich in deinen Augen Gunst gefunden habe, damit ich mein Unglück nicht mehr ansehen muss!

Das ist eine ziemlich schwere Frustration! Mose fühlte sich so isoliert in seinem Dienst, dass er den Wunsch zum Ausdruck brachte, zu sterben, damit er nicht mehr dauernd alleine die Last des ganzen Volkes tragen musste.

Elia – Einsam und entmutigt

Auch Elia war ein Mann, den Gott machtvoll gebrauchte, aber Elia kam an den Punkt, wo er in seiner Arbeit für den Herrn aufs schmerzlichste verlassen war. Unmittelbar nach dem wunderbaren Sieg über die Baalspriester, erhielt Elia eine Morddrohung von Königin Isebel. Entmutigung und Verzweiflung überwältigten ihn, und wie Mose, drückte auch er den Wunsch aus, zu sterben.

> 1.Könige 19:4 u. 10
>
> ... *Da wünschte er sich, sterben zu können,* und sagte: Es ist genug. Nun, HERR, nimm mein Leben hin! Denn ich bin nicht besser als meine Väter.
> Und er sagte: Ich habe sehr geeifert für den HERRN, den Gott der Heerscharen. Deinen Bund haben die Söhne Israel verlassen, haben deine Altäre niedergerissen und deine Propheten mit dem Schwert umgebracht! Und ***ich allein bin übrig geblieben,*** ich allein, und nun trachten sie danach, auch mir das Leben zu nehmen.

In seiner Bedrängnis, brachte Elia seine Gefühle der Einsamkeit in der Arbeit für den Herrn zum Ausdruck. Dieses Alleinsein führte zu einem Zustand schwerer Entmutigung – sie war derart groß, dass Elia in jenem Moment dachte, dass es ihm besser gehen würde, wenn er tot wäre.

Es war nie Gottes Absicht, dass wir für uns alleine stehen oder versuchen sollen, alles selbst zu tun. *Wir brauchen andere Leute.* Sogar *Jesus* brauchte andere Leute.

Jesus – von Seinen Jüngern verlassen

Als Jesus in den Garten Gethsemane ging und den seelischen Todeskampf durchstand, der Seiner Kreuzigung vorausging, da bat er die Hauptgruppe Seiner Jünger, an einem bestimmten Ort zu bleiben und nahm Petrus, Jakobus und Johannes mit sich ein Stück weiter in den Garten. Während dieser qualvollen Erfahrung im Gebet, wandte sich Jesus mehrmals an diese drei Jünger, aber sie schliefen jedes Mal. Er sagte zu ihnen: *„Also nicht eine Stunde konntet ihr mit mir wachen?"* (Matth. 26:40), oder, wie es in der *Message* Übersetzung heißt: *„Könnt ihr nicht eine Stunde an meiner Seite ausharren?"*

Jesus wusste, dass Petrus, Jakobus und Johannes nichts an der Situation ändern konnten, in der Er sich nach Gottes Bestimmung befand. Aber es scheint, dass Jesus während dieser schwersten Stunde nach Trost, Zuspruch und Gemeinschaft von Seiten Seiner engsten Mitarbeiter suchte. Doch die drei Jünger erfüllten die Erwartung nicht.

Jeder dieser geistlichen Leiter – Paulus, Mose, Elia, und Jesus – erlebten ein Gefühl der Einsamkeit, während sie ihre gottgegebenen Aufträge auszuführen suchten. Die Gründe dafür lagen bei jedem anders. Im Fall von Paulus lesen wir, dass die Leute zu selbstbezogen und selbstzentriert waren, um in aufopfernder Weise dienen zu können. Mose und Elia hatten eine Neigung, alles selbst zu tun. Jesus wurde allein gelassen, weil Petrus, Jakobus, und Johannes nicht verstanden, was da Großartiges in ihrer Mitte geschah (nicht nur im Garten Gethsemane, sondern auch auf dem Berg der Verklärung scheinen sie zumindest einen Teil der Ereignisse verschlafen zu haben, siehe Lukas 9:32).

Jeder der erwähnten Fälle ist für sich ein recht dramatisches Beispiel, und es fällt uns leicht, zu sagen, wie wir uns verhalten hätten, wenn wir in der selben Situation gewesen wären. „Wenn ich damals gelebt hätte, dann hätte ich Mose oder Elia geholfen." „Ich wäre bestimmt wach geblieben, und hätte meine Hilfe angeboten, als Jesus im Garten war." „Ich wäre an der Seite von Timotheus zur Stelle gewesen, um Paulus Hilfe zu leisten."

Die Wirklichkeit allerdings ist die, dass wir Paulus, Mose, Elia, oder Jesus in ihrem irdischen Dienst heute nicht mehr unterstützen können. Sie haben ihre Arbeit beendet und ihren Lohn in Empfang genommen. Aber es gibt eine große Menge von geistlichen Leitern, die heute im Dienst stehen, und die *heute* Unterstützung *brauchen.* Es gibt Pastoren in beinahe jeder Stadt unseres Landes (und überall auf der Welt), die Leute brauchen, die sie unterstützen und ihnen in ihrer Arbeit für Gott zur Hand gehen. Zahllose Pastoren sind heute – zu dieser Stunde – auf der Suche nach Timotheus!

Fragen zum Nachdenken und zur Diskussion

1. Wie verstehen Sie die Redewendung: „Es ist einsam auf dem Gipfel"?
2. Welche biblischen Beispiele für diese Redensart gibt es?
3. Aus welchen Gründen erlebten verschiedene Leiter in der Bibel Einsamkeit in ihrem jeweiligen Dienst?
4. Fühlt sich Ihr Pastor unterstützt und umgeben von einem großartigen Team von Mitarbeitern, Leitern und Helfern, die aktiv damit beschäftigt sind, die Vision, die Gott in sein Herz gelegt hat, mitzutragen und voranzubringen?
5. Warum könnte auch Ihr Pastor ein Gefühl des Alleinseins empfinden, wie es viele der großen Leiter der Bibel erlebt haben?
6. Was haben Sie in diesem Kapitel gelernt und wie können Sie es anwenden?
7. In welchen Bereichen müssen Sie ins Gebet gehen oder sich verbessern?

Kapitel 3

In der Schule des Timotheus

Als meine Frau Lisa und ich gerade neu in der Bibelschule waren, hatte ich bestimmte Vorstellungen und Ambitionen, wie Gott mich in unserem zukünftigen Dienst gebrauchen würde. Aber statt uns in eine Position zu setzen, in der wir von jedermann gesehen wurden (wie zum Beispiel einen Predigtdienst), stellte der Herr uns in weiser Absicht an einen Ort, wo wir in unserem Charakter wachsen und den Wert und die Wichtigkeit des Dienens kennen lernen konnten. Der Dienst als Hausmeister in einer Ortsgemeinde führte dazu, dass einige Probleme in meinem Leben an die Oberfläche kamen: Ich hatte unreife und stolze Wesenszüge, die aufgedeckt und behandelt werden mussten, und es tat Not, dass ich mich um die Herzenshaltung eines Dieners bemühte. Ich musste lernen, Timotheus nachzueifern.

Es gab Zeiten, in denen meine Einstellung zu Wünschen übrig ließ, und der Herr sprach drei lebenswichtige Worte der Belehrung und Korrektur in mein Herz. Diese drei Korrekturen wurden zu meinen Kernwerten und prägten von diesem Zeitpunkt an meine Sicht des unterstützenden Dienstes.

Erste Korrektur: Sei treu im Kleinen

Beim ersten Mal als mich der Herr korrigierte, sagte Er: „Ich möchte, dass du diese Aufgabe angehst, wie wenn sie deine ultimative Berufung wäre, und wie wenn sie die allerwichtigste Sache wäre, die du je für mich tun kannst."

Manchmal ist das, was wir als „klein" oder unbedeutend betrachten, etwas, dem Gott großen Wert beimisst. In Lukas 16:10, lehrte Jesus die Wichtigkeit der Treue in scheinbar kleinen Dingen.

Lukas 16:10-12

Wer im Geringsten treu ist, ist auch in vielem treu, und wer im Geringsten ungerecht ist, ist auch in vielem ungerecht. Wenn ihr nun mit dem ungerechten Mammon nicht treu gewesen seid, wer wird euch das Wahrhaftige anvertrauen? Und wenn ihr mit dem Fremden nicht treu gewesen seid, wer wird euch das Eure geben?

Vielleicht ist Gott mehr an *unserer Treue* in manchen Aufgaben interessiert, als an der Aufgabe selbst. Gott weiß, dass wir niemals „im Großen" treu sein werden, wenn wir nicht „im Kleinen" treu sein können. Im Zusammenhang mit dem unterstützenden Dienst, lehrt uns dieser Abschnitt aus dem Lukas-Evangelium, dass wir dem Wert geben sollen, was wir im Augenblick tun, auch wenn wir nicht der Meinung sind, dass es Gottes längerfristige Berufung für uns ist. Wenn wir in dem, was wir gerade jetzt tun, nicht treu sind, werden wir nie dorthin kommen, wo wir gerne hin möchten oder das tun, was wir als Gottes eigentliche Berufung für uns empfinden.

Manchmal betrachten die Leute das, was sie im Augenblick tun, nur als ein Sprungbrett zu einer anderen Position, um schließlich auf der anderen Seite des Zauns das Gras zu genießen, das ihnen grüner erscheint. Leute, die eine solche Einstellung haben, leisten oft nur einen halbherzigen Einsatz und bringen Ergebnisse, die dem Maßstab der Vortrefflichkeit nicht entsprechen. Aber das führt dazu, dass sie – obwohl Gott sie vielleicht sogar dazu berufen hat, etwas anderes zu tun – nicht in einer Verfassung sind, die eine Beförderung rechtfertigen würde, weil sie nicht treu waren.

Martin Luther King Jr. vermittelte diese Grundhaltung der Vortrefflichkeit, nach der wir alle streben sollten, als er sagte:

> „Wenn jemand zum Straßenkehrer berufen ist, dann sollte er die Straßen fegen, wie Michelangelo gemalt oder Beethoven komponiert oder Shakespeare Gedichte geschrieben hat. Er sollte die Straßen so gut kehren, dass alle Heerscharen des Himmels und der Erde innehalten und sagen: ‚Hier lebte ein großer Straßenkehrer, der seine Arbeit gut gemacht hat.'"[1]

---

[1] Nachdruck mit Erlaubnis des Herausgebers, aus *Great Quotes from Great Leaders,* 1997 The Career Press Inc., Published by Career Press, Franklin Lakes, NJ. All rights reserved.

Zweite Korrektur: Sei dieser Jemand

Ich nahm mir die Korrektur des Herrn über Treue zu Herzen und fing an meine Arbeit so zu sehen, als wäre sie die hohe Berufung des Herrn und das Wichtigste, das ich jemals für Gott tun konnte.

Es kam eine weitere Zeit, da meine Einstellung eine Berichtigung nötig hatte, und dieses Mal sprach der Herr folgendes zu meinem Herzen: „Wenn *du* der Pastor wärst, welche Art von Hausmeister hättest *du* gerne als Angestellten?“ Es war ein leichtes, mir in Gedanken eine Liste aufzustellen. Wenn ich nämlich der Chef wäre, dann hätte ich hohe Erwartungen an meine Angestellten. Nachdem ich die Liste fertig gestellt hatte, spürte ich, wie der Geist sagte: „Sei *du* ein solcher Hausmeister!“

Die sofortige Veränderung in meinen Gefühlen schockierte mich! Es fiel mir leicht, eine hohe, erstklassige Leistung von jemandem zu erwarten, den ich mir als *meinen* Angestellten vorstellte, aber es lag eine viel größere Herausforderung darin, diesem Maßstab gerecht zu werden, wenn ich derjenige war, der den Dienst erbringen sollte. Diese Herausforderung erinnert mich an das, was allgemein als „die goldene Regel“ bekannt ist.“

Matthäus 7:12 (MESSAGE)

Hier ist eine einfache Verhaltensfaustregel: Frage dich, was du erwartest, dass es die Leute für dich tun; ergreife anschließend die Initiative und tue es für sie. Das ist das Ergebnis, das man erhält, wenn man das Gesetz Gottes und die Propheten auf den kleinsten Nenner bringt.

Im Licht von Matthäus 7:12 änderte ich meine Einstellung und arbeitete daran, ein solcher Hausmeister zu werden, wie ich ihn mir als Pastor wünschen würde. Ich war gehorsam und „tat anderen das, was ich wollte, dass es die Menschen mir tun sollten.“

Dritte Korrektur: Tue deine Arbeit als für den Herrn

Obwohl ich mich selbst eine Zeitlang korrigierte, nachdem ich die ersten beiden Ermahnungen empfangen hatte, gab es eine weitere Zeit, da meine Einstellung mir entglitt. Ich erledigte meine Aufgabe *äußerlich,* aber *innerlich* beklagte ich mich. Ich erinnere mich, wie ich in einer der Toiletten stand, den Spiegel reinigte und den Heiligen Geist zu meinem Herzen sagen hörte: „Reinige diese Toilette wie wenn Jesus persönlich der Nächste wäre, der sie benutzt." Ich bemerkte in diesem Moment, dass ich meine Arbeit nicht als für den Herrn getan hatte.

> Kolosser 3:22-24 (MESSAGE)
> Diener, tut, was euch von euren irdischen Herren aufgetragen ist. Und tut nicht nur das Minimum, mit dem ihr gerade noch durchkommt; sondern gebt euer Bestes. Arbeitet von Herzen für euren wahren Herrn, für Gott; und das in der Zuversicht, dass ihr vollen Lohn empfangt, wenn ihr in euer Erbe eintreten werdet. Denkt stets daran, dass der wahre Meister, dem ihr dient, Christus ist.

Um herauszufinden, ob Sie der Aufforderung nachkommen, die Kolosser 3:22-24 formuliert, können Sie sich folgende Fragen stellen: Was tun Sie, wenn Ihr Pastor oder Vorgesetzter hereinkommt, während sie arbeiten? Fangen Sie an, aufmerksamer und effektiver zu arbeiten? Werden Sie auf einmal freundlicher und höflicher? Wenn das zutrifft, warum haben Sie die Art und Weise ihres Arbeitens verändert, als eine menschliche Autoritätsperson in den Raum kam? Wenn Sie für den Herrn arbeiten würden, dann hätten Sie bereits Ihr allerbestes gegeben, egal ob jemand dabei zuschaut oder nicht.

Korrektur kann für unser Fleisch hart sein, wenn sie an uns herangetragen wird, aber sie wird große Auswirkungen haben, wenn man sie beachtet (Heb. 12:11). Ich bin dankbar, dass Gott mir geholfen hat, meine Haltung zu ändern. Gott möchte, dass wir in all unserem Wirken eine Haltung der Hingabe und Vortrefflichkeit haben. Er möchte, dass wir anderen in einer Weise dienen, wie wir selbst diesen Dienst gerne empfangen würden. Und Er möchte, dass wir alles, was wir tun, für Ihn tun.

Fragen zum Nachdenken und zur Diskussion

1. Schätzen Sie ihre gegenwärtige Arbeit für den Herrn, oder betrachten Sie das, was sie tun, nur als ein Sprungbrett zu etwas besserem?

2. Fallen Ihnen Beispiele ein, wie Sie anderen in einer Weise dienen, wie Sie erwarten, dass man Ihnen dient?
3. Erzählen Sie Beispiele, wie Sie für den Herrn arbeiten und nicht für Menschen.
4. Wie reagieren sie normalerweise auf Korrektur?
5. Hat der Heilige Geist schon einmal ein Wort der Korrektur an sie gerichtet, was ihre Einstellung oder Leistung betraf? Welche Veränderungen haben Sie vorgenommen?
6. Hat Gott ihnen erst kürzlich etwas in Form von Korrektur mitgeteilt? Welche Veränderungen werden Sie vornehmen?
7. Was haben Sie in diesem Kapitel gelernt und wie können Sie es anwenden?
8. In welchen Bereichen müssen Sie ins Gebet gehen oder sich verbessern?

Kapitel 4

Vier Verpflichtungen für unterstützende Mitarbeiter

Im vorangehenden Kapitel, habe ich drei Lektionen beschrieben, die ich früh in meinem Dienst durch die Korrektur des Herrn gelernt habe. Das waren nicht die einzigen Lektionen, die ich gelernt habe oder die einzigen Gelegenheiten, bei denen ich Korrektur annehmen musste. Wachstum ist ein Prozess – und ein Prozess beansprucht Zeit.

Niemand wird durch Zufall zu einem großartigen Mitarbeiter, und Mitarbeiter in unterstützenden Diensten sind nicht allein deswegen schon erfolgreich, weil sie am Arbeitsplatz erscheinen. Menschen müssen sich Schritt für Schritt entwickeln und werden so zu großartigen Mitarbeitern. Doch das kann erst dann geschehen, wenn sie sich zuvor verpflichtet haben, auf folgende vier Bereiche besonders zu achten:

1. Mitarbeiter im unterstützenden Dienst müssen an Jesus und an Gottes Wort hingegeben sein.
2. Mitarbeiter im unterstützenden Dienst müssen Hingabe an die Gemeinde, bzw. den Leib Christi haben.
3. Mitarbeiter im unterstützenden Dienst müssen an ihre eigene Berufung hingegeben sein.
4. Mitarbeiter im unterstützenden Dienst müssen Hingabe an den Pastor haben, für den sie arbeiten.

Erste Verpflichtung: Hingabe an Gott und Sein Wort

Im Laufe unseres gesamten Dienstes müssen wir daran denken, dass wir bevor wir *Mitarbeiter* Gottes wurden, bereits *Kinder* Gottes waren. Manchmal mag es schwer fallen, die beiden Beziehungsebenen zu trennen, aber wir dürfen nie vergessen, dass es sich dabei um zwei verschiedene Rollen handelt. Nicht selten kommt es vor, dass Menschen so tief in die Gemeindearbeit eintauchen, dass sie dabei vergessen, dass die hauptsächliche Ebene im Leben darin besteht, eine persönliche Beziehung zu Jesus zu haben. Nachdem Er die Gemeinde in Ephesus für einige positive Eigenschaften gelobt hatte, teilte Jesus der Gemeinde mit: *„Aber ich habe gegen dich, dass du deine erste Liebe verlassen hast“* (Off. 2:4). Denken Sie daran: Die Arbeit im Dienst für das Reich Gottes ist kein Ersatz für eine lebendige Beziehung mit dem Herrn!

In Markus 3:14-15 heißt es: *„Und er* (Jesus) *berief zwölf, DAMIT SIE BEI IHM SEIEN und damit er sie aussende, zu predigen und Vollmacht zu haben, die Dämonen auszutreiben.“* Jesu anfängliche und oberste Priorität für die Jünger bestand nicht daran, dass sie predigten, sondern „damit sie bei Ihm seien.“

Jesus war nicht in erster Linie an der Effizienz des Dienstes der Jünger interessiert, sondern er war vor allem an ihrer persönlichen Entwicklung und der Veränderung ihres Charakters interessiert. Außerdem war es der Charakter der Jünger (der durch den Umgang mit Jesus geformt und verändert wurde), der sie dazu befähigte im Dienst wirklich produktiv zu sein. Wie können wir Jesus angemessen repräsentieren, wenn wir Ihn gar nicht kennen?

Ich hörte einmal einen Prediger sagen: „Manche Leute werden zu lausigen Christen, während sie auf dem Weg sind großartige Prediger zu werden.“ Manche Diener Gottes haben ihre Fähigkeit zu predigen und den Leuten zu dienen in hohem Maß entwickelt, dabei aber zugelassen, dass ihre Integrität, ihr Charakter, in einigen Fällen sogar ihre Moral, mehr und mehr abgenommen haben. Das geistliche Leben und ein göttlicher Charakter dürfen niemals auf dem Altar christlichen Dienstes geopfert werden. Auch sollte die Position einer Person in der Gemeinde nicht dazu führen, dass sie ihre Demut und Heiligkeit verliert. Eine kirchliche Position oder ein entsprechender Titel sind niemals ein Ersatz für persönlichen geistlichen Wachstum.

Zweite Verpflichtung: Hingabe an die Gemeinde

Leute, die den Herrn lieben, sollten auch Sein Volk lieben und es in hoher Wertschätzung halten. Leute, die es im Dienst der Hilfeleistung zur Meisterschaft bringen, begrüßen die Wahrheit, dass die Gemeinde – der Leib Christi – dem Herrn wichtig, wertvoll und kostbar ist. Jesus liebt die Gemeinde (Eph. 5:25), und das selbe sollten auch wir tun. Jesus ist daran hingegeben, Seine Gemeinde zu bauen (Mat. 16:18), und wenn wir Jesus lieben, dann müssen wir an dieselben Dinge hingegeben sein, an die auch Er hingegeben ist.

Wir sollten die Gemeinde mehr lieben, als unsere Position und sie sollte uns wichtiger sein, als das Prestige oder der Selbstwert, den wir daraus beziehen, dass wir eine bestimmte Position inne haben. Diese Liebe ist nicht nur ein Gefühl, sondern sie sollte sich in positiven Handlungen, wie treuem Gottesdienstbesuch, fleißigem Dienen, und beständiger finanzieller Unterstützung, ausdrücken. Das sind einige der wichtigen Eigenschaften, nach denen Pastoren Ausschau halten, bevor sie Leute auswählen, die in Schlüsselpositionen in der Gemeinde dienen sollen, und diese Charaktereigenschaften sollten nicht aufhören, nachdem jemand in eine Position der Leiterschaft eingetreten ist. Diese Eigenschaften sollten nicht darauf gründen, dass man ein bestimmtes Amt inne hat, sondern darauf, dass man die Gemeinde Jesu liebt, und an sie hingegeben ist.

Wenn ein Diener Gottes ein Hirtenherz hat, dann wird er in seinen Handlungen und Entscheidungen stets das Wohl der Gemeinde im Sinn haben. Er wird nichts tun, was der Gemeinde Schaden zufügt. Ein Mitarbeiter im unterstützenden Dienst sollte wie Jesus immer den Vorteil und das Wohlergehen der Gemeinde suchen.

Dritte Verpflichtung: Hingabe an die eigene Berufung

Der unterstützende Dienst ist mehr als ein Job – er ist eine Berufung. Er ist echter geistlicher Dienst. Co-Pastoren, Jugendpastoren, Kinderdienstleiter, Anbetungsleiter, und andere, werden manchmal mit Fragen konfrontiert, wie: „Wann gehst du denn wirklich in den Dienst?“ Dahinter steht der Gedanke, dass nur Hauptpastoren wirklich im geistlichen Dienst stehen. Doch das ist schlicht nicht wahr!

Ein mir bekannter Mitarbeiter einer Gemeinde hatte den Auftrag, jemanden im Krankenhaus zu besuchen. Der Patient fragte ihn, ob nicht „ein *richtiger* Pastor" zu Besuch kommen könnte. Der unterstützende Dienst *ist* echter und wirklicher Dienst und sollte nicht als ein Sprungbrett zu einer anderen, ehrenwerteren Unternehmung gesehen werden. Der unterstützende Dienst ist bereits an und für sich ein ehrenwertes Unterfangen!

Wenn man erkennt, dass man von Gott zu dieser Art von Dienst berufen ist, dann gewinnt das, was man tut, dadurch zusätzlich an Wert, und das Bewusstsein der Berufung dient als Anker in schwierigen Zeiten. Wenn man weiß, dass der Herr einen zum Dienen und zur Unterstützung berufen hat, dann wird man dadurch befähigt, seine Aufgabe als eine heilige Sache zu sehen, die mit allem Fleiß und aller Treue ausgeführt werden soll. Dieses Wissen um die Berufung sollte uns motivieren, einen hohen Standard an Kompetenz in unserer Arbeit zu entwickeln und unsere Pflichten in einer vorzüglichen Weise zu erfüllen.

Wie jemand berufen wird, ist nicht von Belang. Es geht nicht darum, wie dramatisch oder sensationell die Berufung erscheint. Für viele ist die Tatsache ihrer Berufung eher ein wachsendes Bewusstsein, als ein einzelnes dramatisches Ereignis. Die Berufung offenbart sich oft in einem gottgegebenen Verlangen, dem Herrn und den Menschen zu dienen, so wie auch im Vorhandensein von Begabungen und Fähigkeiten, die für die Ausweitung des Reiches Gottes gebraucht werden.

Als Mitarbeiter im unterstützenden Dienst, sollten Sie wissen, dass Gott selbst und Seine Berufung die eigentlichen Grundlagen für das sind, was Sie tun und warum Sie es tun, und dass Sie letztlich Ihm gegenüber dafür verantwortlich sind, wie sie ihre Pflichten als Mitarbeiter in der Ortsgemeinde erfüllen. Sie sollten sich stets bewusst sein, dass es eine Ehre ist, von Gott berufen zu sein, und dass Er es ist, der Sie schließlich für ihren Dienst belohnen wird.

Vierte Verpflichtung: Hingabe an den Pastor

Weil der Dienst eines unterstützenden Mitarbeiters unter die Aufsicht des Pastors der Ortsgemeinde fällt, muss der Mitarbeiter in Harmonie mit dem Pastor arbeiten, und dabei stets in einer Haltung der Unterordnung und des Respekts bleiben. Wenn wir an Jesus und Seine Gemeinde hingegeben sind, dann müssen wir auch Hingabe an die Person haben, die Er für die Leitung der Ortsgemeinde eingesetzt hat.

Können Sie sich vorstellen, dass ein Sportler sagen würde: „Ich spiele für mein Leben gern Eishockey; die anderen Teammitglieder sind mir wichtig, und ich tue alles, um ein noch besserer Spieler zu werden. Aber der Trainer dieser Mannschaft kann mir gestohlen bleiben, ich werde weder mit ihm zusammenarbeiten, noch ihn respektieren." Ganz nüchtern betrachtet wird dieser Spieler kaum von großem Nutzen oder eine besondere Stütze für das Team sein. Seine angebliche Hingabe klingt schön, aber wenn er nicht bereit ist, sich dem Trainer unterzuordnen und seine Autorität zu respektieren, dann wird er für das Team mehr Last als Nutzen sein.

Erfolgreiche Mitarbeiter im unterstützenden Dienst – Menschen, die nach dem Vorbild von Timotheus dienen – fallen nicht vom Himmel. Wachstum erfordert Zeit, Geduld und Hingabe. Steigern Sie ihre Hingabe an Gott, an Seine Gemeinde, an Ihre Berufung, und an den Pastor, und Sie werden in ihrem Dienst Schritt für Schritt vorankommen und Erfolg haben.

Fragen zum Nachdenken und zur Diskussion

1. Wie geht es Ihnen in ihrer persönlichen Beziehung mit Jesus?
2. Hat ihre Arbeit für den Herrn dazu geführt, dass sie die Nähe zu Ihm in irgendeiner Weise verloren haben?
3. Wie steht es um Ihr Gebetsleben und Ihren Umgang mit dem Wort Gottes?
4. Wie sieht ihre Hingabe an die Gemeinde aus? Würde sie sich verändern, wenn Sie nicht in der Gemeinde mitarbeiten würden?
5. Kommen ihr Gottesdienstbesuch, ihr Geben, und ihre Arbeit von Herzen oder folgen Sie nur der Gewohnheit?

6. Ist Ihnen Ihre Berufung noch gegenwärtig und lebendig?
7. Leben Sie in dem Bewusstsein, dass Gott Sie berufen hat, Ihm zu dienen, oder ist ihre Arbeit zur Routine geworden?
8. Ist Ihnen bewusst, dass sie letztlich vor Gott für die Qualität ihres Dienstes Verantwortung ablegen müssen?
9. Sehen Sie Ihre Arbeit für den Herrn unter dem Vorzeichen der Teamarbeit? Wie erweisen Sie angemessenen Respekt und Hingabe gegenüber dem „Trainer“?
10. Was haben Sie in diesem Kapitel gelernt und wie können Sie es anwenden?
11. In welchen Bereichen müssen Sie ins Gebet gehen oder sich verbessern?

Kapitel 5

Richtige Prioritäten führen zur richtigen Perspektive

In den letzten beiden Kapiteln haben wir die *Schlüsselwerte* und *-Ebenen der Hingabe* studiert, die es zu beachten gilt, um im unterstützenden Dienst Erfolg haben zu können. Es gibt auch einige wichtige Prioritäten, die ein Mitarbeiter in diesem Dienst haben muss, um die richtige Perspektive zu bewahren. In diesem Kapitel werden wir drei dieser Prioritäten genauer betrachten. *Erstens:* Diene der Absicht Gottes; *zweitens:* Achte das Amt des Pastors; und *drittens:* Lerne, mit der Persönlichkeit des Pastors zusammenzuarbeiten. Wenn man diesen Prioritäten folgt und sie in ihrer Reihenfolge belässt, wird man die richtige Perspektive haben, und das Werk des Dienstes ausführen können.

Erste Priorität: Der Absicht Gottes dienen

Absicht steht über Persönlichkeit. Es ist wichtig, dass Mitarbeiter Gott dienen, weil sie Seine Absicht erkannt haben. Seine Absicht ist grundlegend und wird auch dann bestehen bleiben, wenn Beziehungskonflikte und andere Schwierigkeiten zu Tage treten. Manche Leute verlieben sich sozusagen in die Persönlichkeit und Ausstrahlung eines Leiters, und arbeiten vor allem auf der Grundlage des Hingezogenseins zu seiner Persönlichkeit. Es ist schön, wenn man die Leute mag, für die man arbeitet, aber Dienstbeziehungen, die nur auf der Persönlichkeit eines Leiters basieren, können sehr wackelig sein und sollten auf einer stärkeren Grundlage aufgebaut werden.

Alle Arten von Beziehungen werden früher oder später einer Prüfung unterzogen. Nur die Beziehungen, die auf einem starken Fundament ruhen, können überleben und gedeihen. Wenn jemand zum Beispiel den Ehepartner nur aufgrund seiner äußeren Anziehung geheiratet hat, was wird wohl geschehen, wenn Meinungsverschiedenheiten und Konflikte auftreten? Paulus hat gesagt, dass Menschen, die heiraten *„Bedrängnis für das Fleisch haben"* werden (1.Kor. 7:28). Paulus hatte keine negative oder pessimistische Einstellung – er war nur realistisch. Jede Ehe wird durch Bedrängnisse gehen. Die Grundlage auf der die Ehe aufgebaut ist, entscheidet darüber, ob sie der Bedrängnis standhalten kann oder nicht.

Stellen Sie sich ein Ehepaar vor, das sagt: „Wir sind manchmal verschiedener Meinung und ärgern uns über einander, aber unsere Ehe gründet nicht auf der Persönlichkeit des Partners. Unsere Ehe gründet auf unserer Hingabe an die Absicht, die Gott mit unserem Leben hat. Wir haben gelernt, dass Liebe nicht ein euphorisches Gefühl der Vernarrtheit ist, sondern eine Entscheidung, aufgrund derer wir einander als wertvoll und kostbar sehen, egal, wie die Umstände aussehen mögen. Wir haben uns entschieden, uns gegenseitig zu ehren und zu respektieren, auch wenn wir einmal über eine Sache anderer Meinung sein sollten. Unsere Hingabe an die Ehe, aufgrund der Absicht Gottes, wird nicht erschüttert, wenn wir Reibereien erleben, die auf Charakterunterschiede zurückzuführen sind oder weil einer von uns gerade einen schlechten Tag hat."

Sollte dieses Beispiel einer richtigen Haltung zur Ehe nicht auch die Einstellung der Leute sein, die in der Ortsgemeinde zusammenarbeiten? Eine Beziehung auf der Grundlage von *Prinzipien* und *Absichten* wird stark und ausdauernd sein, aber eine Beziehung, die hauptsächlich auf der Persönlichkeit eines Menschen aufbaut, ist zerbrechlich und wird wahrscheinlich die unvermeidbaren Herausforderungen und Drucksituationen, die das Leben mit sich bringt, nicht überdauern.

Zweite Priorität: Das Amt des Pastors achten

Manchmal kommt es vor, dass jemand zum Mitarbeiter eines Pastors wird, der davor schon seit einigen Jahren sein persönlicher Freund war. Das mag zuerst den Eindruck eines passenden Arrangements machen, aber es birgt einige potentielle Fallgruben in sich. Was geschieht bei der ersten Gelegenheit, in welcher der Pastor als „Boss" (und nicht als Freund) auftreten, und den Mitarbeiter korrigieren muss? Kann der Mitarbeiter in einem solchen Fall die freundschaftliche Ebene für den Moment vergessen und die Korrektur als etwas annehmen, das vom Pastor kommt, und nicht von einem Kumpel?

Im Allgemeinen fällt es den Leuten schwer, mit einer Person auf zwei verschiedenen Beziehungsebenen umzugehen, weil sie die zwei unterschiedlichen Rollen in ihrem Denken nicht auseinander halten können. Die *freundschaftliche* Seite der Beziehung kann dazu führen, dass die betreffende Person das *pastorale Amt* nicht mehr richtig einschätzt, und darum nicht den angemessenen Respekt aufbringt. Egal, ob eine längere Freundschaft vorausgegangen ist oder nicht, jedes übermäßige Ausleben von Vertrautheit gegenüber dem Mitarbeiterstab kann die Effektivität eines Leiters unterwandern.

Als Jesus in das Gebiet Seiner Heimatstadt kam, sahen Ihn die Leute dort vor allem unter dem Gesichtspunkt menschlicher Vertrautheit, anstatt den Auftrag zu achten, den Gott Ihm gegeben hatte, und das Amt (oder die Position) zu respektieren, in dem (in der) er stand. Die Leute sagten: *„Ist dieser nicht der Zimmermann, der Sohn der Maria und ein Bruder des Jakobus und Joses und Judas und Simon? Und sind nicht seine Schwestern hier bei uns?“* (Markus 6:3). Der Vers fährt mit der Feststellung fort, dass sie sich an Jesus ärgerten.

Die Leute in der Heimatstadt Jesu richteten ihr Augenmerk auf die natürliche Seite Jesu, anstatt die Salbung auf Seinem Leben anzuerkennen. Wegen ihrer Vertrautheit und dem daraus folgenden Mangel an Respekt und Glauben, *„konnte* (Jesus) *dort kein Wunderwerk tun, außer dass er wenigen Schwachen die Hände auflegte und sie heilte“* (Markus 6:5). Jesus war nicht völlig außer Stande, ihnen zu dienen, aber Sein Erfolg war viel geringer, als Gott es wünschte; und das, weil die Leute das Amt Jesu nicht würdigten und sich an Ihm ärgerten.

Ein extremes Beispiel

Im Alten Testament sehen wir, wie David enormen Respekt für das Amt des Königs zeigte, sogar als König Saul sich alles andere als dieses Amtes würdig verhielt. Selbst nachdem Saul seinen Speer nach David geworfen hatte, um ihn umzubringen, nannte ihn David noch immer „den Gesalbten des Herrn“ und erwies Respekt für das Amt, in dem Saul stand (1.Sam. 24:6,10; 26:9,11,16,23). Hätte Saul sich der Würde seines Amtes entsprechend verhalten sollen? Gewiss! Aber David war entschlossen, sich angemessen zu verhalten und das Richtige zu tun, egal ob Saul seinen Teil tat oder nicht – ja, er tat dies sogar als es bedeutete, sich durch Flucht in Sicherheit zu bringen! Beschließen Sie in ihrem Herzen, dass *Sie* nicht aufhören werden, die Priorität zu wahren, die darin besteht, die Ämter und Positionen zu respektieren, die Gott gesetzt hat.

Dritte Priorität: Wie man es lernt, mit der Persönlichkeit des Pastors zusammenzuarbeiten

Obwohl diese Priorität erst an dritter Stelle kommt, könnte sie für manche Leute am schwersten zu meistern sein. Aber es gibt einen Grund dafür, dass sie an dritter Stelle steht. Wenn es Ihnen als besonders große Herausforderung erscheint, zu lernen mit der Persönlichkeit eines Pastors zusammenzuarbeiten, dann denken Sie daran, dass die ersten beiden Prioritäten Sie dazu befähigen werden, diese Herausforderung ebenfalls zu meistern.

Folgende Feststellung ist beinahe ein Gemeinplatz: Nicht jeder hat den selben Führungsstil und die selbe Persönlichkeit. Wenn wir im Dienst der Hilfeleistung erfolgreich sein wollen, dann müssen wir lernen, mit dem Führungsstil und der Persönlichkeit des Pastors, für den wir arbeiten, umzugehen. Jeder *Führungsstil* hat seine Stärken und Schwächen, und jede *Persönlichkeit* hat ihre Fehler und Mängel – es spielt keine Rolle, um welche Art von Persönlichkeit es im Einzelfall geht. Darum müssen wir uns in langmütiger Geduld und Toleranz üben, und das nicht nur für den Pastor, *für den* wir arbeiten, sondern auch für die Mitarbeiter, *mit denen* wir zusammenarbeiten. Vergessen Sie nicht, dass Sie nicht der einzige sind, der mit anderen auskommen muss; Ihr Chef und Ihre Kollegen müssen auch mit Ihnen und Ihrer Unvollkommenheit zurechtkommen!

In Epheser 4:2-3 heißt es: *„Seid demütig und freundlich. Seid* *geduldig miteinander, erlaubt euch aufgrund eurer Liebe zueinander, Fehler zu machen. Achtet darauf, im Heiligen Geist eins zu sein, und miteinander im Frieden verbunden zu bleiben"* (New Literal Translation). Vers 2 lautet in der Elberfelder-Übersetzung: *„... einander in Liebe ertragend."* Und die *Message* Version von Vers 3 fordert uns auf: „auf die Gefahr von Meinungsverschiedenheiten zu achten und entstandene Breschen schnell zu reparieren."

Ertragt einander

Was bedeutet es, einander zu ertragen? Verschiedene Ausleger haben folgende Gedanken zu dieser Formulierung geäußert:

- Schwächen, Fehler und Unzulänglichkeiten anderer geduldig ertragen.[1]
- Eheleute – so steht es nun einmal um die Unvollkommenheit der menschlichen Natur – können genügend Anlass zur Kritik aneinander finden, um sich das Leben schwer zu machen, wenn sie sich dafür entscheiden, Fehler über die Maßen groß zu machen, und sich über Kleinigkeiten aufzuregen; und es gibt keine Freundschaft, die nicht von diesem Übel befallen werden kann, wenn wir es zulassen. Wenn wir also möchten, dass das Leben möglichst reibungslos verläuft, dann müssen wir es lernen, zu ertragen und Nachsicht zu üben.[2]
- ... es kann bedeuten, dass wir durch die Liebe Gottes, die in unseren Herzen am Werk ist, die Unzulänglichkeit, die Unwissenheit etc., der anderen ertragen sollen, in dem Wissen, wie sehr andere mit uns Nachsicht haben mussten oder noch haben müssen.[3]

Ein gutes Beispiel dafür, wie man einander erträgt (sich gegen-

---

[1] Albert Barnes, *Barne's Notes on the New Testament* (Grand Rapids: Kregel, 1962), S. 991.

[2] Ebd., S. 991

[3] Ralph Earle, ed. *Adam Clarke's Commentary on the Bible* (Grand Rapids: Baker Book House, 1967), S. 1179.

seitig erlaubt, Fehler zu machen), finden wir erneut am Beispiel von Paulus und Timotheus. Wie wir bereits festgestellt haben, war Timotheus ein herausragender junger Mann, aber wie bei jedem anderen, gab es auch bei ihm Lebensbereiche, in denen er nicht vollkommen war.

(Behalten Sie folgende Wahrheit im Hinterkopf: Wenn Gott darauf warten würde, bis wir vollkommen sind, bevor Er uns in Seine Dienste nimmt, dann würde keiner von uns, Ihm jemals dienen können. Wir sollten diese Wahrheit nicht als Ausrede nehmen, um uns nicht verändern oder verbessern zu müssen, sondern sie als eine Ermutigung sehen, weiterzumachen, wenn wir dazu versucht sind, das Handtuch zu werfen – schließlich haben wir alle Wachstum nötig.)

Timotheus hatte eine Neigung, sich einschüchtern zu lassen (1.Tim. 4:12) und sich aufgrund von Furcht zurückzuziehen (2.Tim. 1:6-8). Paulus ermutigte Timotheus in diesen Bereichen auf einer persönlichen Ebene, aber er arbeitete auch daran, Situationen zu schaffen, die dem Erfolg von Timotheus förderlich sein würden. So schrieb Paulus zum Beispiel an die Gemeinde in Korinth: *„Wenn aber Timotheus kommt, so seht zu, dass er ohne Furcht bei euch sei! Denn er arbeitet am Werk des Herrn wie auch ich. Es verachte ihn nun niemand. Geleitet ihn aber in Frieden ...“* (1.Kor. 16:10-11).

Paulus wies die Gläubigen an, einander zu ertragen, aber er handelte auch nach dem, was er predigte! Er erlaubte es Timotheus, Fehler zu machen, weil er eine besondere Liebe für diesen jungen Diener Gottes hatte.

Wenn wir starke Mitarbeiter im Dienst der Hilfeleistung werden wollen, dann müssen wir die rechte Perspektive bewahren, indem wir unsere Prioritäten achten. Unsere Hauptpriorität muss es sein, der Absicht Gottes zu dienen, nicht einem Menschen oder einer bestimmten Persönlichkeit. An zweiter Stelle müssen wir das Amt des Pastors und anderer Leiter achten. Und drittens müssen wir lernen, mit dem Charakter des Pastors auszukommen und zu fließen, und dasselbe gilt auch für die anderen Leute, mit denen wir zusammenarbeiten. Wenn es uns gelingt, diese Prioritäten zu bewahren, dann können wir im Dienst erfolgreich sein.

Fragen zum Nachdenken und zur Diskussion

1. Dienen Sie in dem, was Sie tun, der Absicht Gottes? Welche Schritte unternehmen Sie, damit Ihr Augenmerk auf die Absicht Gottes gerichtet bleibt, und nicht auf Menschen abgelenkt wird?
2. Respektieren Sie das Amt des Pastors und die Positionen anderer Leiter?
3. Was tun Sie, um nicht einer unangemessenen Vertrautheit in die Falle zu gehen?
4. Sind Sie der Meinung, dass sie mit dem Führungsstil und der Persönlichkeit Ihres Pastors und/oder Ihres direkten Vorgesetzten gut zusammenarbeiten?
5. Sind ihre Erwartungen an andere vernünftig? Stellen Sie manchmal fest, dass sie in ihren Erwartungen überkritisch oder perfektionistisch sind?
6. Wie kann man es anderen in einer Gott angemessenen Weise erlauben, Fehler zu machen?
7. Was haben Sie in diesem Kapitel gelernt und wie können Sie es anwenden?
8. In welchen Bereichen müssen Sie ins Gebet gehen oder sich verbessern?

Teil II

Biblische Beispiele für unterstützenden Dienst

In Teil I haben wir verschiedene biblische Prinzipien im Zusammenhang mit dem unterstützenden Dienst genauer betrachtet, und ich habe diese Grundsätze mit Beispielen aus dem Wort Gottes und meinen eigenen Erfahrungen und Beobachtungen im Dienst illustriert. Aber es ist immer hilfreich, das Leben von Leuten zu studieren, die diese Prinzipien in die Praxis umgesetzt haben – oder auch nicht – und die Ergebnisse zu sehen, die daraus entstehen, wenn man diese Prinzipien anwendet oder sie verwirft.

In Teil II dieses Buches werden wir darum einen ausführlichen Blick auf das Leben verschiedener Personen der biblischen Geschichte werfen. In jedem Kapitel werden wir einen bestimmten Leiter und sein Unterstützerteam besonders unter die Lupe nehmen und uns anschauen, wie gut sie zusammen arbeiteten und dienten. Bei jedem dieser Unterstützer werden wir seine positiven (und teilweise auch die negativen) Charaktereigenschaften und Gewohnheiten studieren, damit wir von diesen Leuten lernen können, was man *tun sollte* und was *nicht;* um so an Wert für den Dienst der Hilfeleistung zuzunehmen und Tag für Tag ein wenig mehr wie Timotheus zu werden.

Kapitel 6

Paulus und Timotheus: Von gleicher Gesinnung

In Kapitel 2 des Philipperbriefes sagte Paulus, dass er niemanden hatte, der dieselbe Gesinnung besaß wie er selbst, außer Timotheus.

> Philipper 2:19-22 (SCHLACHTER)
> Ich hoffe aber in dem Herrn Jesus, Timotheus bald zu euch zu senden, damit auch ich ermutigt werde, wenn ich erfahre, wie es um euch steht. Denn ich habe sonst niemand von gleicher Gesinnung, der so redlich für eure Anliegen sorgen wird; denn sie suchen alle das Ihre, nicht das, was Christi Jesu ist! Wie er sich aber bewährt hat, das wisst ihr, dass er nämlich wie ein Kind dem Vater mit mir gedient hat am Evangelium.

> Philipper 2:20-21 (AMPLIFIED)
> Denn ich habe keinen wie ihn [keinen, der eine so ähnliche Gesinnung hat], der so aufrichtig an eurem Wohlergehen Anteil nehmen wird und dem es um euer Vorankommen geht. Denn die anderen trachten alle danach ihre eigenen Interessen [voranzutreiben], nicht diejenigen von Jesus Christus (dem Messias).

Timotheus und Paulus waren einmütig und hatten eine ähnliche Gesinnung. Die Formulierung „gleiche Gesinnung" kommt von zwei griechischen Worten mit der Bedeutung von: *eine gleiche Seele haben.*[1]

Timotheus kannte und teilte die Herzenshaltung von Paulus gegenüber den Gläubigen in Philippi und auch bezüglich des Dienstes im Allgemeinen. Timotheus war der einzige, der so dachte wie Paulus und der in dieser Weise seine Werte, Prioritäten, Absichten, Überzeugungen und Einstellungen teilte.

---

[1] W. E. Vine, *An Expository Dictionary of New Testament Words,* Volume II (Old Tappan, NJ: Fleming H. Revell Company, 1940), S. 343.

Warum dieser Mangel an guter Hilfe?

Warum hatte Paulus nur eine Person von gleicher Gesinnung? Wollte und brauchte Paulus nicht mehr als eine solche Person? War er denn nicht damit beschäftigt, vielen Gemeinden an unterschiedlichen Orten zu dienen? Hätte Paulus nicht ein Seminar über die „Zwölf Prinzipien der Leiterschaft" halten und so ein paar Männer mehr vom Format eines Timotheus hervorbringen können?

Paulus war zweifellos ein großer Leiter, aber auch große Leiter können keine großartigen Nachfolger hervorbringen, wenn die Nachfolger nicht damit übereinstimmen und daran mitarbeiten! Wie bereits erwähnt, kann großartige Leiterschaft keine optimalen Resultate hervorbringen, wenn die Nachfolger keine großartige Einstellung haben! Wenn es nur an Paulus gelegen hätte, dann hätte er wohl Dutzende von Männern wie Timotheus nachgezogen. So viel an Gott lag, bin ich mir ebenfalls sicher, dass es Sein Wille war, Paulus mit vielen talentierten, gleich gesinnten, unterstützenden Mitarbeitern zu umgeben. Warum also gab es nur einen?

Paulus deutet an, dass es die Einstellung von Timotheus war, die ihn besonders machte und ihn eine Klasse für sich sein ließ. Paulus selbst sagte, dass der Grund, warum er niemanden von gleicher Gesinnung hatte, darin bestand, dass alle das Ihre suchten (Philipper 2:21).

Das gilt auch heute: Manche, die im Dienst stehen, suchen ebenfalls das Ihre. Und das ist ein Faktor, der zu diesem Gefühl des Alleinseins beiträgt, dem Leiter oft ausgesetzt sind. Viele Leute haben so sehr mit ihrem eigenen Leben zu tun und sind so sehr mit ihren persönlichen Zielen beschäftigt, dass sie es versäumen, den Auftrag oder die Vision zu erkennen, die Gott dem Pastor ins Herz gelegt hat. So kann es sein, dass ein Pastor zwar eine große und überzeugende Vision von Gott hat, aber nur auf wenige Leute zählen kann, die bereit sind, diese Vision in Existenz zu bringen. Warum? Weil die Leute damit beschäftigt sind, ihre eigene Vision umzusetzen!

Teammitglieder und andere Leiter können persönliche Absichten verfolgen, die mit der Vision des Pastors im Konflikt stehen und dazu führen, dass sie mehr nach ihrem eigenen Wohl trachten, als nach dem Wohl des Teams. Timotheus brachte etwas mit, das für Paulus noch wertvoller war als *Fähigkeit* – er bot ihm seine *Verfügbarkeit*. Alle Fähigkeit dieser Welt hat keine Bedeutung, wenn sie nicht mit Verfügbarkeit verbunden ist. Ich rede nicht nur von körperlicher Verfügbarkeit; ich meine auch emotionale, mentale und geistliche Verfügbarkeit. Timotheus war nicht auf seinen eigenen Ruhm aus oder suchte seinen Willen durchzusetzen, und er hatte keine eigenen Absichten, die ihm im Weg standen. Das war es, was ihn für Paulus so überaus wertvoll und wichtig machte. Wie schade, dass die Haltung von Timotheus eine Ausnahme war, obwohl sie eigentlich die Norm hätte sein sollen!

Paulus fährt fort zu beschreiben, dass Timotheus mit ihm zusammen gedient hatte wie ein Sohn mit dem Vater. Das zeigt uns die Loyalität, die Hingabe und den Respekt, die Timotheus Paulus gegenüber in seinem Herzen trug. Timotheus übte seinen Dienst und seine Leiterschaft anderen gegenüber im Kontext seines Dienstes und seiner Nachfolge gegenüber Paulus aus. Er teilte die Herzensanliegen von Paulus. Er war gleich gesinnt.

Eine wichtige Wahrheit, die wir häufig in der Schrift finden, ist die, dass diese Art von Paulus-Timotheus-Beziehung nicht rein funktionaler oder professionellen Natur war. Es gab da so etwas wie eine Verbindung der Herzen. Es gab eine göttliche Verbundenheit – eine aus Gott geborene Einheit – in der die Leute zusammen arbeiteten, um den Plan und die Absicht Gottes voranzutreiben und zu erfüllen.

Das Vertrauen, das Paulus in Timotheus setzte

Paulus befand sich im Gefängnis, als er davon schrieb, Timotheus zu den Philippern zu senden. Jemand, der im Gefängnis ist, hat einen sehr eingeschränkten Bewegungsradius, er kann nicht dorthin gehen, wo er möchte und nicht tun, was er will. Aus dieser Beschränkung heraus sagte Paulus: *„Ich hoffe aber im Herrn Jesus, Timotheus bald zu euch zu senden“* (Philipper 2:19). Es sind einige wichtige Wahrheiten in diesem Abschnitt in Philipper 2 verborgen. Als erstes sehen wir, dass Paulus nicht nur auf Jesus vertraute, sondern er vertraute auch auf Timotheus. Paulus wusste, dass Timotheus nicht das Handtuch werfen und dass er Paulus in keiner Hinsicht falsch repräsentieren oder ihn hintergehen würde. Paulus war nicht nur davon überzeugt, dass Timotheus in der Lage war, den Philippern sein Herz mitzuteilen und ihnen wirksam zu dienen, sondern er wusste auch, dass Timotheus ihm einen genauen Bericht zurückbringen würde, wie es um die Gemeinde in Philippi stand.

Paulus vertraute Timotheus, dass er ihm Rechenschaft geben würde, und Timotheus nahm seine Verantwortung Paulus gegenüber wahr. Timotheus wurde nicht nach Philippi geschickt, um dort sein eigenes Ding durchzuziehen und seine eigenen Pläne zu verwirklichen. Er ging dorthin, um Paulus zu repräsentieren und danach einen genauen Bericht an ihn abzuliefern. Wenn Timotheus einen eigenwilligen, selbstbezogenen Charakter gehabt hätte, dann hätte er die momentanen Begrenzungen und Beschränkungen von Paulus wohl ausgenützt. Er hätte den Umstand der Gefangenschaft von Paulus dafür missbraucht, seine eigenen Pläne zu stärken und sich selbst eine Nachfolgerschaft zu bilden.

Eine der herausragenden Charaktereigenschaften von Timotheus ist die, dass er die Begrenzungen von Paulus nicht als Gelegenheit sah, das eigene Vorankommen zu fördern; sondern er förderte die Wertschätzung der Philipper gegenüber Paulus, indem er sich zu einer Verlängerung seines Dienstes machte. Leute mit weniger Charakter hätten sich vielleicht als einen *Ersatz* für Paulus, statt als *Verlängerung* dargestellt. Was Timotheus so besonders machte, war seine Loyalität und Herzensbeziehung zu seinem Vater im Glauben.

Paulus sagt nicht nur, dass Timotheus eine ihm ähnliche Gesinnung hatte, sondern er teilte auch den Philippern mit, dass Timotheus *„aufrichtig für das Ihre besorgt sein würde"* (Phil. 2:20). Timotheus war kein Mietling; sein Herz war voll und ganz an das hingegeben, was er tat. Das Trachten nach den Dingen Jesu Christi und der Dienst gegenüber Paulus waren ganz und gar mit der Beschaffenheit seines Wesens verwoben. Er hatte in einem Maß Anteil an den Anliegen von Paulus, dass dieser sagen konnte, dass er *„wie ein Kind dem Vater mit mir für das Evangelium gedient hat"* (Phil. 2:22).

Der Bedarf an Menschen wie Timotheus

Was hat all das mit uns zu tun? Jeder Pastor ist begrenzt und beschränkt durch die Tatsache, dass er ein Mensch ist. Obwohl er von Gott gesalbt ist, ist der Pastor an *einen* physischen Leib gebunden – er kann zu einer bestimmten Zeit nur an einem Ort sein – und seine Zeit und seine Begabungen sind begrenzt. Kein Pastor (noch irgendein anderes Glied des Leibes Christi) besitzt sämtliche Gaben und Fähigkeiten oder hat ein unbegrenztes Maß des Heiligen Geistes. Die Bibel lehrt, dass der Herr Jesus den Geist *„ohne jede Einschränkung"* empfangen hat (Joh. 3:34, NeÜ), aber wir anderen haben *„verschiedene Gnadengaben gemäß der uns verliehenen Gnade"* (Röm. 12:6, SCHLACHTER).

Jesus wirkte in der Fülle jeder geistlichen Gabe, Befähigung und Salbung. Er war der ultimative Apostel, der ultimative Prophet, der ultimative Evangelist, der ultimative Pastor und der ultimative Lehrer. Es gab keine Begabung oder Befähigung, die er nicht besaß. Jesus ist der einzige, der jemals in dieser umfassenden Weise gewirkt hat. Jeder heutige Pastor und Gläubige ist an das gebunden, was man „der Unzulänglichkeit unterworfen" nennen könnte.

Der Unzulänglichkeit unterworfen

Die Feststellung, dass wir alle „der Unzulänglichkeit unterworfen" sind, ist keine Kritik oder Beleidigung sondern eine realistische und ehrliche Anerkennung der Tatsache, dass Gott nicht einer Person alle verfügbaren geistlichen Gaben gegeben hat. Mit anderen Worten: Gott hat nicht alle Eier in denselben Korb gelegt! In Seiner unendlichen Weisheit hat Gott weder mir noch sonst jemandem (persönlich) alle Gaben anvertraut, die zum Dienst im Leib Christi notwendig sind. Wenn ich jede einzelne nötige Gabe hätte, dann könnte ich anfangen zu glauben, dass ich keine anderen Leute mehr brauche.

Gott hat mich mit Absicht „unzulänglich" ausgestattet. Die Gaben, die Er mir nicht gegeben hat, mag Er Ihnen anvertraut haben. Die Gaben, die Er weder mir noch Ihnen gegeben hat, hat Er jemand anderem anvertraut. Die Ortsgemeinde kann nur dann erfolgreich sein, wenn wir zuerst verstehen, dass wir als einzelne der Unzulänglichkeit unterworfen sind; wenn wir sodann die Gaben würdigen und respektieren, die Er anderen gegeben hat, und wenn wir schließlich dahin gelangen, dass wir als Partner –und im Team – zusammen arbeiten, um das Reich Gottes zu bauen.

Diese Zusammenhänge unterwandern nicht die Autorität des Pastors, noch schmälern sie seine Rolle als Leiter, sondern sie betonen nur die Tatsache, dass wir alle aufeinander angewiesen sind. So, wie Paulus Timotheus dazu einsetzte, an seiner Stelle an bestimmte Orte zu gehen und dort mit Leuten in Beziehung zu treten, die Paulus nicht erreichen konnte, brauchen auch heutige Pastoren Leute wie Timotheus, die sie repräsentieren und in unterschiedlichen Aufgaben wirken, und zugleich auch bereit sind, ihre Arbeit in verantwortlicher Weise zu tun.

Die Einheit, in der Paulus und Timotheus miteinander umgingen, bedeutet nicht, dass ihre Persönlichkeiten identisch waren. Im Gegenteil: Wenn wir das Wort Gottes genau studieren, wird deutlich, dass die beiden sehr unterschiedliche Charaktere waren. Paulus hatte eine sehr starke Persönlichkeit. Er sah die meisten Bereiche in schwarz und weiß, ohne jede Grauabstufung. Paulus war dogmatisch, rechthaberisch und energisch. Timotheus andererseits kämpfte mit seinem Selbstwert. Er neigte dazu, sich von anderen einschüchtern zu lassen und musste gegen Ängste angehen. Obwohl Paulus und Timotheus sehr unterschiedliche Persönlichkeiten hatten, sagte Paulus dennoch, dass Timotheus eine *gleiche Gesinnung* oder verwandte Seele hatte.

Mein Gebet für den Leib Christi heute ist, dass eine Generation von Mitarbeitern aufsteht, die nicht eine rein professionelle, formale Beziehung zu ihren Pastoren pflegt, sondern die das Bild eines wahren geistlichen Timotheus zeigt. Unterstützende Mitarbeiter, die gleich gesinnt sind, die sich aufrichtig um die Leute kümmern und die in echter Partnerschaft mit dem Hauptpastor leben. Möge jedes Gemeindeleitungsteam in dieser Weise in Einheit gemeinsam wirken und harmonisch zusammen arbeiten.

Fragen zum Nachdenken und zur Diskussion

1. In welcher Hinsicht habe ich die gleiche Gesinnung wie mein Pastor?
2. Kenne ich die Wertvorstellungen meines Pastors; seine Prioritäten und Überzeugungen? Kann ich sie teilen?
3. Was zeichnete Timotheus aus? Was machte ihn zu einer Klasse für sich?
4. Was bedeutet die Formulierung „mit Absicht der Unzulänglichkeit unterworfen“?
5. Waren Sie jemals einem Leiter gegenüber kritisch eingestellt und haben Anstoß an seinen Unzulänglichkeiten genommen?
6. Wenn Sie die Beschränkungen und Begrenzungen Ihres Pastors sehen, sehen sie diese als normal und versuchen seinen Wert zu steigern, indem Sie danach streben, eine Verlängerung seines Dienstes zu sein?
7. Was haben Sie in diesem Kapitel gelernt und wie können Sie es anwenden?
8. In welchen Bereichen müssen Sie ins Gebet gehen oder sich verbessern?

Kapitel 7

Paulus und Markus: Wenn der erste Versuch ein Flop ist

Während Timotheus einen besonderen Platz im Herzen von Paulus hatte, gab es auch andere Leute, die ihm zu verschiedenen Zeiten in seinem Dienst geholfen haben. Ein paar von diesen möchte ich in den nächsten beiden Kapiteln studieren.

Die erste Person, die ich genauer betrachten will, ist Markus. In 2.Timotheus 4:11 sehen wir, wie sehr Paulus die Hilfe von Markus in seinem Dienst schätzte.

> 2.Timotheus 4:11
> ... Nimm Markus und bringe ihn mit dir! *Denn er ist mir nützlich zum Dienst.*

> 2.Timotheus 4:11 (ALBRECHT)
> Nimm dir Markus zum Reisebegleiter und bring ihn mit, *denn er kann mir gute Dienste leisten!*

> 2.Timotheus 4:11 (MESSAGE)
> Bring Markus mit dir; *er wird meine rechte Hand sein.*

Dieser Abschnitt zeigt uns, dass Paulus dem Dienst und der Person von Markus einen großen Wert beimaß. Aber Paulus war nicht immer der Meinung gewesen, dass Markus von besonderem Nutzen im Dienst sei. Ja, es gab sogar eine Zeit, als Paulus Markus für eine unnötige *Last* hielt.

Last oder Nutzen?

Paulus und Barnabas nahmen Markus mit auf ihre erste Missionsreise, aber er führte die Reise nicht mit ihnen zu Ende. In Apostelgeschichte 13:13 lesen wir, nach der *Message* Übersetzung: „Von

Paphos aus stachen Paulus und seine Begleiter in See und segelten in Richtung Perge in Pamphylien. Das war der Ort, an dem Johannes [Markus] das Handtuch warf und nach Jerusalem zurückkehrte."

Als Paulus und Barnabas später wieder an die Plätze ihrer ersten Reise zurückkehren wollten um zu sehen, wie es den Gemeinden ging, hätte Barnabas Markus gerne eine zweite Chance gegeben, aber Paulus war dazu nicht bereit (siehe Apg. 15:36-41). Die Auseinandersetzung um Markus war so heftig, dass Paulus und Barnabas sich trennten – Paulus wählte Silas und führte die Missionsarbeit fort, während Barnabas den jungen Markus mit sich nahm und nach Zypern fuhr.

Wir kennen nicht alle Details, die mit der Entwicklung von Markus im Zusammenhang stehen, aber wir wissen, dass Barnabas ihn unter seine Fittiche nahm und mit ihm zusammen diese niederschmetternde Erfahrung aufarbeitete. Viele junge Leute hätten dem Dienst für immer den Rücken gekehrt, wenn sie eine Niederlage und eine Ablehnung von solchem Ausmaß erfahren hätten. Aber Barnabas war entschlossen, dass es Markus nicht so gehen sollte. Seinem Namen gemäß trat Barnabas („der Sohn der Ermutigung") an die Seite dieses vermutlich etwas aus der Bahn geworfenen jungen Mannes, glaubte an sein Potential und half mit, die Begabung zu kultivieren, die in ihm war.

Einst nutzlos – jetzt nützlich

Was können wir aus der Erfahrung von Markus lernen? 1. Wenn wir einen großen Fehler machen, der uns scheinbar für den Dienst disqualifiziert, gibt es immer noch Hoffnung auf Wachstum und letztendliche Wiederherstellung. 2. Vielleicht sind wir dazu berufen ein Barnabas zu sein, sprich einem gefallenen Diener Gottes Gnade, Wiederherstellung und Ermutigung mitzuteilen.

Es mag Leute geben, die zu einer bestimmten Zeit für den Dienst untauglich sind. Es mag Zeiten geben, in denen bestimmte Leute für ihren Pastor keinen großen Nutzen haben, weil sie unreif oder unsicher sind oder eine schlechte Einstellung zeigen. Aber nützlich zu werden ist eine Fähigkeit, die man lernen und entwickeln kann. Die

Eigenschaften, die notwendig sind, um für den Dienst nützlich zu sein, können kultiviert werden, und es ist möglich, sich aus einer Position der Nutzlosigkeit auf eine Ebene hochzuarbeiten, wo man für andere von großem Nutzen sein wird.

Die Tatsache, dass Paulus viele Jahre später Markus holen lässt, kann auch als Hinweis darauf verstanden werden, dass Paulus in seiner Haltung weicher geworden war. Aber gewiss erkannte Paulus auch die Veränderungen und die Reifung, die in Markus stattgefunden hatten. Wenn Markus nicht in der Gnade gewachsen wäre, hätte er in Paulus wahrscheinlich nur ein rotes Tuch gesehen. Als er die Bitte von Paulus, zu ihm zu kommen, vernommen hatte, wäre es für Markus ein Leichtes gewesen zu denken: *Als ich auf Gnade von dir angewiesen war, warst du nicht bereit, sie mir zu gewähren. Jetzt bist du im Gefängnis und brauchst mich, aber ich brauche dich nicht mehr.* Aber gewiss war das nicht die Art von Einstellung, der Markus sich hingegeben hatte. Es war vielmehr so, dass seine geistliche Reife ihn tatsächlich dazu positioniert hatte, *im Dienst von Nutzen* zu sein.

Ein Gebet für unterstützende Mitarbeiter

Als ich damit anfing im Dienst der Hilfeleistung zu arbeiten, wurde mir bewusst, dass ich wie Timotheus ein junger Mann im Dienst war, und ebenfalls die Betreuung durch einen bewährten, gereiften Dieners Gottes brauchte – durch jemanden, der wusste, „wie der Karren läuft", und dieses Wissen an mich weitergeben konnte. Von wem könnte man in dieser Hinsicht mehr lernen als von Paulus? Darum las ich immer wieder die beiden Briefe an Timotheus. Die Hauptabsicht dieser pastoralen Briefe an Timotheus war ihm zu vermitteln, *„wie man sich verhalten muss im Hause Gottes, das die Gemeinde des lebendigen Gottes ist, der Pfeiler und die Grundfeste der Wahrheit"* (1.Tim. 3:15).

Im zweiten Brief an Timotheus fiel mir besonders der Vers auf, in dem der ehrwürdige Apostel seinem Schützling schreibt, er solle Markus mitbringen, weil dieser ihm nützlich zum Dienst sein würde. Das brachte eine Saite in mir zum Klingen und wurde zur Grundlage eines Gebetes, das ich des Öfteren betete: „Herr, lass mich nützlich, das heißt tauglich und segensreich, sein für den Mann Gottes, für den ich arbeite."

Ich ermutige Sie, dieses Gebet für sich zu übernehmen, wenn Sie mit Hilfe der Gnade Gottes danach streben, von noch größerem Nutzen für den Dienst im Reich Gottes zu werden.

Fragen zum Nachdenken und zur Diskussion

1. Ist Ihnen einmal ein schwerer Fehler unterlaufen, der Sie in die missliche Lage gebracht hat, von anderen für nutzlos gehalten zu werden? Was haben Sie unternommen, um wieder in eine Position der Nützlichkeit zu gelangen?
2. Was haben Sie unternommen, um das Vertrauen ihrer Leiter wieder zu gewinnen?
3. Kann Ihr Pastor von Ihnen sagen, was Paulus von Markus gesagt hat: „Er ist mir nützlich zum Dienst?" Wenn ja, warum? Wenn nein, warum nicht?
4. Was können Sie tun, um sich für den Dienst Ihres Pastors als noch nützlicher, tauglicher und segensreicher zu erweisen?
5. Gibt es Einstellungen, Eigenschaften oder Charaktermerkmale, die Sie für Ihren Pastor mehr Last als Nutzen sein lassen?
6. Gibt es jemanden in Ihrem Bekanntenkreis, für den Sie ein Barnabas sein können? Gibt es jemanden, der im Dienst versagt hat oder aus anderen Gründen bezüglich des Dienstes entmutigt ist, den Sie ermutigen und aufbauen könnten, wieder in den aktiven Dienst für den Herrn zurückzukehren?
7. Was haben Sie in diesem Kapitel gelernt und wie können Sie es anwenden?
8. In welchen Bereichen müssen Sie ins Gebet gehen oder sich verbessern?

Kapitel 8

Paulus und andere: Strategische Beziehungen

Wir haben festgestellt, dass Timotheus Paulus geholfen hat, dasselbe taten Silas, Barnabas und Markus. Aber ungeachtet dessen, ob andere Leute ihn unterstützten oder nicht, Paulus hatte eine ungeteilte Hingabe daran, dem Herrn Jesus Christus zu dienen. Paulus sagte: *„Bei meiner ersten Verteidigung stand mir niemand bei, sondern alle verließen mich; es werde ihnen nicht zugerechnet. Der Herr aber stand mir bei und stärkte mich ...“* (2.Tim. 4:16-17).

Obwohl Paulus die Bereitschaft hatte, dem Herrn auch allein zu dienen, wenn Leute ihn verließen oder nicht bereit waren, an seiner Verhandlung teilzunehmen, zog er es doch vor, in Partnerschaft mit anderen zu arbeiten – und das tat er, wann immer möglich. Paulus hatte Bedürfnisse wie jeder andere Mensch, und er hatte eine tiefe Wertschätzung für diejenigen, die ihm dienten und ihn ermutigten. Man beachte die herzliche Dankbarkeit, die Paulus zum Ausdruck brachte, wenn er von denen redete, die mit ihm in einer partnerschaftlichen Beziehung standen und ihn in seinem Dienst unterstützten:

Titus:[1]

- Titus ist sein echtes Kind im Glauben.
- Gott, der die Niedergeschlagenen tröstet, hat uns durch die Ankunft von Titus getröstet.
- Titus ist mein persönlicher Gefährte und Mitarbeiter.
- Sind Titus und ich nicht im selben Geist gewandelt, in denselben Fußstapfen?

[1] Titus 1:4; 2.Korinther 7:6; 8:23; 12:18

Tychicus:[1]

- Ein geliebter Bruder, ein treuer Diener und Mitknecht im Herrn.
- Tychicus ist mein Mitarbeiter für das Reich Gottes. Er ist mir ein Trost geworden.

Onesiphorus:[2]

- Er hat mich oft erquickt und sich meiner Ketten nicht geschämt. Er hat mich eifrig gesucht und mich gefunden. Wie viel er in Ephesus diente, weißt du noch besser.

Priscilla und Aquila:[3]

- Meine Mitarbeiter in Christus Jesus, die für mein Leben ihren eigenen Hals preisgegeben haben, denen ich danke.

Stephanas, Fortunatus, und Achaikus:[4]

- Ich freue mich über ihre Ankunft, denn sie haben eure Abwesenheit ersetzt. Sie haben meinen Geist erquickt.

Epaphroditus:[5]

- Mein Bruder, Mitarbeiter und Mitstreiter – der Diener meines Bedarfs.

Ungenannte Gläubige:[6]

- „Und so kamen wir nach Rom. Und von dort kamen uns die Brüder, als sie von uns gehört hatten, bis Forum-Appii und Tres-Tabernae entgegen; und als Paulus sie sah, dankte er Gott und fasste Mut.“

Man kann die Freude, den Trost und die Stärkung nachvollziehen, die Paulus durch die Hilfe, die Unterstützung und die Freundschaft dieser Mitarbeiter und Freunde empfing. Obwohl es Zeiten gab, in

---

[1] Kolosser 4:7-11
[2] 2.Timotheus 1:16-18
[3] Römer 16:3-4
[4] 1.Korinther 16:17-18
[5] Philipper 2:25
[6] Apostelgeschichte 28:14-15

denen sich Paulus in seiner Arbeit für Gott sehr einsam fühlte, gab es gewiss auch andere Zeiten, in denen Paulus in seinem Dienst die Wärme der Gemeinschaft und Partnerschaft anderer erfuhr.

Diese oben erwähnten Beziehungen spiegeln die Wahrheit in Sprüche 25:13, wo es heißt: *„Wie Kühlung des Schnees an einem Erntetag ist ein zuverlässiger Bote denen, die ihn senden: die Seele seines Herrn erquickt er.“* Diese Wahrheit bildet die Grundlage für ein weiteres Gebet für Leute, die im Dienst der Unterstützung wirken: „Herr, mögen meine Treue und mein Verhalten eine Quelle der Freude, der Erquickung und der Stärkung für diejenigen sein, *für die* ich arbeite und auch für die, *mit denen* ich zusammenarbeite.“

Die Bedeutung und der Wert von Synergien

Das griechische Wort, das Paulus gebrauchte, um seine Partnerschaft mit Timotheus, Titus und anderen zu beschreiben, ist *synergos,* das üblicherweise mit *Mitarbeiter* übersetzt wird.[7] Von diesem Wort leiten wir das Fremdwort „Synergie“ ab. Synergie ist ein Wort, das die Wirkung beschreibt, die entsteht, wenn zwei verschiedene Komponenten oder Menschen zusammen kommen, um gemeinsam etwas zu erreichen, das keiner von beiden alleine hätte bewirken können.

Eines der anschaulichsten Beispiele für die Bedeutung von Synergie ist die chemische Verbindung H_2O, besser bekannt unter dem Namen *Wasser.* Für sich allein hat das Element Wasserstoff einen beschränkten Nutzen und dasselbe gilt auch für Sauerstoff. Aber wenn beide Gase zusammengebracht werden, entsteht Wasser! Diese „Partnerschaft“ kann Dinge bewirken, die weder Wasserstoff noch Sauerstoff für sich alleine bewirken können.

Wenn Christen sich zusammentun (seien es nun Mitarbeiter einer Gemeinde oder einfache Gemeindemitglieder), dann können sie als Team Ergebnisse erzielen, die keine Person für sich allein hätte hervorbringen können. Es ist Stärke im *Leib* Christi, wenn jedes *Glied*

---

[7] W. E. Vine, *An Expository Dictionary of New Testament Words,* Volume II (Old Tappan, NJ: Fleming H. Revell Company, 1940), S. 232.

des Leibes in Verbindung mit jedem anderen Teil steht.

In Epheser 4 schreibt Paulus über das Wachstum, die Entwicklung und den Reifeprozess des Leibes Christi. Er erwähnt die verschiedenen Dienstgaben (Apostel, Propheten, Evangelisten, Hirten und Lehrer) und schreibt dann, dass *„der ganze Leib (aus Ihm) zusammengefügt und verbunden (wird) durch jedes der Unterstützung dienende Gelenk, entsprechend der Wirksamkeit nach dem Maß jedes einzelnen Teils; und so wirkt er das Wachstum des Leibes zu seiner Selbstauferbauung in Liebe"* (Epheser 4:16).

Die meisten Pastoren haben darüber gepredigt, wie wichtig es ist, dass jedes Glied des Leibes Christi seinen Teil zum Ganzen beiträgt. Natürlich ist das wichtig, aber wir sollten auch festhalten, dass Paulus, bevor er *„von der Wirksamkeit nach dem Maß jedes einzelnen Teils"* redet, zuerst die Formulierung *„zusammengefügt und verbunden durch jedes der Unterstützung dienende Gelenk"* gebraucht.

Strategische Verbindungen

Was ist ein Gelenk? Es ist nichts anderes als eine strategische Verbindung. Es ist eine Sache, dass jedes Glied seinen Teil zum Ganzen beiträgt, aber wenn wir nicht richtig miteinander verbunden sind (wenn wir nicht die richtige strategische Verbindung haben), dann kann es gut sein, dass unsere individuellen Bemühungen auf verlorenem Posten stehen und nur geringe Resultate bringen. Wenn Gemeinden ihr volles Potential erreichen wollen, dann braucht es mehr als ein paar Einzelkämpfer, die ihre eigenen Wege gehen. Es muss Gelenke oder strategische Verbindungen geben. Die richtigen Leute müssen im richtigen Moment am richtigen Ort sein, sie müssen zusammenarbeiten und ihre spezifischen Gaben in einer gemeinschaftlichen Weise einsetzen, um eine gemeinsame Absicht zu erreichen.

In Epheser 4 geht es Paulus nicht darum, die Bemühungen Einzelner klein zu machen, denn die Bemühung des Einzelnen ist wichtig. Aber Paulus betont, dass es nicht nur die persönliche Bemühung des Einzelnen ist, die schließlich zum Erreichen des Ziels führen wird. Menschen müssen zusammenkommen und als Mitarbeiter gemeinsam arbeiten. Dann – und nur dann – wird echte Synergie zustande kommen. Gemäß dem, was Paulus sagt, ist Zusammenarbeit der Faktor, der zu echter Versorgung mit geistlichen Nährstoffen führt, die Reife, Wachstum und Entwicklung im Leib Christi bewirken.

Paulus wurde durch die strategischen Beziehungen, die er hatte, erquickt, getröstet und ermutigt. Sie halfen ihm, mit größerer Effizienz als Diener des Evangeliums wirken zu können. Er zog es vor, wegen der Stärke, die diese strategischen Beziehungen hervorbrachten, in Partnerschaften zu arbeiten.

Fragen zum Nachdenken und zur Diskussion

1. Was tat Paulus in seinem Dienst, wenn andere Leute falsch handelten – wenn sie ihn im Stich ließen oder es versäumten, seinen Dienst wertzuschätzen? Gab Paulus jemals auf, oder gelang es ihm, seinen Dienst schließlich zu erfüllen?
2. In welchem Maß nahm Paulus Notiz davon und gab seiner Wertschätzung Ausdruck, wenn Menschen mit ihm eine partnerschaftliche Verbindung eingingen und ihm als Mitarbeiter im Dienst zur Seite standen?
3. Paulus erwähnte Personen, die ihm gedient, die ihn getröstet, ermutigt und erquickt hatten. Was tun Sie, um Ihren Arbeit- oder Auftraggebern und Ihren Kollegen, diese Art von Unterstützung zukommen zu lassen?
4. Leisten Sie Ihren Beitrag zum Gedeihen des Leibes Christi? In welcher Weise sind Sie strategisch mit anderen verbunden und arbeiten am Aufbau des Leibes Christi gemäß Epheser 4:16 mit? („*Aus ihm wird der ganze Leib zusammengefügt und verbunden durch jedes der Unterstützung dienende Gelenk, entsprechend der Wirksamkeit nach dem Maß jedes einzelnen Teils; und so wirkt er das Wachstum des Leibes zu seiner Selbstauferbauung in Liebe.*“)
5. Was haben Sie in diesem Kapitel gelernt und wie können Sie es anwenden?
6. In welchen Bereichen müssen Sie ins Gebet gehen oder sich verbessern?

Kapitel 9

Jesus und Seine Jünger

Es geschieht häufig im Leib Christi, dass Gott absichtlich Leute zusammenbringt, die sehr unterschiedliche *geistliche Begabungen* sowie unterschiedliche *Persönlichkeiten* haben. In was für einer langweiligen Welt müssten wir leben, wenn wir alle gleich wären! Wenn in einem Gemeindeleitungsteam alle dieselbe Persönlichkeit hätten, dann ergäbe das eine sehr monotone Gruppe. Ja, man könnte sogar sagen: Wenn zwei Menschen in jeder Hinsicht genau gleich wären, dann wäre einer von ihnen überflüssig!

Als Jesus Sein Team aus zwölf Männern zusammensetzte, ergab sich eine interessante Mischung. Zwei der Jünger Jesu waren Zeloten. Die Zeloten waren eine jüdische Gruppierung, die sehr leidenschaftlich gegen die römische Besatzung ihres Landes agierte. Dann berief Jesus Matthäus, einen jüdischen Mann, der sich sozusagen an die römischen Besatzer verkauft hatte, indem er als Steuereintreiber für sie arbeitete. Jesus hätte kaum drei Leute berufen können, die in ihren Überzeugungen unterschiedlicher waren, und dennoch berief er sie, Teil desselben Teams zu sein, und erwartete, dass sie zusammen für die gemeinsame Sache arbeiteten.

In Markus 3 erfahren wir etwas darüber, worin diese gemeinsame Sache bestand:

> Markus 3:13-15
>
> Und er steigt auf den Berg und ruft zu sich, die er wollte. Und sie kamen zu ihm; und er berief zwölf, damit sie bei ihm seien und damit er sie aussende, zu predigen und Vollmacht zu haben, die Dämonen auszutreiben.

Einer der am häufigsten übersehenen Aspekte der Beziehung, die Jesus mit Seinen zwölf Jüngern hatte, hängt mit der Absicht und den Prioritäten ihrer Berufung zusammen. Wir denken oft nur an die Tatsache, dass Jesus sie berief, um zu predigen und nach Seiner Auferstehung Leiter der Gemeinde zu werden. Allerdings ist es so, dass ihr Predigtdienst und ihre Aufgaben als Leiter, erst die zweite Priorität einnahmen, zumindest gemäß dieser Schriftstelle in Markus 3 war es das Hauptanliegen Jesu, dass die zwölf „BEI IHM SEIEN“ (Vers 14).

Information oder Transformation?

Die unterschiedlichen Aufgaben, welche die Jünger ausübten, waren wichtig, aber das, was in ihrem Leben aufgrund ihrer Beziehung mit Jesus geschah, war noch weit wichtiger. Die *innere* Veränderung war letztlich das, was dazu führte, das ihr *äußeres* Werk Jesus widerspiegelte.

Jesus wusste, dass eine Anhäufung von Informationen über Gott nicht ausreichen würde; vielmehr sollten die Jünger innerlich verwandelt werden – und das geschah durch ihre Verbundenheit mit Ihm. *Information ist wichtig, aber Transformation ist entscheidend.* Indem sie mit Jesus zusammen waren, konnten die Jünger Seine Werte, Prioritäten und Absichten aufnehmen. So waren sie in der Lage, Seinen Auftrag als ihren eigenen zu empfangen (Johannes 20:21).

Jesus wählte diejenigen, die Er wollte

Jesus, der Hauptleiter, hatte das Vorrecht, darüber zu entscheiden, wer Seine Schlüsselpersonen sein sollten. Hier ging es nicht nur darum, wer sich freiwillig anbot (obwohl auch das seinen Platz hat). In Markus 3:13 heißt es, dass Jesus *„zu sich rief, welche er wollte“* (SCHLACHTER). Ein Teil der Führungsaufgabe Jesu war es, diejenigen auszuwählen und einzusetzen, die in Seinem Team die Hauptführungsrollen übernehmen sollten.

Die Betreuung, die Jesus Seinen Jüngern zu Teil werden ließ, konzentrierte sich auf ihre Entwicklung und Veränderung, und Er lehrte sie in größerer Tiefe als die Volksmengen. Jesus sagte zu den Zwölf: *„Euch ist das Geheimnis des Reiches Gottes gegeben, jenen aber, die draußen sind, wird alles in Gleichnissen zuteil“* (Markus 4:11). Jesus lehrte die Volksmengen durch Gleichnisse, aber wenn er mit den Jüngern allein war, *„gab er ihnen von den Gleichnisreden stets eine Auslegung“* (Markus 4:33,34; ALBRECHT).

Notwendige Aufgaben

Nebst dem, dass Er sich darum bemühte, dass Seine Jünger *lernten* und sich *veränderten,* sorgte Jesus auch dafür, dass sie etwas *taten.* Die Jünger dienten Jesus, indem sie verschieden Aufgaben ausführten und indem sie mithalfen, dass Er die Ziele Seines Dienstes erreichen konnte. Häufig ging es dabei um praktische Angelegenheiten, die nicht nur den Dienst Jesu unterstützten, sondern auch zu ihrer eigenen Entwicklung als Diener Gottes beitrugen. Hier sind einige der Aufgaben, die sie auszuführen hatten:

- Nach einem ganzen Tag, den Jesus mit Lehren verbracht hatte, sorgten die Jünger für Seinen Transport. Sie ruderten, während Er schlief (Markus 4:35-38).
- Die Jünger waren dafür zuständig, für Jesus eine Unterkunft zu organisieren, wenn Er unterwegs war. In Lukas 9:52 heißt es, dass Jesus „Botschafter aussandte, um für seine Unterkunft zu sorgen“ (MESSAGE).
- Petrus unterstützte Jesus, als es darum ging, dass Er Steuern bezahlen sollte (Matthäus 17:24-27).
- Die Jünger halfen in organisatorischen Dingen. Als Jesus große Volksmengen speiste, wies er die Jünger an, die Leute in Gruppen von fünfzig zu lagern. Jesus vollbrachte das Wunder der Brot- und Fischvermehrung, und die Jünger bedienten anschließend die Leute in den Tischgemeinschaften (Lukas 9:14-17).
- Die Jünger sorgten für ein Transportmittel, als Jesus nach Jerusalem einziehen wollte (Matthäus 21:1-3). Außerdem trafen sie die Vorbereitungen für das Passahmahl, das Jesus mit ihnen einnehmen wollte (Lukas 22:7-13).
- Einer der Hauptmitarbeiter Jesu war dafür eingesetzt, die Dienstfinanzen zu verwalten. In Johannes 13:29 heißt es, dass er ihre Kasse verwaltete.

Warum gab Jesus Seinen Jüngern diese Aufgaben? Gewiss waren sie ein wichtiger Teil ihrer Entwicklung und gehörten zu ihrer Ausbildung. In diesem Sinn könnte man sagen, dass den Jüngern diese Aufgaben *zu ihrem eigenen Nutzen* anvertraut waren – um sie zu lehren und auszubilden und ihnen in ihrer Entwicklung zu helfen. Aber es gab einen weiteren Grund, warum Jesus diese Aufgaben delegierte – es geschah *zu Seinem Nutzen.* Es handelte sich um notwendige Dinge, dennoch wusste Jesus, dass es nicht praktikabel oder angemessen war, wenn *Er* sie erledigen würde.

Bitte verstehen Sie mich nicht falsch. Jesus hielt sich nicht für jemanden, der weit über solchen kleinen Aufgaben stand. Die Tatsache, dass er den Jüngern die Füße wusch, bringt das deutlich zum Ausdruck! Aber der Auftrag, den Jesus empfangen hatte, verlangte es, dass Er sich auf andere Dinge konzentrierte. Er spezialisierte sich auf das Lehren, das Predigen und das Heilen (Matth. 9:35). Jesus gab Seinen Jüngern die Gelegenheit, sich um Details des natürlichen Lebens zu kümmern, damit Er sich effizienter auf die spezifischen Dinge konzentrieren konnte, zu denen Gott *Ihn* berufen hatte.

Vielleicht war es dieses Delegieren administrativer Aufgaben, das dieselben Apostel später dazu brachte zu sagen: „*... Es ist nicht gut, dass wir das Wort Gottes vernachlässigen und die Tische bedienen. So seht euch nun um, Brüder, nach sieben Männern unter euch, von gutem Zeugnis, voll Geist und Weisheit, die wir über diese Aufgabe setzen wollen! Wir aber werden im Gebet und im Dienst des Wortes verharren*“ (Apg. 6:2-4).

Die Männer, die mit Jesus zusammen waren, hatten von Jesus gelernt. Während sie unter der Aufsicht Jesu *lernten, sich veränderten* und *Dinge taten,* bereiteten sie sich auf den Tag vor, ab dem Jesus nicht länger leiblich bei ihnen sein würde. All die Veränderung und Ausbildung befähigte sie, ihre zukünftigen Aufträge im Dienst ausführen zu können.

Funktionsstörungen und Entstellungen

Die Zeit, welche die Jünger mit Jesus verbrachten, war unbezahlbar. Wie sollten sie jemals Jesus in angemessener Weise repräsentieren können, wenn sie keine Zeit mit Ihm verbracht hätten? Es brauchte Zeit zu lernen, wie Jesus zu sein – auch die Jünger wurden nicht über Nacht verwandelt.

Manchmal geschah es, dass die Jünger sich nicht so verhielten, wie Jesus es von ihnen erwartete. Statt Ihn zu *repräsentieren,* boten sie nicht selten ein *entstelltes Bild* Seines Wesens. Denken Sie nur an folgende Beispiele:

- Jakobus und Johannes wollten Feuer vom Himmel herabrufen, um ein Dorf in Samaria zu zerstören, das Jesus keine Herberge bieten wollte (Lukas 9:54-56).
- Die Jünger wollten eine Frau wegschicken, die Heilung für ihre Tochter suchte, aber Jesus heilte die Tochter (Matth. 15:21-28).
- Die Jünger wollten die Volksmengen entlassen, damit sie sich etwas zu essen besorgen konnten; Jesus aber wollte sie selbst speisen (Matth. 14:13-21).
- Die Jünger verpassten das Anliegen Jesu, als sie verhindern wollten, dass man Kinder zu Jesus brachte, damit sie gesegnet würden. Die Jünger dachten, dass die Kinder Jesus stören würden, aber es war Ihm wohlgefällig, sie zu segnen (Markus 10:13-16).

Es gab auch Situationen, bei denen die Jünger (insbesondere Petrus) führen wollten, obwohl sie eigentlich nachfolgen sollten. Bei einer solchen Gelegenheit, als Jesus den Jüngern erklärte, dass Er in Jerusalem getötet werden sollte, nahm Petrus Jesus zur Seite und wies Ihn zurecht. Jesus antwortete mit den Worten: *„Geh hinter mich, Satan! Du bist mir ein Ärgernis, denn du sinnst nicht auf das, was Gottes, sondern auf das, was der Menschen ist“* (Matth. 16:23).

Denkens Sie auch an das, was auf dem Berg der Verklärung geschah, als Petrus, statt sich dem vorgegeben Plan zu fügen, einen eigenen entworfen hatte:

Lukas 9:33-35

Und es geschah, als sie (Mose und Elia) von ihm schieden, sprach Petrus zu Jesus: Meister, es ist gut, dass wir hier sind; und lass uns drei Hütten machen, dir eine und Mose eine und Elia eine. Und er wusste nicht, was er sagte. Als er aber dies sagte, kam eine Wolke und überschattete sie. Sie fürchteten sich aber, als sie in die Wolke hineinkamen; und es geschah eine Stimme aus der Wolke, die sagte: Dieser ist mein auserwählter Sohn, ihn hört!

Mit Nachdruck sagte Gott zu Petrus: „Jetzt ist es Zeit für dich nachzufolgen, nicht zu leiten. Jetzt ist die Zeit zuzuhören, nicht die Zeit zu reden" (Vers 35). Dies ist eine Lektion, die auch wir lernen müssen. Als Mitarbeiter werden wir die Gelegenheit bekommen zu reden, aber wenn der Pastor oder Leiter spricht, dann sollten wir zuhören!

Mit Jesus zusammen sein

Trotz der vielen Makel, Fehler und Schwächen, die die Jünger hatten, liebte Jesus sie von ganzem Herzen. Beim letzten Abendmahl sagte Er zu ihnen: *„IHR ABER SEID ES, DIE MIT MIR AUSGEHARRT HABEN in meinen Versuchungen; und ich verordne euch, wie mein Vater mir verordnet hat, ein Reich"* (Lukas 22:28-29). Jesus drückte den Jüngern gegenüber Seine Dankbarkeit dafür aus, dass sie drei Jahre lang mit Ihm zusammen gewesen waren. Jesus wusste, dass es nicht immer leicht gewesen war, und Er dankte den Jüngern und belohnte sie für ihre treue Hingabe an Ihn.

Einige Zeit später erkannte der Hohe Rat die Tatsache, dass Petrus und Johannes mit Jesus zusammen gewesen waren; und damit gaben sie ihnen das vielleicht größte Kompliment, das wir von einer anderen Person empfangen können:

Apostelgeschichte 4:13

Als sie aber die Freimütigkeit des Petrus und Johannes sahen und bemerkten, dass es ungelehrte und ungebildete Leute seien, verwunderten sie sich; und sie erkannten sie, *dass sie mit Jesus gewesen waren.*

Was für ein riesiges Kompliment für Petrus und Johannes – dass die Welt anerkennen musste, dass sie mit Jesus gewesen waren. Wenn *unsere* Gedanken, Worte und Handlungen christusähnlich werden, dann werden die Leute, mit denen *wir* zusammentreffen, ebenfalls erkennen, dass wir mit Jesus zusammen gewesen sind; denn nur indem wir Zeit mit Jesus verbringen, können unsere Gedanken, Worte und Handlungen jemals in Sein Vorbild verwandelt werden.

Ich wiederhole, Markus 3:14 lässt uns wissen, dass Jesus ein primäres Ziel hatte, als Er die Jünger berief. Er wählte sie, „DAMIT SIE BEI IHM SEIEN." Durch den inneren Veränderungsprozess, den sie durchliefen, während sie innige Gemeinschaft mit Jesus pflegten, wurden die Jünger dazu befähigt, Seine Repräsentanten und Mitarbeiter am Aufbau Seiner Gemeinde zu sein. Sie hatten *gelernt.* Sie hatten *gewirkt;* und sie waren *jemand geworden.*

Fragen zum Nachdenken und zur Diskussion

1. Wo befinden Sie sich auf einer Skala von 1 bis 10, was ihre Entwicklung im Lernen, Tun und in der Veränderung angeht? Führen Sie einige Fakten an, die belegen, wie sie in diesen drei Bereichen – der Erkenntnis, dem Dienen und der Charakterentwicklung – gewachsen sind.
2. In welchem Maß haben Sie die Vision und den Auftrag Ihres Pastors für Ihre Gemeinde ergriffen? Wie haben Sie sich die Vision/den Auftrag angeeignet und zu einem Teil Ihres Wesens gemacht?
3. Welche Aufgaben (die das natürliche Leben betreffen), muss Ihr Pastor selbst erledigen, die jemand anderes in der Gemeinde tun könnte und sollte?
4. Repräsentieren Sie die Vision des Pastors und den Auftrag der Gemeinde oder vermitteln Sie ein falsches Bild? „Funktionieren" Sie richtig oder zeigen sich bei Ihnen „Funktionsstörungen"?
5. Was haben Sie in diesem Kapitel gelernt und wie können Sie es anwenden?
6. In welchen Bereichen müssen Sie ins Gebet gehen oder sich verbessern?

Kapitel 10

Johannes der Täufer: Den Erfolg eines anderen fördern

Sie kamen zu Johannes und sagten: „Rabbi, erinnerst du dich an den, der dich auf der anderen Seite des Jordan traf? Den du durch dein Zeugnis bestätigt hast? Nun, er steht jetzt in Konkurrenz mit uns. Er tauft ebenfalls, und alle laufen zu ihm, statt zu uns zu kommen."

Johannes antwortete: „Es ist unmöglich, dass jemand ohne die Hilfe des Himmels Erfolg mit ewigem Wert hat.

Ihr wart ja selbst dabei, als ich öffentlich bezeugte, dass ich nicht der Messias bin, sondern nur der, welcher ihm vorausgeht, um die Dinge vorzubereiten.

Wer die Braut bekommt, ist logischerweise der Bräutigam. Und der Freund des Bräutigams, sein ‚bester Mann' ist an seiner Seite zur Stelle, wo er jedes Wort hören kann – er freut sich aufrichtig. Wie könnte er neidisch sein, da er doch weiß, dass die Hochzeitsfeier zu Ende ist und die Ehe einen guten Lauf nehmen wird? Weil ich all das weiß, fließt mein Becher über.

Jetzt ist der Zeitpunkt da, dass er ins Zentrum rückt, während ich mich zur Seite begebe."

Johannes 3:26-30 (MESSAGE)

Er muss wachsen, ich aber abnehmen.

Johannes 3:30

Johannes der Täufer versuchte nicht, sein Territorium oder seine Position zu verteidigen; und er machte Jesus in einer Art und Weise groß, dass er sogar seine eigenen Nachfolger dazu ermutigte, ihre Loyalität von nun an dem Erretter zu erweisen. Im Evangelium des

Johannes lesen wir: *„Am folgenden Tag stand Johannes wieder da und zwei von seinen Jüngern; und hinblickend auf Jesus, der umherging, spricht er: Siehe, das Lamm Gottes! Und es hörten ihn die zwei Jünger reden und folgten Jesus nach"* (Johannes 1:35-37). Johannes der Täufer nutzte seinen Dienstauftrag nicht, um sich selbst ins Licht zu stellen oder eine eigene Gefolgschaft aufzubauen; er hatte Wohlgefallen daran, dass seine Bemühungen zum Erfolg des Dienstes eines anderen führten.

Hätte Johannes der Täufer nicht diesen gereinigten Charakter gehabt, dann hätte er allen Grund gehabt neidisch zu sein, als Jesus anfing ins Licht der Öffentlichkeit zu treten. Er hätte denken können: *Einen Moment mal; ich bin älter als Jesus. Ich habe Jesus der Öffentlichkeit vorgestellt. Ich habe Ihn gefördert, und jetzt schauen die Leute auf Ihn statt auf mich.* Johannes war bereit, die Arbeit zu tun, mit der Gott ihn beauftragt hatte, und er war nicht irritiert, als Jesus schließlich mehr Aufmerksamkeit bekam als er.

Obwohl Johannes der Täufer nie ein Mitarbeiter Jesu im eigentlichen Sinne war, demonstrierte er eine lobenswerte Haltung, die sich alle Mitarbeiter einer Gemeinde und Leute, die im Dienst der Hilfeleistung stehen, unbedingt aneignen sollten. Johannes der Täufer hatte erkannt, dass „wir" wichtiger ist als „mir".

„Wir" ist wichtiger als „mir"

Johannes der Täufer pflegte eine Einstellung, die darauf gerichtet war, das Reich Gottes zu fördern, nicht eine Haltung, die nur das Eigene sucht. Er trachtete nach dem Wohl des Reiches Gottes, nicht nach seinem eigenen Wohl und Nutzen. Erfolgreiche Mitarbeiter im Dienst der Hilfeleistung sind bereit, die Position des Hauptpastors und anderer Teammitglieder zu fördern. Sie vermeiden es, mit anderen in Konkurrenz zu treten, und sie kümmern sich nicht darum, wer am Ende das Lob bekommt, wer die Aufmerksamkeit bekommt und wer gesehen wird. Sie bemühen sich mehr um das „Wir" als um das „Mir" und das Wohl des Teams ist ihnen wichtiger als ihre eigene Beliebtheit, Position oder Bedeutung.

Zu viele Menschen haben eine Grundhaltung von Selbstschutz und Selbsterhöhung. Ihre falsche Priorität zeigt sich in einer Einstellung, die in etwa sagt: „Ich werde meine Position und meine Beliebtheit verteidigen, egal, was es kostet. Es spielt keine Rolle, ob dem Reich Gottes mehr gedient wäre, wenn ich jemand anderem den Vortritt lassen würde."

Johannes der Täufer zeigte eindrücklich, was es bedeutet, sich hinter einen anderen einzuordnen. Wie kann diese göttliche Einstellung sich heute erweisen? Stellen Sie sich folgende Situation vor: Jemand spielt seit langer Zeit in einer Gemeinde Schlagzeug. Er macht seine Aufgabe gut und hat seinen Dienst treu ausgeübt. Allerdings ist kürzlich jemand zur Gemeinde gestoßen, der ein herausragender Schlagzeuger ist und größere Fähigkeiten besitzt als der bisherige Schlagzeuger. Der neue Mann ist inzwischen ein treues Mitglied der Gemeinde geworden, hat einen sauberen Charakter unter Beweis gestellt und zeigt die Bereitschaft zu dienen.

Wie sollte der bisherige Schlagzeuger mit der Situation umgehen? Fühlt er sich bedroht, nimmt er eine Abwehrhaltung ein und reagiert argwöhnisch? Lässt er sich dazu hinreißen, den Neuen in ein schlechtes Licht zu stellen, weil er sich fürchtet, seine Position zu verlieren? Oder sagt er zum Pastor: „Ich habe nun seit einigen Jahren in der Gemeinde mit viel Freude Schlagzeug gespielt. Aber jetzt haben wir einen neuen Mann, der viel besser spielen kann als ich. Er wird unseren Lobpreis auf eine höhere Ebene bringen. Ich bitte darum, dass er meine Aufgabe übernimmt, ich werde weiterhin als Ersatzmann zur Verfügung stehen. Daneben möchte ich auch in anderen Bereichen der Gemeindearbeit behilflich sein, damit ich weiterhin ein Segen für die Gemeinde sein kann und auch andere Begabungen in meinem Leben gefördert werden." Können Sie sich vorstellen, dass ein solcher Vorgang in *Ihrer* Gemeinde so ablaufen würde?

In dem Film „Gegen jede Regel" (Originaltitel: *Remember the Titans*) gibt es eine eindrückliche Szene, die dieses Prinzip hervorragend illustriert. Im Spiel um den Meistertitel sitzt ein Verteidiger des *Titan Football Teams* aus disziplinarischen Gründen auf der Ersatzbank. Der Mann, der an seiner Stelle auf dem Spielfeld steht, muss feststellen, dass er nicht in der Lage ist, es mit dem gegnerischen Spieler aufzunehmen, auf den er angesetzt ist. Weil es diesem Ersatzspieler mehr um den Erfolg des Teams geht als darum, dass er selbst auf dem Rasen stehen darf, wendet er sich an den Coach und bittet ihn darum, dass der andere Verteidiger wieder ins Spiel gelassen wird. Mit der Erlaubnis des Coachs geht der Ersatzmann zu diesem Verteidiger und weist ihn an, seinen Platz auf dem Spielfeld zu übernehmen. Dieser selbstlose Akt des Ersatzspielers war der Schlüsselfaktor zum Sieg der Titans.

Anderen Leuten den Vortritt zu lassen kann für das Fleisch sehr hart sein, aber es bezeugt die Art von Einstellung, die Johannes der Täufer besaß. Sei es, dass man den Pastor und seinen Dienst fördert oder einem anderen Teammitglied den Vortritt lässt – wir sollten manchmal bereit sein „abzunehmen", damit andere – insbesondere das Team als Ganzes – zunehmen können.

Fragen zum Nachdenken und zur Diskussion

1. Freuen sie sich, wenn andere befördert werden oder haben Sie in solchen Fällen mit Neid zu kämpfen?
2. Kennen Sie jemanden in Ihrer Gemeinde, der eine ähnliche Haltung wie Johannes der Täufer zeigt? Jemanden, der bereit ist, sich an den Rand zu begeben, damit andere ins Zentrum rücken?
3. Sind Sie bereit, hinter den Kulissen zu wirken, damit der Pastor und das Team gut aussehen, auch wenn Sie dabei nicht unbedingt die große Anerkennung bekommen?
4. Wären Sie bereit, eine andere Aufgabe zu übernehmen als ihre jetzige, wenn es Ihrer Gemeinde zu größerer Effektivität verhelfen würde?
5. Was haben Sie in diesem Kapitel gelernt und wie können Sie es anwenden?
6. In welchen Bereichen müssen Sie ins Gebet gehen oder sich verbessern?

Kapitel 11

Mose und seine Helfer

Wir haben nun mehrere Leiter des Neuen Testaments und ihr Helferteam studiert. In den nächsten Kapiteln werden wir Beispiele von unterstützendem Dienst aus dem Alten Testament genauer betrachten. Wir beginnen mit Mose und seinen Helfern.

Als Mose von Gott berufen wurde hinzugehen und das Volk Israel aus seiner Gefangenschaft in Ägypten zu befreien, war er zuerst von der Größe des Auftrags überwältigt. Erinnern Sie sich an die Antworten, die er Gott gab?

- „*Wer bin ich, dass ich zum Pharao gehen und die Söhne Israel aus Ägypten herausführen sollte?*" (2.Mose 3:11).
- „*Und wenn sie mir nicht glauben und nicht auf meine Stimme hören, sondern sagen: Der HERR ist dir nicht erschienen?*" (2.Mose 4:1).
- „*Ach, Herr! Ich bin kein redegewandter Mann, weder seit gestern noch seit vorgestern, noch seitdem du zu deinem Knecht redest; denn unbeholfen ist mein Mund und unbeholfen meine Zunge*" (2.Mose 4:10).

Obwohl Gott zu Mose gesagt hatte, dass Seine Gegenwart und Kraft den Erfolg der Mission garantieren würden, sagte Mose: „Bitte, Herr, sende doch einen anderen" (2.Mose 4:13). Gott gefiel der Unglaube von Mose nicht, aber er setzte den Bruder von Mose dazu ein, ihm bei der Ausführung seines Auftrags zu helfen. Aaron half Mose während der ganzen Zeit seines Dienstes, und Mose empfing auch Unterstützung durch viele weitere Personen.

Mose lernt, die Hilfe anderer in Anspruch zu nehmen

In Kapitel 2 haben wir bereits gesehen, dass Mose so etwas wie ein „Do-it-yourself"-Mann war. Durch verschiedene Situationen und

Herausforderungen lernte Mose aber, die Hilfe anderer in Anspruch zu nehmen, und dadurch wurde letztlich sein Leben und sein Dienst gerettet. Denken wir nur an das Gemeinschaftswerk, das nötig war, als Israel gegen die Amalekiter kämpfte:

> 2.Mose 17:9-13
>
> Und Mose sagte zu Josua: Wähle uns Männer aus und zieh aus, kämpfe gegen Amalek! Morgen will ich mich auf den Gipfel des Hügels stellen mit dem Stab Gottes in meiner Hand. Da tat Josua, wie Mose ihm gesagt hatte, um gegen Amalek zu kämpfen. Und Mose, Aaron und Hur stiegen auf den Gipfel des Hügels. Und es geschah, wenn Mose seine Hand erhob, dann hatte Israel die Oberhand, wenn er aber seine Hand sinken ließ, dann hatte Amalek die Oberhand. Da jedoch Moses Hände schwer wurden, nahmen sie einen Stein und legten den unter ihn, und er setzte sich darauf. Dann stützten Aaron und Hur seine Hände, der eine auf dieser, der andere auf jener Seite. So blieben seine Hände fest, bis die Sonne unterging. Und Josua besiegte Amalek und sein Kriegsvolk mit der Schärfe des Schwertes.

Beachten Sie, dass hier jeder seine Aufgabe hatte: Mose, Josua, Aaron, Hur sowie die ganze Armee Israels. Jeder von diesen spielte eine andere Rolle in dem Ganzen, aber sie kämpften alle für ein gemeinsames Ziel und eine gemeinsame Absicht.

Josua hätte sagen können: „Warum muss ausgerechnet *ich* gegen die Amalekiter kämpfen, während Mose auf dem Berg sitzt und zuschaut? Warum muss *ich* die ganze Schwerarbeit tun, während *er* der Leiter sein darf?“ Aber Josua hatte eine andere Gesinnung. Er wusste, dass er eine Aufgabe hatte, und führte sie von ganzem Herzen aus. Josua wusste auch, dass Mose eine Aufgabe hatte und dass diese anders gelagert war als seine, und er respektierte die Rolle, die Mose spielte. Man könnte sagen: Josua erledigte die „Handarbeit“, während Mose dafür zuständig war, die „Hände zu heben.“ Auch heute brauchen Leiter Personen, die ihnen helfen, die Hände zu heben!

Ein weiteres Beispiel für diese Art von Zusammenarbeit findet sich in 2.Mose 18. Jethro bemerkte, wie sein Schwiegersohn Mose versuchte, alleine jedermanns Probleme zu lösen. Das veranlasste Jethro, den weisen Rat zu geben, dass es unumgänglich und von großem Nutzen sein würde, Aufgaben zu delegieren und die Herausforderungen gemeinsam mit anderen in Angriff zu nehmen.

> 2.Mose 18:19-23
>
> Höre nun auf meine Stimme, ich will dir raten, und Gott wird mit dir sein: Vertritt du das Volk vor Gott, und bringe du die Sachen vor Gott. Belehre sie über die Ordnungen und Weisungen und zeige ihnen den Weg, den sie gehen, und das Werk, das sie tun sollen. Du aber suche dir aus dem ganzen Volk tüchtige, gottesfürchtige Männer aus, zuverlässige Männer, die ungerechten Gewinn hassen, und setze sie über sie: Oberste von Tausend, Oberste von Hundert, Oberste von Fünfzig und Oberste von Zehn, DAMIT SIE dem Volk jederzeit Recht sprechen! Und es soll geschehen, dass sie jede große Sache vor dich bringen, jede kleine Sache aber selbst richten. Auf diese Weise entlaste dich, und sie mögen es mit dir tragen! Wenn du dies tust und Gott es dir gebietet, dann wirst du bestehen können, und auch dieses ganze Volk wird in Frieden an seinen Ort kommen.

Vermutlich wurde Mose von den beiden kleinen Worten *„damit sie“* (Vers 22) besonders herausgefordert. Perfektionisten fällt es besonders schwer, andere Leute die Arbeit tun zu lassen. Vielleicht neigen Perfektionisten häufig unbewusst dazu zu glauben, dass niemand die Arbeit so gut erledigen kann, wie sie selbst. Sie denken, sie müssten alles selbst machen, wenn es korrekt erledigt werden soll. Diese Art von Denken kann für kurze Zeit positive Ergebnisse bringen, aber auf lange Sicht hat diese Arbeitsweise ihre klaren Grenzen und kann sogar ziemlich destruktive Auswirkungen haben.

Obwohl Mose durch den Rat von Jethro lernte zu delegieren, rang er auch einige Monate später noch mit der Versuchung, alles selbst zu machen. Der Druck, der mit dem Tragen dieser übergroßen Last verbunden war, ließ ihn zum Herrn sagen: *„Ich allein kann dieses ganze Volk nicht tragen, denn es ist mir zu schwer. Und wenn du so mit mir tust, dann bringe mich doch um, wenn ich in deinen Augen Gunst gefunden habe, damit ich mein Unglück nicht mehr ansehen muss!“* (4.Mose 11:14-15). Gott antwortete auf die Bedrängnis von Mose in einer barmherzigen und großzügigen Weise. Statt nur ein paar weitere Mitarbeiter einzusetzen, die ihm helfen sollten, sagte Gott zu Mose: *„... und ich werde von dem Geist nehmen, der auf dir ist, und auf sie legen, damit sie mit dir an der Last des Volkes tragen* *und du sie nicht mehr allein tragen musst"* (4.Mose 11:17).

Wir müssen verstehen, dass diese Mitteilung des Geistes nicht bedeutete, dass andere die Leitungsaufgaben von Mose übernehmen sollten. Diese Mitteilung brachte zum Ausdruck, dass andere Leute ausgerüstet und befähigt werden sollten, Mose dabei *zu helfen,* seine Verantwortung als Leiter besser wahrnehmen zu können (siehe 4.Mose 11:10-17 u. 24-30).

Mose hatte einen Timotheus

Gemäß 2.Mose 24:13 war Josua der Diener von Mose. Josua war zur Zeit des Alten Testaments das, was Timotheus für Paulus im Neuen Testament war. Josua folgte Mose treu und diente ihm mit Eifer. Josua machte sich auch den Auftrag zu eigen, den Gott Mose gegeben hatte.

Doch Josuas Hingabe beschränkte sich nicht auf Mose; Josua hatte auch eine tiefe Hingabe an Gott. In 2.Mose 33 lesen wir: *„Und es geschah jedes mal, wenn Mose in das Zelt kam, dann stieg die Wolkensäule herab und blieb am Eingang des Zeltes stehen; und der HERR redete mit Mose. Und das ganze Volk sah die Wolkensäule am Eingang des Zeltes stehen. Und das ganze Volk erhob sich, und sie warfen sich nieder, jeder am Eingang seines Zeltes. Und der HERR redete mit Mose von Angesicht zu Angesicht, wie ein Mann mit seinem Freund redet; dann kehrte Mose ins Lager zurück. Sein Diener Josua aber, der Sohn des Nun, ein junger Mann, wich nicht aus dem Innern des Zeltes"* (Vers 9-11). Wir täten gut daran, dem Beispiel Josuas zu folgen. Wir dienen zwar dem Leiter, aber wir pflegen auch selbst eine intensive Beziehung zu Gott.

Der Bau der Stiftshütte

Wir studieren gerade, wie andere Leute halfen, den Dienst von Mose zu fördern. Wir haben gesehen, dass Aaron und Josua seine Haupthelfer waren, aber Mose nahm auch die Hilfe weiterer Leute in Anspruch, um seinen göttlichen Auftrag ausführen zu können.

Als der Zeitpunkt kam, das Priestertum einzusetzen und die Stiftshütte zu bauen, gab Gott Mose einen detaillierten Plan und sagte: *„Und achte sorgfältig darauf, dass du alles genau nach dem Vorbild machst, das dir auf dem Berg gezeigt worden ist!"* (2.Mose 25:40, SCHLACHTER).

Gott hatte Mose Einblick in den Bauplan gegeben, doch am Bau selbst war er nicht beteiligt. Mose hatte den Auftrag bekommen, begabte Arbeiter zu suchen, denen Gott Weisheit, Verstand und Können gegeben hatte (2.Mose 28:3; 31:2-6). In 2.Mose 39:42-43 heißt es: *„Genau wie der HERR dem Mose geboten hatte, so hatten die Söhne Israel die ganze Arbeit gemacht. Und Mose sah sich das ganze Werk an und siehe, sie hatten es ausgeführt; wie der HERR geboten hatte, so hatten sie es ausgeführt. Da segnete Mose sie."*

Die Stiftshütte war aus mehreren Gründen gesegnet:

1. Mose folgte der Anweisung Gottes genau, als er die Arbeiter instruierte.
2. Obwohl er es war, der den Plan hatte, versuchte Mose nicht, die Arbeit selbst zu erledigen. Er vertraute anderen, dass sie den Plan ausführten.
3. Mose stellte begabte, gut ausgebildete Leute an, welche die Weisheit Gottes für die jeweilige Aufgabe besaßen.
4. Die Leute, denen die Aufgaben anvertraut waren, folgten den Anweisungen von Mose und versuchten nicht, ihre eigenen Ideen umzusetzen.

Diese vier Prinzipien gelten auch für *heutige* Leiter und ihre Nachfolger. Die Stiftshütte wurde aus mehreren Gründen genau das, was sie sein sollte; und wenn wir denselben biblischen Prinzipien folgen, dann können auch wir in dieser Weise erfolgreich sein.

In der modernen Managementsprache würde man Mose einen „Micromanager"[1] nennen, aber vergessen Sie nicht, dass die Stiftshütte eine wichtige prophetische Bedeutung hatte. In Hebräer 8:5

---

[1] Ein „Micromanager" ist ein Vorgesetzter, der hauptsächlich kleine Aufgaben ausführt, die eigentlich seine Mitarbeiter erledigen sollten, oder viel Zeit damit verbringt, solche Aufgaben zu kontrollieren. Mose war in dem Sinne ein Micromanager, dass er sehr genau darauf achten sollte, dass alles genauso ausgeführt wurde, wie es ihm gesagt worden war (Anm. d. Übers.).

erfahren wir, dass sie ein Abbild und Schatten der himmlischen Dinge war. Deswegen hätte alles, was von dem Vorbild, das Gott Mose gezeigt hatte, abgewichen wäre, eine falsche prophetische Botschaft über Christus und Sein Erlösungswerk vermittelt.

Während sich heutige Leiter für gewöhnlich nicht mit Detailmanagement abgeben (was auch richtig ist), ist es dennoch natürlich und gut, eine gewisse Aufsicht auszuüben. Es gibt Kernwerte und Prioritäten, von denen der Pastor wünscht, dass sie in jedem Bereich und Dienstzweig der Gemeinde sichtbar sind. Mitarbeiter und Helfer sollten darauf achten, dass ihre Arbeit in der Gemeinde die Kernwerte und Prioritäten des Pastors widerspiegelt.

Mose war ein großer Mann Gottes, aber ohne Helfer hätte er niemals erreichen können, was er erreicht hat. Ich meine jene Helfer, die nicht nur Verantwortung übernahmen und Aufträge ausführten, sondern die auch mit demselben Geist gesalbt waren und im selben Geist lebten.

Fragen zum Nachdenken und zur Diskussion

1. Aaron und Hur „griffen Mose unter die Arme", damit er beten konnte, während Josua den militärischen Angriff gegen die Amalekiter anführte. Sehen Sie diese Art von Arbeitsteilung in Ihrer Gemeinde? Wer greift Ihrem Pastor unter die Arme? Wer hilft den direkten Mitarbeitern des Pastors, die Hände hoch zu halten?
2. In 4.Mose 11 lesen wir, dass der Geist, der auf Mose war, auch auf seine Helfer kam. Glauben Sie, dass derselbe Geist, der Ihren Pastor gesalbt hat, auch Sie gesalbt hat? Erleben Sie es, wie der Heilige Geist Sie ausrüstet und befähigt zu helfen, die Absichten Gottes in Ihrer Gemeinde auszuführen?
3. Josua war sehr loyal und treu gegenüber Mose, aber seine Hingabe an Gott beschränkte sich nicht nur auf die Beziehung zu Mose. Spielt sich Ihre Beziehung zu Gott hauptsächlich gegenüber Ihrem Pastor und Ihrer Arbeit in der Gemeinde ab? Oder übersteigt Ihre Beziehung zu Gott ihre natürlichen Beziehungen und Aufgaben?

4. Damit die Stiftshütte gebaut und die Gewänder des Hohepriesters hergestellt werden konnten, war es notwendig, dass die dazu eingesetzten Handwerker auf ihrem Gebiet eine hohe technische Begabung mitbrachten und dass sie ihre Arbeit außerdem genau nach dem Plan ausführten, den Gott Mose gezeigt hatte. Wie kann dieses Vorgehen in Ihrer Gemeinde umgesetzt werden?
5. Was haben Sie in diesem Kapitel gelernt und wie können Sie es anwenden?
6. In welchen Bereichen müssen Sie ins Gebet gehen oder sich verbessern?

Kapitel 12

David und Jonathan: Wenn Seelen sich verbinden

Und es geschah, als er aufgehört hatte, mit Saul zu reden, verband sich die Seele Jonathans mit der Seele Davids; und Jonathan gewann ihn lieb wie seine eigene Seele.

Und Jonathan und David schlossen einen Bund, weil er ihn lieb hatte wie seine eigene Seele.

Und Jonathan zog das Oberkleid aus, das er anhatte, und gab es David, und seinen Waffenrock und sogar sein Schwert, seinen Bogen und seinen Gürtel.

1.Samuel 18:1 u. 3-4

Und David sah, dass Saul ausgezogen war, um ihm nach dem Leben zu trachten. Und David war in Horescha in der Wüste Sif.

Da machte sich Jonathan, der Sohn Sauls, auf und ging zu David nach Horescha und stärkte seine Hand in Gott.

Und er sagte zu ihm: Fürchte dich nicht! Denn die Hand meines Vaters Saul wird dich nicht finden. Du wirst König über Israel werden, und ich werde der Zweite nach dir sein. Und auch mein Vater Saul hat erkannt, dass es so ist.

1.Samuel 23:15-17

Die Bibel berichtet uns, wie Gott David berufen und aufgerichtet hatte, der König Israels zu sein. Menschlich gesprochen hätte es allerdings ohne Jonathan vielleicht nie einen König David gegeben. Gott gebrauchte Jonathan, den Sohn von König Saul, um David zu beschützen, und nur so konnte David schließlich den Thron besteigen. Obwohl Jonathan der rechtmäßige Thronfolger gewesen wäre, weigerte er sich den Neid seines Vaters zu übernehmen und riskierte sogar sein eigenes Leben für David (siehe 1.Samuel 19:1-2; 20:30-33).

Als Jonathan starb, sagte David: *„Mir ist weh um dich, mein Bruder Jonathan! Über alles lieb warst du mir. Wunderbar war mir deine Liebe, mehr als Frauenliebe“* (2.Sam. 1:26). Der Tod Jonathans betrübte David sehr, denn er wusste nur zu gut, welchen unschätzbaren Beitrag Jonathan seinem Leben mitgeteilt hatte.

„Was immer du vorhast"

Vielleicht haben Sie bereits von der Hingabe und Loyalität des Waffenträgers von Jonathan gehört. Wo hat der Waffenträger diese Eigenschaften wohl kennen gelernt und aufgenommen? Jonathan selbst zeigte diese außergewöhnliche Intensität an Hingabe und Loyalität David gegenüber. Diese Eigenschaften waren Teil des Charakters von Jonathan und nicht ein einmaliger Höhenflug.

Welche Art von Hingabe und Loyalität erwies der Waffenträger Jonathans ihm gegenüber? Eine Art, die sich der Entscheidung des Leiters beugte, egal, was der Leiter entschieden hatte.

> 1.Samuel 14:6-7
>
> Und Jonathan sprach zu dem Waffenträger, der seine Waffen trug: Komm, lass uns hinübergehen zu dem Posten dieser Unbeschnittenen! Vielleicht wird der HERR etwas für uns tun, denn für den HERRN gibt es kein Hindernis, durch viele oder durch wenige zu helfen. Und sein Waffenträger antwortete ihm: Tu alles, was du vorhast! Geh nur hin! Siehe, ich bin mit dir in allem, was du vorhast.

Zahllose Pastoren überall auf der Welt würden liebend gerne diese Aussage von den Leuten in ihrer Umgebung hören. *Tu einfach das, was du für richtig hältst, Pastor. Wir stehen voll und ganz hinter dir und deinen Entscheidungen.*

Für uns als Mitarbeiter im Dienst der Hilfeleistung kommt es nicht in Frage, dass unsere Bemühungen darauf gerichtet sind, uns selbst voran zu bringen. Unsere Bemühungen müssen das Ziel im Blick haben, *andere* erfolgreich zu machen. Das ist die Haltung, die Timotheus Paulus gegenüber hatte. Das ist die Haltung, die Johannes der Täufer gegenüber Jesus hatte. Das ist die Haltung, die Josua gegenüber Mose hatte. Und das ist auch die Haltung, die wir in der Beziehung zwischen Jonathan und David wieder finden.

Bitte verstehen Sie mich richtig; Jonathan stellte David nicht auf ein Podest und huldigte ihm. Aber Jonathan erkannte die Hand und die Berufung Gottes auf dem Leben von David. Jonathan erhöhte nicht eine Person, er förderte eine Absicht.

In einem Dienst, der geistlich produktiv ist, sollte es göttliche Verbindungen geben, in denen Beziehungen nicht nur eine funktionale oder rein berufliche Natur haben sondern in denen eine übernatürliche Verbindung der Herzen stattfindet. Wenn wir unsere Herzen, Fähigkeiten und Bemühungen verbinden, dann wird das Reich Gottes auf dieser Erde dadurch große Fortschritte machen.

Fragen zum Nachdenken und zur Diskussion

1. Was bedeutet es Ihnen, wenn Sie die Worte „Die Seele Jonathans verband sich mit der Seele Davids“ lesen?
2. Was bewegte Jonathan dazu, David zu fördern und zu beschützen, obwohl er seinen eigenen Vorteil hätte suchen können?
3. „Tu, was du für das Beste hältst, Pastor. Ich stehe voll und ganz hinter dir und deinen Entscheidungen.“ Ist diese Aussage auch ein Spiegel Ihrer Einstellung?
4. Neigten Sie je zum Widerwillen, statt die unterstützende Haltung des Waffenträgers von Jonathan zu haben, wenn man Sie darum bat, etwas zu tun?
5. Was haben Sie in diesem Kapitel gelernt und wie können Sie es anwenden?
6. In welchen Bereichen müssen Sie ins Gebet gehen oder sich verbessern?

Kapitel 13

David und seine starken Helden

Und es kamen einige von den Söhnen Benjamin und Juda in die Bergfeste zu David.

Und David ging hinaus, ihnen entgegen, und er fing an und sagte zu ihnen: Wenn ihr zum Frieden zu mir gekommen seid, um mir zu helfen, dann wird mein Herz sich mit euch vereinigen; wenn aber, um mich an meine Gegner zu verraten, ohne dass Gewalttat in meiner Hand ist, dann soll der Gott unserer Väter es sehen und strafen!

1.Chronik 12:17-18

David erwartete von denen, die ihm halfen, bestimmte Charaktereigenschaften. Etwas, das David von seinen „starken Helden" (seinem Leitungsteam) erwartete, war, dass sie „im Frieden" kamen (Vers 18). David umgab sich mit Leuten, die danach trachteten, ihm zu helfen, nicht ihm zu schaden – Leute, die sich entschieden hatten, die Vision zu unterstützen, die Gott in sein Herz gelegt hatte, nicht sie zu behindern.

Wie damals David suchen Pastoren heute nach Leuten, die im Frieden zu ihnen kommen. Obwohl Pastoren es schätzen, wenn Leute mit Talent zu ihnen kommen, so ist das nicht das erste Kriterium, nach dem sie ein zukünftiges Teammitglied auswählen. Die Einstellung und die Motive, die Frage, ob jemand im Frieden kommt, stehen im Denken des Leiters an erster Stelle. Leute mit einer kritischen Grundhaltung – Leute, die dauernd Meinungsverschiedenheiten und Streit provozieren – bringen einem Team mehr Schaden als sie durch ihren Nutzen aufheben könnten.

Kommst du, um zu helfen?

In dem Schriftabschnitt aus 1.Chronik 12 wollte David nicht nur wissen, ob die Männer in friedlicher Absicht gekommen waren, sondern er wollte auch wissen, ob sie gekommen waren, um ihm zu helfen. Er wusste, dass die Aufgabe, die vor ihm lag, mehr erforderte als untätige Zuschauer; David brauchte Leute, die aktive Teilnehmer sein wollten – Menschen, die willig und eifrig waren mitzuarbeiten.

Ich habe Statistiken gehört, die einen erstaunlichen Trend in den heutigen Kirchen Amerikas belegen. Schätzungsweise *80 Prozent* der Mitglieder tun keinerlei Dienst in ihrer Ortsgemeinde! Mit anderen Worten: Gerade 20 Prozent der Mitglieder der Gemeinde, sind in irgendeiner Form aktiv an der Gemeindearbeit beteiligt. Wie würde es unserem Körper gehen, wenn er zu 80 Prozent gelähmt und funktionslos wäre? David brauchte Leute, die ein dienendes Herz hatten, und heutige Pastoren brauchen dieselbe Art von Leuten!

Unter der Leitung Nehemias wurde die Mauer Jerusalems in sehr kurzer Zeit neu erbaut, denn *„das Volk war mit ganzem Herzen an der Arbeit“* (Nehemia 3:38). Christen müssen auf der Hut sein, dass sie nicht faul werden. Es ist wohl so, dass wir nicht *aus* Werken errettet werden, aber es ist auch so, dass wir errettet sind, *um* Werke zu tun (vgl. Epheser 2:8). Mit anderen Worten Werke sind nicht die *Grundlage* sondern das *Ergebnis* unserer Errettung. Werke sind nicht die *Wurzel* unserer Errettung, aber sie sollten deren *Frucht* sein.

Vereinte Herzen

David sagte zu einer Gruppe von Freiwilligen: „Seid ihr in friedlicher Absicht zu mir gekommen, um mir zu helfen, so soll mein Herz mit euch eins sein“ (1.Chr. 12:18, SCHL). Pastoren möchten nicht, dass ihre Mitarbeiter eine Aufgabe nur ausführen; Pastoren möchten eine geistliche Einheit mit ihren Mitarbeitern haben, während diese damit beschäftigt sind die Absicht und den Auftrag der Gemeinde zu erfüllen. Der Leiter hat das Bewusstsein der Notwendigkeit der Vereinigung der Herzen – einer gottgegebenen Verbundenheit – so dass der Wille Gottes durch gemeinsame Bemühung erfüllt werden kann.

Das Wirken des Geistes bringt Loyalität hervor

In 1.Chronik 12:17-18 haben wir von der Prüfung gelesen, der

David die Leute unterzog, die ihm dienen wollten. Was danach geschah, ist sehr bemerkenswert.

> 1.Chronik 12:19 (a. d. Engl.)
>
> Da kam der Geist über Amasai, das Oberhaupt der Dreißig, und er sprach: Dein sind wir, David! Zu dir stehen wir, Sohn Isais! Gelingen, Gelingen sei dir, und Gelingen deinen Helfern! Denn dein Gott wird dir helfen! Und David nahm sie auf und reihte sie unter die Oberhäupter der Streifschar ein.

Dieser Vers sagt, dass der Heilige Geist über Amasai, einen angesehen Leiter, kam und ihn veranlasste, Worte auszusprechen, die für David ein Segen gewesen sein müssen: „Dein sind wir, David! Zu dir stehen wir, Sohn Isais! Gelingen, Gelingen sei dir, und Gelingen deinen Helfern! Denn dein Gott wird dir helfen!"

Es gibt viele mögliche Manifestationen, die stattfinden können, wenn der Heilige Geist auf jemanden kommt, aber vielleicht wird kaum eine Manifestation von einem Leiter mit Vision so Willkommen geheissen wie die Frucht der Loyalität, die Amasai offensichtlich besaß. Diese dreißig Mann hatten sich den Erfolg Davids auf die Fahnen geschrieben und sie glaubten an die Absicht und den Auftrag, zu denen David berufen war. Sie verpflichteten sich seinem Gelingen und dem Auftrag, den er von Gott empfangen hatte.

Das Wort „Gelingen" (oder Erfolg), das Amasai in Vers 19 ausspricht, ist das hebräische Wort „shalom". Es bedeutet *Vollständigkeit, Ganzheit und Gesundheit in jedem Lebensbereich einer Person: auf der geistlichen Ebene, gefühlsmäßig, gesellschaftlich, körperlich und finanziell.* Pastoren suchen und brauchen Leute in ihrer Umgebung, die sich der Vision verpflichtet haben, die Gott ihnen ins Herz gelegt hat. So wird die Beziehung zu einer beiderseitigen Angelegenheit, denn echte geistliche Leiter und Pastoren haben auch den Erfolg der Leute im Sinn, die ihnen helfen.

In Haggai 1:3-11 wird erklärt, dass Gott dafür sorgt, dass das Haus *derer* gesegnet ist, die danach trachten *Sein* Haus zu bauen. Menschliche Leiter sollten dieses geistliche Prinzip in die Praxis umsetzen und sich des Wohlergehens der Leute annehmen, die sich treu um ihre Belange kümmern.

Helden und Oberste

Der Haupttext dieses Kapitels findet sich in 1.Chronik 12. *Erstens* erfahren wir, dass einige Benjaminiter und einige Männer aus Juda zu David kamen um sich seiner Truppe anzuschließen. *Zweitens* lesen wir, dass sie im Frieden kamen. *Drittens* erfahren wir, dass diese Männer kamen um David zu helfen. *Viertens* lesen wir, dass ihre Herzen mit David vereint wurden und dass sie seinem Erfolg verpflichtet waren.

In Vers 22 erfahren wir, wie diese Männer damit beschäftigt waren, in zwei ähnlichen und doch verschiedenen Aufgaben zu agieren – als *tapfere Helden* und als *Oberste.*

> 1.Chronik 12:22
> Und sie halfen David gegen die Schar der Plünderer; denn sie waren alle tapfere Helden und wurden Oberste über das Heer.

Obwohl beide Kategorien von Männern in der Armee Davids aktiv waren und in mancher Hinsicht dieselben Aufgaben ausführten, hatte doch jede Gruppe ihre eigenen Aufgaben und Verantwortlichkeiten. *Helden* sind die Leute, die an der Front in den Schützengräben ihren Dienst leisten und sich nicht zu schade sind, die Ärmel hochzukrempeln um die „Dreckarbeit“ zu tun. Solche Leute sind von großem Wert für die Gemeinde; ohne sie würde nicht viel geschehen. *Oberste* sind die Leiter. Es ist notwendig Oberste zu haben, aber es bringt viele und große Probleme mit sich, wenn jeder in der Gemeinde ein Oberster sein will. Gemeinden brauchen Helden *und* Oberste.

Dieser Abschnitt in 1.Chronik 12 schließt mit folgender prägnanter Aussage: „Auch kamen alle Tage etliche zu David, um ihm zu helfen, bis es ein großes Heer wurde, wie ein Heer Gottes“ (Vers 23). Möge diese Aussage auch auf christliche Mitarbeiter und solche, die im Dienst der Hilfeleistung stehen, zutreffen. Pastoren und Leiter überall auf der Welt sollten einen täglichen Zustrom von Männern und Frauen erfahren, die im Frieden zu ihnen kommen, willig sind zu helfen und bereit sind, ihre Herzen für die gemeinsame Sache zu öffnen.

Davids Helden

Bisher haben wir in diesem Kapitel anhand der Geschichte von Amasai und dem Aufbau der Armee Davids einige Leitungs- und Nachfolgeprinzipien betrachtet. Jetzt möchte ich auf die Prinzipien eingehen, die uns in einem Bericht über drei der Helden Davids aufgezeigt werden. Wir lesen sie in 1.Chronik 11. Diese Geschichte gewährt uns einen guten Einblick in die Gründe für das tiefe, gegenseitige Empfinden von Loyalität und Hingabe zwischen David und seinen Nachfolgern.

> 1.Chronik 11:15-19
>
> Und drei von den dreißig Helden gingen zu dem Felsen hinab, zu David in die Höhle Adullam; und das Heer der Philister lagerte in der Ebene Refaim. David war aber damals in der Bergfeste, und ein Posten der Philister war damals in Bethlehem. Und David verspürte ein Verlangen und sagte: Wer gibt mir Wasser zu trinken aus der Zisterne in Bethlehem, die im Tor ist? Da drangen die Drei in das Heerlager der Philister ein und schöpften Wasser aus der Zisterne von Bethlehem, die im Tor ist, und nahmen *es mit* und brachten es zu David. Aber David wollte es nicht trinken, sondern goss es als Trankopfer für den HERRN aus. Und er sagte: Das lasse mein Gott fern von mir sein, dass ich das tue! Sollte ich das Blut dieser Männer trinken, die um ihr Leben *hingegangen sind*? Denn um ihr Leben haben sie es *mir* gebracht. Und er wollte es nicht trinken. Das haben die drei Helden getan.

Die Ernsthaftigkeit und Hingabe dieser drei Männer ist offensichtlich. Obwohl es gar nicht Davids Absicht war, dass sie dieses Husarenstück vollbrachten, riskierten sie ihr Leben um den sentimentalen Wunsch ihres Anführers nach Wasser aus einem bestimmten Brunnen aus seiner Heimatstadt zu erfüllen.

Als diese Männer das Wasser schließlich brachten, weigerte sich David es zu trinken und goss es stattdessen vor dem Herrn aus. Für unser modernes Denken mag die Handlung Davids sehr respektlos erscheinen. In den Augen dieser drei Helden allerdings war die Handlung Davids der höchste Ausdruck von Ehre und Respekt, den er ihnen darbringen konnte.

„Trankopfer“, die vor Gott ausgegossen wurden, waren eine Form alttestamentlicher Anbetung, und durch sein Tun gab David diesen Männern zu verstehen: „Euer Akt der Hingabe ist mir zu heilig, als dass ich dieses Wasser in leichtfertiger Weise für meinen eigenen Durst gebrauchen könnte. Eure Hingabe ist mir zu heilig, als dass ich mit diesem Wasser meinen schnöden Durst stillen könnte. Darum ist es nur angemessen eure Opfergabe zu nehmen und sie Gott in einem Akt der Anbetung als Opfer darzubringen. Das ist ein Bild dafür, dass ihr letztlich Gott dient, nicht mir."

Als Davids Nachfolger diesen Ausdruck der Anbetung sahen, festigte das zweifellos ihre Hingabe und Loyalität gegenüber David. Sie sahen, dass er ihren Dienst nicht ausnützte oder sich durch ihre Hingabe bereicherte. Seine Haltung vermittelte ihnen, dass David das große Bild sah – dass ihr Dienst nicht sosehr *David* und der Bedeutung *seiner* persönlichen Wünsche galt, sondern den Absichten *Gottes* und der Erfüllung Seines Plans.

Sind Sie in friedlicher Absicht in Ihre Gemeinde gekommen? Sind Sie bereit und willig, Ihrem Pastor zu helfen? Ich bin mir sicher, dass Ihr Herz mit dem Ihres Pastors vereinigt und verbunden wird, wenn sie sich dem gemeinsamen Zweck verpflichten, treu und hingegeben die Erfüllung der Absichten und Pläne Gottes zu suchen.

Fragen zum Nachdenken und zur Diskussion

1. Gibt es in Ihrer Gemeinde viele Leute, die in friedlicher Absicht da sind und die gekommen sind, um zu helfen? Nennen Sie einige mit Namen.
2. Sind Sie begeistert über den Erfolg Ihres Pastors und über die Vision, die Gott ihm für Ihre Gemeinde gegeben hat? Wenn ja, wie bringen Sie Ihre Begeisterung zum Ausdruck? Wenn nein, was müssen Sie tun, um die entsprechende Motivation zu bekommen?
3. Fühlen Sie sich dem Erfolg des Hauses Gottes im selben Maß verpflichtet, wie dem Erfolg Ihres eigenen Hauses?
4. Herrscht in Ihrer Gemeinde eine Ausgewogenheit zwischen „Obersten" und „Helden"?

5. Was hat Sie an der Hingabe der Helden, die ihr Leben für David riskierten (1.Chronik 11:15-19), besonders angesprochen?
6. Was hat Sie im Hinblick auf die Ehrerbietung Davids gegenüber seinen Leuten, als er ihre Opfergabe dem Herrn darbrachte, besonders angesprochen?
7. Was haben Sie in diesem Kapitel gelernt und wie können Sie es anwenden?
8. In welchen Bereichen müssen Sie ins Gebet gehen oder sich verbessern?

Kapitel 14

Elisa: Ein Vorbild echter Nachfolge

Im ersten Abschnitt seines Dienstes war Elia ein Mann Gottes, der lieber alles alleine tat. Obwohl er von Gott mächtig gebraucht wurde, gab es wenig Sinn für Partnerschaft oder Teamarbeit in Elias Leben oder Dienst. Aus diesem Gefühl von Isoliertheit kam es, dass er dreimal sagte: „Ich allein bin übrig geblieben“ (1.Könige 18:22; 19:10,14). Die Antwort Gottes auf Elias Einsamkeit bestand zu einem guten Teil darin, dass Er ihn anwies, Elisa zu salben – einen jungen Mann, der schließlich sein Nachfolger als Prophet werden sollte (1.Könige 19:16). Bevor er Prophet wurde, war Elisa zuerst viele Jahre lang Elias Diener und Helfer.

Wenn wir die Geschichte von Elia und Elisa studieren, können wir mehrere Prinzipien in Bezug auf Leiterschaft und Nachfolge lernen. Zuerst wollen wir einen Blick darauf werfen, was für eine Entschlossenheit Elisa an den Tag legte, als es darum ging, Elia von ganzem Herzen nachzufolgen.

Elisa war dabei die Felder zu pflügen, als der Prophet Elia kam und seinen Mantel über ihn warf – ein Zeichen für den prophetischen Ruf und die Salbung des Heiligen Geistes. In 1.Könige 19:21 heißt es: *„Da kehrte er sich von ihm ab, nahm das Gespann Rinder und schlachtete sie, und mit dem Geschirr der Rinder briet er ihr Fleisch und gab es den Leuten, und sie aßen. Dann machte er sich auf und folgte Elia nach und diente ihm.“*

Was können wir aus diesem Vers lernen? Als erstes sehen wir, dass Elisa es sehr ernst nahm, als Elia (bzw. Gott) ihn in den Dienst berief. Dann erfahren wir, dass Elisa keine Zeit verlor seinem Leiter nachzufolgen. Er zögerte nicht und fragte sich nicht, ob er dem Ruf Gottes auf seinem Leben folgen sollte oder nicht. Dann, als er seine Entscheidung getroffen hatte, schaute Elisa weder zurück noch hielt er sich – für den Fall, dass etwas schief gehen würde – eine Hintertür zu seinem alten Leben offen. Stattdessen legte er, bildlich gesprochen, „seine Hand an den Pflug“, wie Jesus in Lukas 9:61,62 gesagt hat und blickte niemals zurück. Diese Art von Entschlossenheit in der Nachfolge Elias (und letztlich gegenüber dem Plan Gottes für sein Leben) setzt einen Maßstab für uns, die wir heute im Dienst der Hilfeleistung arbeiten.

Treu in der Nachfolge

Die Art von Entschlossenheit, die Elisa am Anfang seines Dienstes an Elia erwies, ist dieselbe Entschlossenheit, die er auch am Ende dieser Zeit sowie während der ganzen Zeit seines eigenen Dienstes unter Beweis stellte. Elisa war ein beständiger, entschlossener Mann Gottes, der mit herzlicher Hingabe und ebensolchem Eifer diente.

In 2.Könige 2 sehen wir, wie für Elia der Tag naht, an dem er in den Himmel aufgenommen werden soll. Während Elia auf der Reise war und diente, versuchte er mehrfach Elisa abzuschütteln. Bevor er von einer Stadt in die nächste zog, sagte Elia zu Elisa: „Bleib doch hier.“ Doch jedes Mal antwortete Elisa: *„... So wahr der HERR lebt und deine Seele lebt, wenn ich dich verlasse!“* (2.Könige 2:2,4,6). Die anderen „Söhne der Propheten“ waren damit zufrieden, Elia aus der Entfernung zu beobachten, aber Elisa war entschlossen Elia bis zum Ende zu begleiten.

Nachdem Elisa angefangen hatte Elia zu dienen, beklagte sich Elia nie wieder bei Gott, dass er allein übrig geblieben sei. Kann Ihr Pastor von Herzen sagen, dass er die Hilfe hat, die er braucht? Oder ist es eher so, dass die Hilfe oder Einstellung, die man ihm entgegenbringt, bei ihm ein Gefühl von Einsamkeit im Dienst bewirkt hat?

Als Elia nicht mehr auf der Erde war und König Joschafat Wegweisung nötig hatte, fragte er: *„Ist hier kein Prophet des HERRN, dass wir den HERRN durch ihn befragen können? Da antwortete einer von den Dienern des Königs von Israel und sagte: Elisa ist hier, der Sohn des Schafat, der Wasser über Elias Hände goss“* (2.Könige 3:11). Elisa wird hier nicht als jemand gerühmt, der ein großartiger Lehrer oder Prediger war, sondern als jemand, der Elia gedient und geholfen hatte. Der Ruf Elisas als Diener Elias war es, der ihn vor den König brachte, um ihm zu dienen und das wichtige Werk weiterzuführen, zu dem Gott ihn durch Elia berufen hatte.

Wenn wir als Mitarbeiter im Dienst der Hilfeleistung danach trachten, in den Fußstapfen von Timotheus und den anderen biblischen Beispielen zu wandeln, die wir bisher studiert haben, dann sollten wir auch Elisas Verhalten und seinem hingegebenen Dienst an Elia nacheifern. Elisa trachtete nicht danach, seinen eigenen Dienst aufzubauen, sondern er trachtete einzig danach Elias Dienst zu fördern und ihm zu dienen. Er weigerte sich auch, in seinen alten Beruf zurückzukehren oder Elia „vom Rand des Spielfelds“ aus zu beobachten. Er folgte Elia jeden Schritt des Weges nach, im Geist und im Handeln, und als Elia schließlich zum Herrn ging, trat Elisa in die nächste Dimension des Dienstes ein, den Gott für ihn geplant hatte.

Fragen zum Nachdenken und zur Diskussion

1. Als Elisa dazu berufen wurde, der Diener Elias und schließlich sein Nachfolger im Amt des Propheten zu werden, tötete er die Ochsen mit denen er gepflügt hatte, nahm das Holz der Pflüge um ein Feuer zu machen und hielt ein Festessen für die Leute. Was sagt dies Handlung über die Hingabe Elisas gegenüber seinem neuen Auftrag aus?
2. Welchen Einfluss hatte Elisa auf das Leben von Elia und dessen Dienst?
3. Was unterschied Elisa von den anderen „Söhnen der Propheten“ in Bezug auf ihre Berufung und ihre Beziehung zu Elia?
4. Versuchen Sie für ihr Talent oder ihre Predigtgabe bekannt zu sein? Oder trachten Sie danach, für ihre Treue im Dienst und in der Nachfolge bekannt zu sein?
5. Was haben Sie in diesem Kapitel gelernt und wie können Sie es anwenden?
6. In welchen Bereichen müssen Sie ins Gebet gehen oder sich verbessern?

Teil III

Eigenschaften Guter Mitarbeiter

In den ersten beiden Teilen dieses Buches habe ich biblische Prinzipien dargelegt und Beispiele für Mitarbeiter im unterstützenden Dienst aufgezeigt. Im nächsten Teil werden wir nun eine Reihe von positiven Charaktereigenschaften betrachten, die jeder gute Mitarbeiter besitzen sollte. Durch diese Eigenschaften können Sie zu einem Schatz für jeden geistlichen Leiter, insbesondere für Pastoren, werden.

Wenn Ihr Charakter eine (oder mehrere) dieser Eigenschaften zur Zeit nicht aufweisen sollte, so fangen Sie an, diese zu entwickeln und hervorzubringen. Wenn sie schon vorhanden sind, aber noch Mängel aufweisen, dann arbeiten Sie an ihnen und bilden sie weiter aus. Wenn Sie erkennen, dass einige dieser Eigenschaften bereits in Vollendung bei Ihnen vorhanden sind, dann möchte ich Sie ermutigen, auf diesen Eigenschaften aufzubauen und weiterhin auch nach den anderen zu trachten, die Sie noch nicht besitzen.

Kapitel 15

Gute Mitarbeiter sind loyal

Und er befahl ihnen und sagte: So sollt ihr es machen in der Furcht des HERRN, in Treue und mit ungeteiltem Herzen.

2.Chronik 19:9

Loyalität ist eine Hingabe der Seele, eine klare Entscheidung für eine Beziehung und für das Wohlergehen einer anderen Person. Das englische Wörterbuch *Merriam-Webster* definiert den Begriff „loyal" als *unbeugsame Treue; Treue zu einer Person, der man sich verpflichtet hat,* sowie als *Treue zu einer Sache oder einem Ideal.* Manche Leute entwickeln einen Anschein von Loyalität, aber eigentlich hegen sie Misstrauen und Rebellion. Echte Loyalität geht tiefer als äußere Ergebenheit. Sie kommt durch Treue und Wahrhaftigkeit zum Ausdruck und scheut jegliche Form von Trug und Unterwanderung.

Die Bibel ist voll von Männern und Frauen, die uns ein Vorbild für die Art von Loyalität hinterlassen, die wir als Mitarbeiter im Dienst der Hilfeleistung haben sollten. In diesem Kapitel werden wir uns einige wenige von ihnen näher anschauen.

Ruth zeigte überragende Loyalität, als sie zu Naomi sagte: *„Dringe nicht in mich, dich zu verlassen, von dir weg umzukehren! Denn wohin du gehst, dahin will auch ich gehen, und wo du bleibst, da bleibe auch ich. Dein Volk ist mein Volk, und dein Gott ist mein Gott. Wo du stirbst, da will auch ich sterben, und dort will ich begraben werden ..."* (Ruth 1:16,17).

In 2.Samuel 15 sehen wir den Gegensatz zwischen einem untreuen, rebellischen Sohn und einem loyalen, gehorsamen Diener. Obwohl er durch die Rebellion von Absalom irritiert war, muss die Loyalität von Ittai, dem Gatiter, David sehr ermutigt und erquickt haben. Während er damit beschäftigt war, Vorkehrungen für die Flucht aus Jerusalem zu treffen, um dem Aufstand zu entkommen, den Absalom angezettelt hatte, fand die folgende Begegnung statt:

2.Samuel 15:19-21
Da sagte der König zu dem Gatiter Ittai: Warum willst auch du mit uns gehen? Kehr um und bleib bei dem König, denn du bist ein Fremder, ja, du musstest sogar aus deinem Heimatort in die Verbannung gehen. Gestern bist du gekommen, und heute sollte ich dich aufjagen, mit uns zu gehen? Ich aber muss gehen, wohin ich eben gehe. Kehr um und führe deine Brüder zurück! Güte und Treue seien mit dir! Aber Ittai antwortete dem König und sagte: So wahr der HERR lebt und mein Herr, der König, lebt, wahrlich, an dem Ort, wo mein Herr, der König, sein wird, sei es zum Tod, sei es zum Leben, nur dort wird dein Knecht sein!

Ittai war in seinem Herzen und seinen Handlungen dem König gegenüber loyal. Sogar als des Königs eigener Sohn sich gegen ihn wandte, blieb Ittai loyal. Diese Art von Treue ist heute selten zu finden, aber sie sollte das Ziel jedes Mitarbeiters im Dienst der Hilfeleistung sein. König David fand auch bei seinen militärischen Befehlshabern große Loyalität. In 2.Samuel 12:26-28 heißt es: *„Und Joab kämpfte gegen die Stadt Rabba der Söhne Ammon und nahm die Königsstadt ein. Und Joab sandte Boten zu David und ließ ihm sagen: Ich habe gegen Rabba gekämpft und auch die Wasserstadt eingenommen. Und nun sammle den Rest des Kriegsvolkes und belagere die Stadt und nimm sie ein, damit nicht ich es bin, der die Stadt einnimmt, und nicht mein Name über ihr ausgerufen wird!"* Dieser Abschnitt zeigt uns, dass Joab keine Ehre für seine eigenen Verdienste suchte. Er trachtete nicht danach, sich selbst einen Namen zu machen, Aufmerksamkeit auf sich zu ziehen und Anerkennung zu bekommen. Er wollte, dass sein Leiter Ehre empfing und zog es vor, dass die eroberte Stadt nach David benannt wurde, nicht nach ihm (Vers 28).

Ruth, Ittai und Joab dienen uns als Vorbilder um zu verstehen, was Loyalität bedeutet. Ruth war ihrer Schwiegermutter treu, Ittai war seinem König treu und Joab war treu gegenüber seinem obersten Vorgesetzten. Mitarbeiter im Dienst der Hilfeleistung können genau diese Grundsätze der Loyalität gegenüber ihrem Pastor und anderen Leitern anwenden.

Verteidigen und schützen Sie Ihren Pastor

Vor einigen Jahren machte ich einen Besuch bei einer älteren Dame im Krankenhaus. Als ich mich zu ihr ans Bett setzte, tätschelte sie mir wohlwollend die Hand und sagte: „Bruder Cooke, Ich möchte Ihnen danken, dass Sie gekommen sind. Der Hauptpastor ist ja noch nicht gekommen, um nach mir zu sehen." Es war etwas im Ton ihrer Stimme, das mir sofort ihren Ärger darüber verriet, dass der Pastor noch nicht zu ihr gekommen war. Ihre Bemerkung über ihn war Ausdruck einer kritischen und scharfen Haltung.

Ich hätte aus ihrem Ärger Kapital schlagen und die Gelegenheit nutzen können, mich selbst ins Licht zu stellen. Ich hätte zum Beispiel sagen können: „Ja, meine Dame, ich bin gekommen, weil mir die Menschen so sehr am Herzen liegen." *Doch es ist niemals richtig, wenn ein Mitarbeiter sich auf Kosten des Pastors ins Rampenlicht rückt.* (Es kann hilfreich sein, wenn Mitarbeiter stets daran denken, dass sie nur durch den Pastor eine Position in der Gemeinde haben!)

Eine unserer Aufgaben als Mitarbeiter im Dienst der Hilfeleistung ist die, unseren Pastor und die anderen Teammitglieder in ein gutes Licht zu stellen, vor allem dann, wenn andere unfaire Kritik aussprechen. In der oben beschriebenen Situation, in der die Dame, die ich besuchte, negative Bemerkungen über den Hauptpastor machte, antwortete ich mit ungefähr diesen Worten: „Es ist mir eine Freude Sie zu besuchen, aber ich bin eigentlich deswegen gekommen, weil der Pastor mich darum gebeten hat. Gott hat unserem Pastor die Weisheit gegeben zu wissen, dass er nicht überall sein kann, und darum hat er Leute wie mich angestellt, um ihm bestimmte Aufgaben abzunehmen. Heute morgen hat er mich gebeten Sie zu besuchen, weil er wissen wollte, wie es Ihnen geht."

(Es ist übrigens kein Kompliment für Sie, wenn jemand meint, er könne in Ihrer Gegenwart den Pastor schlecht machen und Sie auf seine Seite ziehen. Eine solche Person denkt eigentlich, dass sie Sie mit ihren Worten manipulieren kann. Sie hält Sie für käuflich und versucht Sie mit ihren Schmeicheleien um den Finger zu wickeln.

Es ist kein Kompliment, wenn die Leute solche Gedanken über Sie haben. Gefestigte Mitarbeiter haben einen guten Ruf und die Leute wissen, dass sie ihrem Pastor nie in den Rücken fallen würden.)

Ist Loyalität blinder Gehorsam?

Vielleicht fragen Sie sich nun, ob ich Ihnen den Rat gebe, mit geschlossenen Augen allem zuzustimmen, was Ihr Pastor sagt und tut. Das meine ich natürlich nicht, aber ich möchte Sie bitten sich darüber klar zu werden, woher ihre Zweifel kommen (wenn Sie welche haben): Lebt Ihr Pastor nach dem Wort Gottes oder lebt er in offensichtlichem Ungehorsam gegenüber der Bibel? Anders gesagt: Geht es bei Ihren Vorbehalten gegenüber dem Pastor um Sachfragen (bestimmte Vorstellungen, Methoden, Ziele usw.) oder geht es um Fragen der Moral? Ich liebe die Aussage über Loyalität von Dan Reiland in seinem Buch *Shoulder to Shoulder* (Schulter an Schulter):

> Loyalität gegenüber dem Pastor bedeutet nicht, mit geschlossenen Augen allem zu folgen und mit allem einverstanden zu sein, was er sagt oder tut. Loyalität bedeutet, dass man ihn, solange er biblische Leiterschaft ausübt, unterstützt, auch wenn man manche Dinge anders tun würde.[1]

Mit anderen Worten: Solange Ihr Pastor nichts Unmoralisches, Illegales oder Unehrenhaftes tut, sollten Sie lernen mit dem Strom zu fließen, auch wenn Sie manche Dinge anders tun würden. Danach gibt Reiland folgenden Rat an Menschen, die sich fragen, wie sie mit Kritik an ihrem Pastor umgehen sollen:

> Als Leiter sind Sie dazu verpflichtet, eine positive Sicht Ihres Pastors zu haben und mit Ihren Worten zum Ausdruck zu bringen. Sorgen Sie dafür, dass er in einem guten Licht steht. Vielleicht denken Sie: *Was ist, wenn ich nicht mit dem Pastor übereinstimme, sondern mit der Person, die sich über ihn beklagt?* Es mag sein, dass Sie nicht mit Ihrem Pastor einverstanden sind – und Sie können ihm von großem Nutzen sein, wenn Sie ihm gegenüber ehrlich sind.

---

[1] Dan Reiland, *Shoulder to Shoulder,* Nashville: Thomas Nelson Publishers, 1997, S. 170.

Aber solche Gedanken müssen unter vier Augen vorgebracht werden. Ein Leiter hat sein Recht darauf verloren etwas zu tun oder zu sagen, das der Gemeinde schaden könnte. Die Autorität des Pastors zu unterwandern ist für die Gemeinde bestimmt schädlich. Gott segnet Einheit, nicht Spaltung. Bringen Sie Ihre Gedanken und Gefühle gegenüber Ihrem Pastor unumwunden zum Ausdruck, wenn Sie mit Ihm allein sind; aber in der Öffentlichkeit sollten Sie hundertprozentig zu ihm stehen.[2]

Fördern Sie das Ansehen des Pastors

Wenn Sie Leiter in einer Gemeinde sind, wird es Situationen geben, wo Leute Ihnen Ideen unterbreiten, und Sie bitten diese dem Pastor mitzuteilen. Nach einer solchen Mitteilung könnten Sie der jeweiligen Person sagen: „Mir hat Ihre Idee sehr gefallen, aber der Pastor hat sie abgelehnt." Eine solche Antwort fördert nicht gerade die Achtung vor dem Pastor.

Denken Sie daran: Es ist nicht Ihre Aufgabe als Mitarbeiter, Ihre eigene Beliebtheit zu fördern, Ihr eigenes Reich in der Gemeinde aufzurichten oder sich selbst in ein besseres Licht zu stellen, indem Sie einen anderen schlecht dastehen lassen. Ihre Aufgabe ist es, das Ansehen des Pastors zu fördern, seinen Zielen in der Gemeinde Geltung zu verschaffen und die Leute dazu zu ermutigen, seiner Leitung zu folgen.

Wie *sollten* Sie jemandem antworten, wenn der Pastor mit einer bestimmten Idee nicht einverstanden ist? Weil man den Pastor ehren will und zugleich weiß, dass manche Leute beleidigt sind, wenn ihre Ideen kein Gehör finden, wäre es richtig, eine Antwort in diesem Sinn zu geben: „Ich glaube nicht, dass wir Ihre Idee im Augenblick umsetzen können, dennoch vielen Dank für Ihr Interesse an der Gemeinde. Bitte teilen Sie uns auch in Zukunft Ihre Ideen mit."

Eine solche Antwort erlaubt es Ihnen, die Wahrheit zu sagen und auf den Vorschlag zu reagieren, ohne dabei Ihre Beliebtheit zu fördern und ohne den Pastor zum Buhmann zu machen, weil er eine gut

---

[2] ebd. S. 170-171.

gemeinte Idee abgelehnt hat.

Loyalität ist der Anker, der Ihnen Halt gibt

Loyal zu sein bedeutet nicht, dass Sie stets mit dem Pastor einverstanden sind oder dass Sie in der Gemeindearbeit niemals Enttäuschungen erleben werden. Wir werden in jedem Arbeitsfeld und in jeder zwischenmenschlichen Beziehung früher oder später mit Auseinandersetzungen und Frustrationen zu tun haben. Loyalität sorgt für Stabilität in solchen Situationen. Loyalität ist der Anker, der Ihnen in schwierigen Zeiten Halt gibt.

In einer Ehe werden Sie gelegentlich Herausforderungen erleben; aber weil Sie sich in ihrem Herzen von vornherein festgelegt haben, zu ihrem Partner loyal zu sein, werden sie in dieser Haltung einen Anker haben, der Ihnen in schweren Zeiten Halt gibt. Sie werden Gott sei Dank nicht jedes Mal neu entscheiden müssen, ob Sie die Beziehung aufrecht erhalten oder aufgeben, weil Sie diese Frage in ihrem Herzen bereits entschieden haben. Loyalität erlaubt es Ihnen, Ihr Augenmerk und Ihre Energie auf die Lösung des Konflikts zu konzentrieren.

In einer Beziehung innerhalb der Gemeinde oder in einem Dienst kann es geschehen, dass Sie über jemanden oder über einen Umstand frustriert sind, aber wenn Sie Timotheus vor Augen haben und ein Mitarbeiter werden wollen, der Gott gefällt, dann haben Sie sich entschieden Reife zu beweisen und Liebe walten zu lassen. Es mag immer noch geschehen, dass Sie eine andere Meinung haben und nicht alles genau gleich sehen wie Ihr Leiter, aber Sie haben erkannt, dass die verbindende Absicht wichtiger ist als das strittige Detail.

Loyalität sucht einen positiven Übergang

Loyalität muss für einen Leiter oder Mitarbeiter nicht bedeuten, dass er den Rest seines Lebens in dieser Gemeinde verbringt. Loyalität bedeutet jedoch, dass man dem jeweiligen Pastor, so lange man sich unter seiner Leitung befindet, das Beste gibt. Solange Sie darum als Mitarbeiter einer Gemeinde wirken, sollten Sie stets darum bemüht sein, das Wohl der Gemeinde zu suchen und zu fördern, und Ihre Hingabe darein setzten, nützlich zu sein und nicht zur Last zu werden.

Wenn sich eine größere Veränderung abzeichnet, so trachtet Loyalität danach, einen möglichst positiven Übergang zu schaffen. Meiden Sie es, bevor Sie gehen, schlechten Samen auszustreuen oder nach Ihrem Weggang schlecht über die betreffende Gemeinde zu reden. Ihr Verhalten sollte nie dazu führen, dass Ihre frühere Gemeinde oder deren Leiterschaft in Misskredit geraten. Loyalität bedeutet, sich stets ehrenhaft, freundlich und respektvoll zu verhalten.

Fragen zum Nachdenken und zur Diskussion

1. Was denken Sie über folgende Aussage? Manche Leute haben einen Anschein von Loyalität, aber eigentlich hegen sie Unwillen und Rebellion.
2. Loyalität hat heute im Leben vieler Menschen offensichtlich nicht mehr denselben Stellenwert wie früher. Kennen Sie einen Grund dafür?
3. Wie können Sie Ihren Pastor und die anderen Teammitglieder in ein gutes Licht stellen?
4. Was haben Sie in diesem Kapitel gelernt und wie können Sie es anwenden?
5. In welchen Bereichen müssen Sie ins Gebet gehen oder sich verbessern?

Kapitel 16

Gute Mitarbeiter haben eine tadellose Einstellung

Denn das Königreich Gottes ist keine neue Ess- und Trinkordnung, sondern Gerechtigkeit und Friede und Freude im Heiligen Geist.

Und seid gewiss: Wer an diesen Anteil hat und Christus in ihrer Kraft dient, der ist Gott wohlgefällig und muss das Urteil der Menschen nicht scheuen.

Also, wir bemühen uns darum, den Frieden zu bewahren, und suchen das, was der gegenseitigen Auferbauung dient.

Römer 14:17-19 (NTR)

Eine gute Einstellung kann in ihrer Bedeutung kaum überbewertet werden. Sie ist einer der Hauptfaktoren, die über die Qualität der Arbeit eines Mitarbeiters bestimmen. Nehmen wir an, ein beliebiger Pastor muss sich zwischen folgenden möglichen Leitern/Mitarbeitern entscheiden: Kandidat A, der viel Talent aber eine schlechte Einstellung hat – Kandidat B, der zwar weniger erkennbares Talent, dafür aber eine beispielhafte Einstellung hat. Die Entscheidung wird in aller Regel für Kandidat B ausfallen. Die meisten Pastoren wissen, dass jemand, der eine miese Einstellung hat, stets für Probleme sorgen wird, ganz egal wie viel Talent er haben mag.

Als Co-Pastor sah ich die unterschiedlichen Verantwortungsbereiche mit denen der Hauptpastor unablässig zu tun hatte. Ich traf die grundsätzliche Entscheidung, dass ich der Liste von Verantwortlichkeiten und Problemen keine weiteren hinzufügen würde. Ich strebte stets danach, ihn zu ermutigen, nicht ihn zu belasten. Ich wollte seine Arbeit erleichtern, nicht erschweren. Jeder gute Mitarbeiter sollte sich darum bemühen, ein „unterhaltsarmes" Teammitglied mit hoher Leistungsfähigkeit zu sein.

Mitarbeiter, die eine gute Einstellung haben, sind nicht nur ein Segen für den Pastor, sondern sie tragen auch dazu bei, die anderen Teammitglieder zu motivieren. Eine gute Einstellung ist anstekkend, sie inspiriert und ermutigt andere. Eine negative Einstellung ist ebenso ansteckend. Sie kann zu einer miserablen und feindseligen Arbeitsatmosphäre führen, so dass die Mitarbeiter das Gefühl bekommen, sich in einem dauernden Spießrutenlauf zu befinden.

Menschen, die eine negative Einstellung haben, geben die Schuld dafür oft anderen Leuten oder irgendwelchen Umständen, aber im Grunde ist jeder von uns selbst für seine Einstellung verantwortlich. Viktor E. Frankl, Überlebender eines Konzentrationslagers, schrieb: „Man kann einem Menschen alles nehmen bis auf eines, die letzte der menschlichen Freiheiten: Die Wahl der inneren Einstellung bezüglich der Umstände, die einen umgeben, und mögen sie noch so schlimm sein.“[1] Sie haben die Freiheit, Ihre Einstellung zu wählen, darum treffen Sie eine gute Wahl.

Wie wichtig ist die Einstellung?

Ihre Perspektive, Ihre Sichtweise der Dinge, hat einen großen Einfluss auf ihre Einstellung. Jemand sagte einmal: „Zwei Männer schauten durch ihre Gitterstäbe, der eine sah Schmutz, der andere die Sterne.“ Sie haben in jeder beliebigen Situation die Wahl, worauf Sie Ihren Blick richten und womit Sie Ihr Denken speisen. In jeder menschlichen Beziehung oder Organisation wird es immer Fehler, Mängel und Unvollkommenheiten geben, und wenn Sie sich dafür entscheiden, Ihren Blick auf den Makel zu richten, dann bleiben Sie im Einflussbereich von Ärger und Frustration. Sie können sich dafür entscheiden, Ihr Augenmerk auf das Gute zu richten; das wird dazu führen, dass ihre Begeisterung nicht nachlässt und Sie stets eine gute Einstellung haben.

Wie wichtig ist die Einstellung? Sie hat eine unschätzbare Bedeutung! Vielleicht haben Sie enorme Begabungen, aber ohne eine entsprechende Einstellung ist es sehr gut möglich, dass Ihr letztend-

---

[1] Victor E. Frankl, *Man's Search for Meaning,* Boston: Beacon Press, 1992, S. 75.

licher Nutzen sehr gering bleibt. Sie mögen eine große Berufung und eine echte Salbung auf Ihrem Leben haben, aber ohne eine ebensolche Einstellung wird ihre Wirksamkeit bescheiden bleiben. Sie mögen viel Erfahrung und eine hervorragende Ausbildung haben, aber langfristig können Sie nicht produktiv sein, wenn Sie keine vorzügliche Einstellung besitzen. Und eine besondere Eigenschaft der Einstellung ist die, dass sie letztlich auf eine einfache Wahl zurückgeführt werden kann – die Entscheidung, ein positiver und ermutigender, ein angenehmer, kooperativer und unterstützender Teil einer Gruppe zu sein.

Was wird Ihnen eine gute Einstellung bringen? In welchem Maß wird eine negative Einstellung Sie behindern? Jemand hat einmal gesagt: „Nichts kann denjenigen davon abhalten, sein Ziel zu erreichen, der die richtige Einstellung hat; nichts auf Erden kann demjenigen helfen, der eine negative Einstellung hat."

Fragen zum Nachdenken und zur Diskussion

1. Achten Sie auf eine gute Einstellung bei Ihrer Arbeit?
2. Was tun Sie, um sich eine positive Einstellung zu bewahren, wenn Sie mit negativen Umständen oder schwierigen Leuten zu tun haben?
3. Sind Sie für Ihre Umgebung eine angenehme Person mit positiver Ausstrahlung?
4. Ist Ihre Einstellung für Ihren Pastor und Ihre Mitarbeiter aufbauend und ermutigend?
5. Lassen Sie sich negativ beeinflussen, wenn jemand in Ihrer Nähe schlechte Stimmung verbreitet?
6. Wie können Sie sich eine gute Einstellung bewahren, wenn die Leute in Ihrer Umgebung eine schlechte Einstellung haben?
7. Was haben Sie in diesem Kapitel gelernt und wie können Sie es anwenden?
8. In welchen Bereichen müssen Sie ins Gebet gehen oder sich verbessern?

Kapitel 17

Gute Mitarbeiter sind treu

Sein Herr sprach zu ihm: Recht so, du guter und treuer Knecht! Über weniges warst du treu, über vieles werde ich dich setzen; geh hinein in die Freude deines Herrn.

Matthäus 25:21

Wir wissen aus diesem Abschnitt des Matthäusevangeliums und auch von anderen Stellen, dass Gott einen hohen Wert auf Treue legt. Wir wissen wie wichtig Treue für die Ehebeziehung ist, aber wie steht es um die Arbeitsbeziehung? Ich glaube, dass jeder Chef, jeder Pastor, jeder Leiter auf der ganzen Welt sich darüber freuen würde, wenn jeder seiner Angestellten ein hohes Maß an Treue besitzen würde.

Wir haben festgestellt, dass gute Mitarbeiter treu sein sollten, aber was genau bedeutet das im Zusammenhang mit der Arbeit in einer Gemeinde oder einem Dienst? Im folgenden führe ich eine Liste mit einigen Punkten auf, die eine treue Person erfüllen wird. Überprüfen Sie, wie viele dieser Eigenschaften in Ihrer Arbeitsethik vorhanden sind:

Eine treue Person ...

- achtet darauf, Versprechungen zu halten, ist verlässlich und glaubwürdig.
- erfüllt ihre Pflichten mit Hingabe und kommt ihren Verantwortlichkeiten nach.
- ist fleißig in ihrer Arbeit.
- führt Aufgaben zu Ende; man kann sich darauf verlassen, dass sie ihre Aufgaben erledigt.
- sieht Aufgaben als Ganzes; fängt nicht nur gerne neue Auf-

gaben an, sondern bringt sie auch zu Ende; wirft nicht mitten in einem Projekt das Handtuch.

- ist detailorientiert und kümmert sich auch um scheinbare Kleinigkeiten.
- ist pünktlich; erscheint zur abgemachten Zeit und hält Fristen ein.
- ist beständig und ausdauernd; fährt nicht auf einer Achterbahn der Gefühle.
- macht nicht nur einen guten Eindruck, sondern ist durch und durch solide.
- ist aufrichtig und vertrauenswürdig; ist nicht hinterhältig und betrügerisch.
- erfüllt und übertrifft die an sie gestellten Erwartungen; tut nicht nur das Nötigste; ist bereit die Extrameile zu gehen.

Diese Liste sollte Ihnen eine Vorstellung davon verschaffen, wie sich Treue bei der täglichen Arbeit auswirkt. Um Ihnen darüber hinaus eine Vorstellung zu geben, welche Ergebnisse Treue hervorbringen wird, lesen wir einen Abschnitt aus 1.Mose 39.

> 1.Mose 39:2-6
>
> Der HERR aber war mit Joseph, und er war ein Mann, dem alles gelang; und er blieb im Haus seines ägyptischen Herrn. Als nun sein Herr sah, dass der HERR mit ihm war und dass der HERR alles, was er tat, in seiner Hand gelingen ließ, da fand Joseph Gunst in seinen Augen, und er bediente ihn persönlich. Und er bestellte ihn über sein Haus, und alles, was er besaß, gab er in seine Hand. Und es geschah, seitdem er ihn über sein Haus bestellt hatte und über alles, was er besaß, da segnete der HERR das Haus des Ägypters um Josephs willen; und der Segen des HERRN war auf allem, was er hatte, im Haus und auf dem Feld. Und er überließ alles, was er hatte, der Hand Josephs und kümmerte sich bei ihm um gar nichts, außer um das Brot, das er aß. Joseph aber war schön von Gestalt und schön von Aussehen.

Josef ist ein biblisches Paradebeispiel eines treuen Menschen. Sogar als er als Sklave nach Ägypten verkauft wurde, blieben sein Fleiß und seine Zuverlässigkeit unerschütterlich. Was brachte Josefs Treue hervor? Man übergab ihm die Aufsicht über den gesamten

Haushalt und die Geschäfte seines Meisters und er hatte die administrative Verantwortung über alles, was sein Chef besaß (Vers 6). Josefs *Treue gegenüber dem Herrn* führte dazu, dass der Herr Potiphar um Josefs willen segnete. Auch Josefs *Treue gegenüber Potiphar* führte zu sofortigen, greifbaren Resultaten: Alle Angelegenheiten des Haushalts liefen reibungslos und das Vieh und die Felder Potiphars waren gesegnet (Vers 5). Mit Josef als Verwalter konnte Potiphar sorgenfrei in die Zukunft blicken!

Später kam Josef aufgrund einer falschen Anklage ins Gefängnis, aber er hörte nicht auf verlässlich, verantwortungsvoll und treu zu sein – gegenüber dem Herrn und auch gegenüber seinen Aufsehern.

> 1.Mose 39:21-23
>
> Der HERR aber war mit Joseph und wandte sich ihm in Treue zu und gab ihm Gunst in den Augen des Obersten des Gefängnisses. Und der Oberste des Gefängnisses übergab alle Gefangenen, die im Gefängnis waren, der Hand Josephs; und alles, was man dort tat, das veranlasste er. Der Oberste des Gefängnisses sah nicht nach dem Geringsten, das unter seiner Hand war, weil der HERR mit ihm war; und was er tat, ließ der HERR gelingen.

Sogar im Gefängnis erwies sich Josefs Treue und wurde öffentlich belohnt. Josef wurde über alle anderen Gefangen gesetzt und war damit eigentlich der Chef des Gefängnisses, in dem er selbst gefangen war! Der Oberste des Gefängnisses konnte ein sorgenloses und problemfreies Leben führen, weil er Josef über alle Belange gesetzt hatte.

Wie es bei Josef deutlich wurde, so wird auch heute ein treuer Mitarbeiter seinem Pastor (oder Vorgesetzten) Entlastung bringen, wenn es um Detailarbeit und die Überhäufung mit Aufgaben geht, die keine Priorität haben. Wenn ein Mitarbeiter allerdings nicht zuverlässig ist, dann wird der Pastor auch mit solchen Angelegenheiten belastet werden und nicht frei sein, sich auf die Bereiche zu konzentrieren, denen er eigentlich seine Aufmerksamkeit widmen sollte.

In Sprüche 25:19 heißt es: *„Auf einen treulosen Menschen ist am Tag der Not ebensoviel Verlass wie auf einen zerbrochenen Zahn und* *auf einen wankenden Fuß"* (SCHL). Gute Mitarbeiter im Dienst wollen für ihren Pastor oder Vorgesetzten nicht sein wie ein zerbrochener Zahn oder ein wankender Fuß. Sie wollen ihm keinen Schmerz und keine Schwierigkeiten bereiten oder seine Arbeit erschweren.

In Sprüche 20:6 lesen wir: *„Die meisten Menschen rufen ihre eigene Frömmigkeit aus; aber einen zuverlässigen Mann, wer findet ihn?"* Es sind nicht die *Schwätzer,* die wichtig für das Vorankommen der Gemeinde sind, sondern die Täter – die Leute, welche bereit sind, eine Aufgabe anzupacken und zu erledigen! Wir sollten alles daran setzen, zuverlässige Mitarbeiter zu sein. Wie Josh Billings vor vielen Jahren gesagt hat: „Sei wie eine Briefmarke. Bleib an einer Sache dran, bist du am Ziel ankommst!"[1]

Treue Leute sind verantwortungsbewusst

Leute, die eine Aufgabe ausführen bis sie erledigt ist, sind treu und sie sind auch verantwortungsbewusst. Sie ergreifen die Initiative, wenn es an die Umsetzung eines Projekts geht, und sind auch bereit, die Verantwortung zu übernehmen, wenn sie einen Fehler machen. Viele Organisationen haben zu wenig verantwortungsbewusste Mitarbeiter. Manche Arbeitssituationen gleichen eher folgendem Bild:

> Dies ist die Geschichte von vier Personen: Jedermann, Jemand, Irgendwer und Niemand. Eine wichtige Aufgabe sollte erledigt werden und Jedermann wurde gebeten, sich darum zu kümmern. Jedermann war sicher, dass Jemand sich der Sache annehmen würde. Irgendwer hätte es tun können, aber Niemand nahm sich der Sache an. Jemand wurde ärgerlich über das Versäumnis, denn schließlich war es Jedermanns Aufgabe. Jedermann dachte, dass Irgendwer es tun könnte. Niemand merkte, dass nicht Jedermann sich darum kümmern würde. Am Ende gab Jedermann Jemandem die Schuld, obwohl im Grunde Niemand Irgendwen gebeten hatte, die Arbeit zu tun.[2]

---

[1] *Wikiquote,* siehe unter „Josh Billings", http://en.wikiquote.org/wiki/Josh_Billings.
[2] Nigel Rees, comp., *Cassell's Humorous Qutations* (London: Cassell, 2001), S. 59.

Handeln Sie unverantwortlich, indem Sie es zulassen, dass Aufgaben nicht erledigt werden, weil es nicht „Ihre Aufgabe" ist oder weil die Sache nicht „wichtig" genug ist, dass Sie Ihre Zeit und Mühe dafür einsetzen?

Manche Leute bestehen den Treuetest nicht, weil sie keine Wertschätzung für das haben, was in ihren Augen kleine Aufgaben sind. Mit anderen Worten sagen diese Leute: *Wenn Gott mir eine wirklich wichtige Aufgabe gibt, dann werde ich fleißig und treu sein.* Im Gegensatz dazu sagte Helen Keller: „Ich sehne mich danach, eine großartige und ehrenwerte Aufgabe zu erfüllen, aber es ist meine Hauptpflicht kleine Aufgaben so auszuführen, als ob sie großartig und ehrenwert wären."[3] Thomas Jefferson sagte einmal: „Der tut am meisten in Gottes großer Welt, der sein Bestes tut in seiner kleinen Welt."[4] Jede Aufgabe, die Ihnen übertragen ist, ist in Gottes Augen groß – und dasselbe gilt auch für Ihre Treue oder den Mangel an Treue bei der Erfüllung dieser Aufgabe.

Außerdem ist es der Grad an Treue, den Sie erreicht haben, der den Wert Ihres Dienstes bestimmt. Wenn Ihre Treue abnimmt, dann nimmt auch Ihr Wert ab. Aber wenn Sie treu, zuverlässig und gründlich sind, dann werden Sie sehen, wie Gott Sie mächtig gebrauchen wird!

Fragen zum Nachdenken und zur Diskussion

1. Gehen Sie noch einmal die Liste mit den Eigenschaften treuer Leute durch und machen Sie ein Inventar dieses Bereiches. Beurteilen Sie sich in jedem Punkt auf einer Skala von 1 bis 10, und erfahren Sie, wie es bei Ihnen in Sachen Treue steht.

   - Ich achte darauf, Versprechungen zu halten, bin zuverlässig und glaubwürdig (Punkte: ______).
   - Ich erfülle meine Pflichten mit Hingabe und komme meinen Verantwortungen nach (Punkte: ______).

---

[3] Mark Water, Hrsg., *The New Encyclopedia of Christian Quatations* (Grand Rapids: Baker Books, 2000), S. 351-352.

[4] ebd. S. 351.

- Ich bin fleißig bei meiner Arbeit (Punkte: _____).
- Ich führe Aufgaben zu Ende; andere können sich darauf verlassen, dass ich meine Aufgaben erledige (Punkte: __).
- Ich sehe Aufgaben als Ganzes; ich nehme nicht nur gerne neue Aufgaben in Angriff, sondern bringe sie auch zu Ende; ich werfe nicht mitten in einem Projekt das Handtuch (Punkte: ______).
- Ich bin detailbewusst und kümmere mich auch um scheinbare Kleinigkeiten (Punkte: ______).
- Ich bin pünktlich, erscheine zur abgemachten Zeit und halte mich an Fristen (Punkte: ______).
- Ich bin beständig und ausdauernd; ich fahre nicht auf einer Achterbahn der Gefühle (Punkte: ______).
- Ich mache nicht nur einen guten Eindruck, sondern bin durch und durch solide (Punkte: ______).
- Ich bin aufrichtig und vertrauenswürdig; ich bin nicht hinterhältig und betrügerisch (Punkte: ______).
- Ich erfülle und übertreffe die an mich gestellten Erwartungen; ich tue nicht nur das Nötigste; ich bin bereit die zweite Meile zu gehen (Punkte: ______).

2. Wenn man Ihrem Vorgesetzten dieselbe Liste geben würde, um Sie zu beurteilen, gäbe er Ihnen die selben Punktzahlen?
3. Sind Sie wie Josef? Weiß Ihr Vorgesetzter, wenn er Ihnen Aufgaben überträgt, dass Sie diese gründlich und vorzüglich erledigen werden?
4. Sehen Sie den Wert von „Kleinigkeiten“? Führen Sie „kleine Aufgaben“ in derselben Weise aus, wie Sie es mit einer „großen“ Aufgabe tun würden?
5. Was haben Sie in diesem Kapitel gelernt und wie können Sie es anwenden?
6. In welchen Bereichen müssen Sie ins Gebet gehen oder sich verbessern?

Kapitel 18

Gute Mitarbeiter sind beziehungsfähig

In der Unterstufe unserer Schule gab es im Zeugnis ein Kriterium mit dem Wortlaut: „Kommt gut mit anderen aus." Neben der Einschätzung unserer Leistung im Lesen, Schreiben und Rechnen beurteilten die Lehrer auch, wie gut wir mit anderen Kindern zurecht kamen. Obwohl Wissen und Fachkenntnis sicher wichtig sind, gibt es kaum eine andere Eigenschaft, die Ihre Effizienz im Dienst so beeinflussen wird, wie Ihre Beziehungsfähigkeit – die Fähigkeit mit anderen auszukommen und zusammenzuarbeiten.

Ein Mitarbeiter im Dienst der Hilfeleistung hat hauptsächlich mit drei Gruppen von Personen zu tun, mit denen er „gut auskommen" sollte. An erster Stelle müssen Sie mit dem Pastor auskommen und mit ihm harmonisch zusammenarbeiten. Zweitens müssen Sie gute Beziehungen zu anderen Leitern und zu Ihren Kollegen pflegen. Und drittens sollten Sie eine gute Beziehung zu den Mitgliedern Ihrer Gemeinde haben.

Unterordnung: Die rechte Beziehung zum Pastor

Es ist grundlegend, dass Sie in einer richtigen Beziehung zu den Leuten stehen, die Ihre Vorgesetzten sind. Es kann sein, dass Sie in Ihrer beruflichen Position direkt dem Pastor unterstellt sind; vielleicht ist es aber auch ein anderer Vorgesetzter, dem Sie rechenschaftspflichtig sind. Es ist aber in jedem Fall so, dass Ihre Fähigkeit sich unterzuordnen ein Schlüsselfaktor zu Ihrem Erfolg sein wird.

In Hebräer 13:17 lesen wir, *wie* wir uns gegenüber Autoritätspersonen verhalten sollen, und wir erfahren auch *warum* es so ist. Diese Schriftstelle zeigt uns, dass es auf uns zurückfällt, wenn wir unseren Leitern Mühe bereiten.

Hebräer 13:17 (NTR)
Seid überzeugt von denen, die euch leiten; vertraut ihnen und fügt euch ihrer Autorität, denn sie wachen schlaflos über eure Seelen, als solche, die Rechenschaft ablegen werden. Damit sie es mit Freude tun können, ohne Seufzen, denn das wäre nachteilig für euch!

Wenn die Mitarbeiter eine kooperative Haltung haben, dann können ihre Leiter voller Freude und ohne Kummer ihre Aufgabe tun.

Hier ist ein Beispiel für eine *un*-kooperative Haltung und den Kummer, den ein Mitarbeiter mit solcher Einstellung verursachen kann.

Ein Pastor erzählte mir, dass er kürzlich eine Gemeinde begonnen hatte. Weil sie erst aus wenigen Leuten bestand, hatte er jemanden, den er nicht gut kannte, gefragt, ob er bereit wäre, den Lobpreis zu leiten. Am ersten Sonntag machte der Lobpreisleiter seine Sache gut. Über die nächsten Sonntage blieb zwar die Qualität des Lobpreises gut, aber der Pastor stellte fest, dass die Dauer der Lobpreiszeit immer mehr zunahm; das ging schließlich so weit, dass kaum mehr Zeit zu predigen blieb.

Der Pastor suchte das Gespräch mit dem Mann und lobte ihn für die Qualität seines Dienstes. Dann erklärte er ihm, dass er die Gesamtzeit des Gottesdienstes in einem bestimmten Rahmen halten wollte. Weiterhin erklärte er, dass die Wortverkündigung in diesem Zeitrahmen einen bestimmten Stellenwert haben sollte und dass darum auch für die Lobpreiszeit eine bestimmte Dauer vorgesehen sei. Der Pastor rechnete damit, dass der Leiter dankbar zustimmen würde, und ging davon aus, dass die übertriebene Dauer der Lobpreiszeit nur auf das Versäumnis zurückzuführen war, dass er seine Erwartungen nicht genauer kommuniziert hatte. Die Antwort, die er bekam, schockierte ihn! Der Mann sagte: „Ich will eines klarstellen: Ich bin verantwortlich für den Lobpreis und du bist verantwortlich für das Predigen. Mach mir keine Vorschriften, wie ich den Lobpreis leiten soll, dann mache ich dir keine Vorschriften, wie du predigen sollst.“

Wenn der Pastor gewusst hätte, dass diese Person eine derart rebellische, unabhängige Einstellung hatte, dann hätte er sie niemals eingesetzt, den Lobpreis zu leiten. Ein Pastor sollte die Leute gut kennen, bevor er sie in Schlüsselpositionen einsetzt. Eile bei der Auswahl führt oft zu Ergebnissen, die man später bereut. Ein Pastor nimmt ein großes Risiko auf sich, wenn er jemanden mit unbewährtem Charakter in eine Führungsposition einsetzt. Talent und Fähigkeit sind großartig, aber ohne die richtige Einstellung wird jemand am Ende mehr Schaden als Nutzen bringen.

Jeden Tag stoßen Menschen zum Leib Christi, die nicht wissen, wie man geistliche Leiter angemessen respektiert und ehrt. Wenn Sie jemand sind, der einen gewissen Einfluss in der Gemeinde hat, dann kann und sollte Ihre Unterordnung – der Respekt und die Wertschätzung, die Sie Ihrem Pastor und anderen Leitern entgegenbringen – ein nachahmenswertes Vorbild für andere sein.

Teamarbeit: Die rechte Beziehung zu anderen Leitern und Kollegen

Es ist wichtig und notwendig, mit dem Pastor gut auszukommen, aber das allein reicht noch nicht. Als Mitarbeiter im Dienst der Hilfeleistung müssen wir auch mit unseren Arbeitskollegen auskommen. Wir müssen uns denen *unterordnen, für die* wir arbeiten, und wir brauchen Sinn für *Teamwork* gegenüber denen, *die mit uns* arbeiten. Ein guter Teamspieler kommt auch mit den anderen Mitgliedern des Teams gut aus, nicht nur mit dem Trainer. Der Einzelne ist nicht Teil des Teams, um seine eigenen Absichten und Pläne umsetzen zu können. Teamkollegen müssen die Philosophie praktizieren, dass „wir" wichtiger ist, als „mir".

Mitarbeiter sollten nicht in einem gegenseitigen Konkurrenzkampf stehen und sie sollten auch nicht danach trachten ihr „Hoheitsgebiet" zu verteidigen. Außerdem ist es enorm wichtig, Teamkollegen und Mitarbeiter zu respektieren und wertzuschätzen. Versuchen Sie nicht, in den Verantwortungsbereich einer anderen Person einzudringen. Praktizieren Sie stets die „goldene Regel" und gehen Sie mit anderen so um, wie Sie erwarten, dass man mit Ihnen umgeht (Matth. 7:12).

Wahrer Erfolg bedeutet nicht, dass Sie andere überstrahlen; wahrer Erfolg bedeutet, dass das Team sein volles Potential entwickeln kann. Von Präsident Franklin Roosevelt erzählt man, dass er gesagt haben soll, er suche für seinen Mitarbeiterstab junge Männer mit einer „Leidenschaft für Anonymität." Präsident Ronald Reagan hatte eine Tafel mit folgenden Worten auf seinem Schreibtisch stehen: „Es gibt keine Grenze für das, was jemand erreichen kann, wenn es ihm nichts bedeutet, wer die Anerkennung dafür bekommt."

Der Dienst im Reich Gottes war nie als Tummelplatz zur Selbstverwirklichung gedacht, sondern als Ausdruck der Liebe Gottes. Menschen, die mit Unsicherheit und Minderwertigkeitsgefühlen zu kämpfen haben, werden anderen gegenüber oft eine Verteidigungshaltung einnehmen, indem sie zum Beispiel überempfindlich reagieren. Oder sie werden zum Angriff übergehen, indem sie Aggressionen freien Lauf lassen. Beide Haltungen untergraben gute Beziehungen am Arbeitsplatz und machen ein angenehmes Arbeitsklima unmöglich.

Manchmal kann es vorkommen, dass Mitarbeiter sich Helfer oder andere Ressourcen zu eigen machen wollen, um in selbstsüchtiger Absicht einen Vorteil für ihren Arbeitsbereich herauszuschlagen. Sie sehen nur ihren eigenen Verantwortungsbereich; sie haben nicht das große Bild vor Augen. Jeder Mitarbeiter sollte eine Sicht für den Erfolg sämtlicher Dienstbereiche der Gemeinde haben, nicht nur für den eigenen. Um als Schüler die Beurteilung „kommt gut mit anderen aus" zugesprochen zu bekommen, musste man unter anderem die Bereitschaft zeigen mit anderen zu teilen. Und die Notwendigkeit des Teilens hört nicht mit dem Ende der Grundschule auf!

Verfolgen Sie das Ziel und trachten Sie danach, niemals zu einem Problemherd in der Gemeinde, einem Mitarbeiterstab oder einer Gruppe von Helfern zu werden. Betrachten Sie es als Priorität, mit anderen gut auszukommen und ein Friedensstifter zu sein. Helfen Sie, in anderen Menschen das Beste hervorzubringen. Leben Sie das aus, was Paulus in Römer 12:18 gesagt hat: *„Wenn möglich, soviel an euch ist, lebt mit allen Menschen in Frieden!"*

Diplomatie: Die rechte Beziehung zu den Gemeindemitgliedern

Neben einer guten Beziehung zu Vorgesetzten und Kollegen, müssen Mitarbeiter im Dienst der Hilfeleistung auch gesunde Beziehungen zu den anderen Mitgliedern und Besuchern der Gemeinde entwickeln, vor allem zu solchen, die unter ihrer Autorität und Aufsicht arbeiten. Das heißt, ein guter Mitarbeiter muss sich gewisse diplomatische Fähigkeiten aneignen. Eine Definition des Wortes „Diplomatie" lautet: *Die Fähigkeit, heikle Angelegenheiten in einer Weise zu handhaben, die keine Feindschaft entstehen lässt.*

Manchmal kann es vorkommen, dass jemandem seine Position oder sein Titel zu Kopf steigt. Mit anderen Worten seine Position im Dienst verkommt zu einer Machtdemonstration, die Person entwickelt Chefallüren und wird beherrschend, so dass andere Anstoß nehmen. Wie König Rehobeam (siehe 2.Chronik 10:1-16) beginnt eine solche Person, die Leute grob zu behandeln und sie so wegzutreiben. Egal wie respektvoll ein Mitarbeiter sich dem Pastor gegenüber verhält, er wird nicht wirklich ein Segen und Nutzen sein, wenn er dauernd für Verluste in den eigenen Reihen sorgt, weil er die Leute runterputzt und Schaden anrichtet, den der Pastor später bereinigen muss.

Rehobeams Einfluss nahm stark ab, weil es ihm an Diplomatie und Taktgefühl im Umgang mit Menschen fehlte. Und besonders traurig ist, dass ihm von weisen Ratgebern gesagt worden war, wie man mit Leuten umgehen sollte: *„Und sie redeten zu ihm und sagten: Wenn du zu diesem Volk gütig und ihnen zu Willen bist und gute Worte zu ihnen redest, dann werden sie alle Tage deine Knechte sein"* (2.Chr. 10:7).

In der *Message* Übersetzung heißt es: „Wenn du diesem Volk ein Diener wirst, auf seine Bedürfnisse achtest, mit Barmherzigkeit an ihnen handelst und mit ihnen gemeinsam Lösungen suchst, so werden sie am Ende alles für dich tun."

Es geschieht leider häufig, dass wir so einfache Dinge übersehen, wie den freundlichen Umgang mit Leuten; solche grundlegenden Dinge wie Höflichkeit und Respekt. Aber wenn wir erfolgreich sein wollen, dann dürfen wir diese fundamentalen und entscheidenden Aspekte im Umgang mit Menschen nicht ignorieren.

Im Hinblick auf die Frage, warum Menschen im geistlichen Dienst versagen, schreibt Gordon Lindsay:

> „... einer der Hauptgründe, warum manche versagen, ist ein Mangel an Aufmerksamkeit und Taktgefühl. Manche Prediger haben sich jede erdenkliche Fähigkeit angeeignet, nur diese nicht. Und woher dieser Mangel? Meistens darum, weil sich die Leute nie die Zeit nahmen, an diesem Bereich zu arbeiten. Taktgefühl heißt, anderen gegenüber aufmerksam zu sein und Sensibilität für das zu besitzen, was die Situation erfordert. Es ist eine Kombination aus Interesse, Aufrichtigkeit und Bruderliebe – die Fähigkeit, dem Gegenüber ein Gefühl von Wohlbehagen zu vermitteln. Mit einem Wort, es bedeutet christliche Liebe – die Anwendung der goldenen Regel.“[1]

Der vielleicht beste Rat, der jemals für das Zusammenleben mit anderen Menschen gegeben wurde, findet sich in 1.Korinther 13.

> 1.Korinther 13:1-7 (NTR)
>
> Wenn ich alle menschlichen Sprachen beherrschen würde und auch die Sprachen der Engel, aber ich wirkte diese Dinge ohne Liebe, dann wäre ich wie jemand, der zwar auf der Posaune oder einem anderen Blasinstrument spielen kann, jedoch ohne dabei einen Wohlklang zu erzeugen. Dann bin ich wie jemand, der auf die Zimbel schlägt, aber nicht mehr als gellenden Lärm hervorbringt. Und wenn ich Weissagung hätte und in alle Geheimnisse eingeweiht wäre; und wenn ich das Vollmaß der Erkenntnis erreicht und Glauben für jeden Umstand hätte, so dass ich Berge versetzen könnte, und ich hätte bei all dem keine Liebe, so wäre ich nicht mehr als ein schäbiger Nichtsnutz. Auch wenn ich meinen ganzen Besitz in bare Münze umwandeln und damit die Armen der Welt speisen würde; auch wenn ich meinen Leib hingäbe, um an Stelle eines anderen verbrannt zu werden, aber ich täte es ohne Liebe, so hätte ich keinerlei Nutzen davon! Die Liebe wartet geduldig, ist langmütig, milde und freundlich. Die Liebe ist nicht neidisch, die Liebe prahlt nicht über die eigenen Taten, sie ist nicht aufgeblasen; sie benimmt sich nicht unanständig und unehrenhaft; sie versucht in keiner Weise, ihr Recht zu erzwingen; sie lässt sich nicht erbittern oder dazu hinreißen, schar-

---

[1] Gordon Lindsay, *The Charismatic Ministry* (Dallas: Christ for the Nations, Inc., 1983), S. 14.

fe Worte zu sprechen; sie führt nicht Buch über erlittenes Unrecht. Sie freut sich nicht über die Ungerechtigkeit, sie freut sich aber der Wahrheit. Sie erduldet alles, sie glaubt und vertraut in Allem, sie hofft unter allen Umständen und bleibt standhaft.

Es spielt keine Rolle, wie begabt oder gesalbt jemand ist. Wenn wir es nicht schaffen, unseren Mitmenschen gegenüber in der Liebe Gottes zu leben, was haben wir dann erreicht? Wenn wir großartige Gaben des Geistes besitzen, aber im Hinblick auf die Frucht des Geistes nichts hervorbringen – können wir dann Gott tatsächlich gefallen? Wir müssen uns denen unterordnen, die uns vorgesetzt sind, als Teamspieler mit unseren Kollegen zusammenarbeiten und Diplomatie – Liebe und Wohlwollen – jedem erweisen, der zum Leib Christi gehört.

Wenn wir gut mit anderen auskommen, dann trägt das viel zu einem gesunden, freundschaftlichen und produktiven Arbeitsklima bei. Kevin Lawson schreibt:

> Leitende Mitarbeiter, die seit längerem in dieser Position stehen, bestätigen, dass eine Arbeitsbeziehung, die von der Unterstützung ihres Vorgesetzten und (falls vorhanden) der Kollegen geprägt ist, zu den wichtigsten Schlüsseln eines erfolgreichen Dienstes gehört. Gesunde Beziehungen, die von einer unterstützenden Haltung im Team geprägt sind, können den Dienst zum Himmel auf Erden machen, auch wenn die Erwartungen, die an den Dienst gestellt werden, und der damit verbundene Stress oft sehr groß sind. Beziehungen mit einem Vorgesetzten oder einem Kollegen hingegen, die einen in die Isolation führen, können selbst den größten Erfolgen die Freude nehmen.[2]

Wenn Sie mit Ihrem Pastor, ihren Kollegen und den Mitgliedern der Gemeinde gut auskommen, dann können selbst stressbeladene Situationen friedlich gelöst werden, und Sie werden sich an der Frucht erfreuen können, die für gute Mitarbeiter im Dienst der Hilfeleistung entsteht.

---

[2] Kevin E. Lawson, *How to Thrive in Associate Ministry* (The Alban Institute, Inc. All rights reserved).

Fragen zum Nachdenken und zur Diskussion

1. Kommen Sie im Allgemeinen gut mit anderen aus?
2. Was tragen Sie zur Freude Ihres Pastors, anderer Leiter und Ihrer Kollegen bei?
3. Haben Sie Ihrem Leiter jemals Sorgen oder Probleme bereitet? Wodurch?
4. Kann man von Ihrer Haltung gegenüber dem Pastor und anderen Leitern sagen, dass Sie ein gutes Beispiel für Unterordnung und Respekt ist?
5. Sind Sie nachgiebig und bereit sich zu fügen? Oder sind Sie eigenwillig und bestehen darauf, alles so zu tun, wie Sie es für richtig halten?
6. Ist die Beziehung zu Ihren Kollegen von Konkurrenzdenken oder von der Bereitschaft zur Zusammenarbeit geprägt?
7. Arbeiten Sie an guten Beziehungen und versuchen Sie, aus anderen das Beste herauszuholen, oder haben Sie eine Neigung, anderen Anlass zum Ärger zu geben?
8. In welchem Maß sind die Eigenschaften der Liebe, wie sie in 1.Korinther 13 beschrieben werden, bei Ihnen vorhanden? Kreisen Sie die Antworten ein, die Ihrer momentanen Persönlichkeit entsprechen:

   Ich bin geduldig.
   nie manchmal meistens immer

   Ich bin freundlich.
   nie manchmal meistens immer

   Ich bin nicht neidisch.
   nie manchmal meistens immer

   Ich verhalten mich nicht prahlerisch.
   nie manchmal meistens immer

Ich verhalte mich nicht arrogant.
nie manchmal meistens immer

Ich bin nicht grob.
nie manchmal meistens immer

Ich bin nicht rechthaberisch.
nie manchmal meistens immer

Ich bin nicht empfindlich oder verletzbar.
nie manchmal meistens immer

Ich bin nicht nachtragend.
nie manchmal meistens immer

Ich führe nicht Buch über erlittenes Unrecht.
nie manchmal meistens immer

Ich freue mich, wenn Gerechtigkeit und Wahrheit siegen.
nie manchmal meistens immer

Ich glaube von jedermann nur das Beste.
nie manchmal meistens immer

9. Wenn Ihr Pastor oder Vorgesetzter, Ihre Kollegen und die Mitglieder der Gemeinde diese Beurteilung für Sie durchführen müssten, würden sie zu den selben Ergebnissen kommen?
10. Was haben Sie in diesem Kapitel gelernt und wie können Sie es anwenden?
11. In welchen Bereichen müssen Sie ins Gebet gehen oder sich verbessern?

Kapitel 19

Gute Mitarbeiter sind dienstbereit

„Ihr wisst, dass die Regenten der Nationen sie beherrschen und die Großen Gewalt gegen sie üben. Unter euch wird es nicht so sein; sondern wenn jemand unter euch groß werden will, wird er euer Diener sein, und wenn jemand unter euch der Erste sein will, wird er euer Sklave sein; gleichwie der Sohn des Menschen nicht gekommen ist, um bedient zu werden, sondern um zu dienen und sein Leben zu geben als Lösegeld für viele."

Matthäus 20:25-28

Jesus ist auf die Erde gekommen um der Menschheit zu dienen, und Er hat auch uns den Auftrag gegeben zu dienen. Als Jesus für Seine Jünger betete, sagte Er zu Gott, Seinem Vater: *„Wie du mich in die Welt gesandt hast, habe auch ich sie in die Welt gesandt"* (Johannes 17:18). Als Jesus beim letzten Abendmahl die Füße der Jünger wusch, sagte Er: *„Wenn nun ich, der Herr und der Lehrer, eure Füße gewaschen habe, so seid auch ihr schuldig, einander die Füße zu waschen. Denn ich habe euch ein Beispiel gegeben, dass auch ihr tut, wie ich euch getan habe. Wahrlich, wahrlich, ich sage euch: Ein Sklave ist nicht größer als sein Herr, auch ein Gesandter nicht größer als der, der ihn gesandt hat. Wenn ihr dies wisst, glückselig seid ihr, wenn ihr es tut!"* (Johannes 13:14-17).

Im Dienst geht es nicht um Titel und Positionen. Es geht nicht um Anerkennung und Prestige. Es geht darum, anderen mit der Liebe Gottes zu dienen. Die beste Empfehlung, die Paulus über Timotheus aussprach, ist vielleicht folgende: *„Ihr kennt aber seine Bewährung, dass er, wie ein Kind dem Vater, mit mir für das Evangelium gedient hat"* (Philipper 2:22).

Gelegentlich verlieren Menschen, die im Dienst stehen, ihre Bereitschaft zu dienen und verhalten sich sehr wählerisch in Bezug auf die Arbeit, die sie bereit sind zu tun. So können sie zu der Einstellung gelangen, dass sie sich für manche Aufgaben schlicht „zu gut" sind. Manchmal kann es sein, dass wir das Privileg genießen, uns auf bestimmte Bereiche zu spezialisieren, dennoch sollten wir stets bereit sein alles zu tun, um unseren Dienst in seiner Ganzheit erfüllen zu können. Wir sollten niemals sagen: „Das gehört nicht zu meinem Aufgabenbereich (oder zu meinem Spezialgebiet)", sondern wir sollten stets bereit sein, jede notwendige Aufgabe zu erledigen, so dass dem Team als Ganzem gedient ist.

Zu gut um zu dienen?

Erfahrene Pastoren sind vorsichtig in Bezug auf Menschen, die Autorität, Macht und Kontrolle erlangen wollen. Sie wissen, dass die Menschen das größte Kapital der Gemeinde sind, die ohne Vorbehalte bereit sind zu dienen; Menschen, die nicht eine Position erjagen wollen oder nach Prestige oder Anerkennung trachten.

In Lukas 14 erzählt Jesus ein Gleichnis, das uns Menschen vor Augen führt, die aktiv nach Anerkennung trachten. Ihrem Verhalten stellt Er die Einstellung gegenüber, die auch uns empfohlen ist: Nicht ein Streben nach Anerkennung, sondern eine demütige Haltung, die dazu führt, dass einem Anerkennung *verliehen* werden kann.

> Lukas 14:7-11
>
> Er sprach aber zu den Eingeladenen ein Gleichnis, als er bemerkte, wie sie die ersten Plätze wählten, und sagte zu ihnen: Wenn du von jemandem zur Hochzeit eingeladen wirst, so lege dich nicht auf den ersten Platz, damit nicht etwa ein Geehrterer als du von ihm geladen sei und der, welcher dich und ihn eingeladen hat, komme und zu dir spreche: Mach diesem Platz! Und dann wirst du anfangen, mit Schande den letzten Platz einzunehmen. Sondern wenn du eingeladen bist, so geh hin und lege dich auf den letzten Platz, damit, wenn der, welcher dich eingeladen hat, kommt, er zu dir spricht: Freund, rücke höher hinauf! Dann wirst du Ehre haben vor allen, die mit dir zu Tisch liegen. Denn jeder, der sich selbst erhöht, wird erniedrigt werden, und wer sich selbst erniedrigt, wird erhöht werden.

Menschen, die ein dienendes Herz haben, wird es nichts ausmachen, hinter den Kulissen zu wirken und die Ärmel hoch zu krempeln um hart zu arbeiten. Da sie ihre Arbeit für den Herrn tun, kümmern sie sich nicht darum, ob sonst noch jemand bemerkt, was sie leisten.

Denken Sie über folgende Aussagen nach:

- „Ich weiß nicht, wo Eure Bestimmung Euch hinführen wird, aber eines weiß ich: Die einzigen unter Euch, die wirklich glücklich sein werden, sind die, welche danach trachten zu dienen und darin zuzunehmen" (Albert Schweitzer).
- „Nicht die Frage, wie viele Diener er hat, sondern wie vielen Menschen er dient, ist das Maß, an dem ein Mensch gemessen werden sollte" (Dwight L. Moody).

Leonard Sweet, Professor an einem theologischen Seminar, erzählt folgende Geschichte:

> Ein Student unseres Seminars erhielt ein Stellenangebot von einem Bezirksleiter der Kirche, aber der Student hatte den Eindruck, dass das Angebot nicht ganz seinen Fähigkeiten entsprach.
>
> Ich hörte beiläufig, wie er einer Mitstudentin sein Leid klagte, und die Studentin ihm antwortete: „Weißt Du, die Welt ist deshalb ein schönerer Ort, weil Michelangelo nicht sagte: „Ich bemale doch keine Wände."
>
> Ihr Kommentar machte mich betroffen. Ich musste zugeben, dass sie recht hatte.
>
> Wenn wir dem Dienst treu sein wollen, zu dem Gott uns berufen hat, dann sollten wir diese Wahrheit unbedingt verstehen. So dachte ich über die Einstellung von Schlüsselpersonen in der Bibel und der Kirchengeschichte nach.
>
> Die Welt ist ein besserer Ort, weil ein deutscher Mönch namens Martin Luther nicht sagte: „Ich hefte keine Flugblätter an Türen."
>
> Die Welt ist ein besserer Ort, weil ein Oxfordprofessor namens John Wesley nicht sagte: „Ich halte keine Openair-Predigten."
>
> Die Welt ist ein besserer Ort, weil Mose nicht sagte: „Ich gebe mich weder mit Pharaonen noch mit Massenauswanderung ab."
>
> Die Welt ist ein besser Ort, weil Noah nicht sagte: „Schiffsbau und Tiere interessieren mich nicht."
>
> Die Welt ist ein besserer Ort, weil Rahab nicht sagte: „Ich nehme

keine feindlichen Spione auf."

Die Welt ist ein besserer Ort, weil Ruth nicht sagte: „Schwiegermütter können mir gestohlen bleiben."

Die Welt ist ein besserer Ort, weil Samuel nicht sagte: „In der Nacht wird geschlafen."

Die Welt ist ein besserer Ort, weil David nicht sagte: „Riesen sind nicht mein Metier."

Die Welt ist ein besserer Ort, weil Petrus nicht sagte: „Mit Heiden gebe ich mich nicht ab."

Die Welt ist ein besserer Ort, weil Johannes der Täufer nicht sagte: „Die Wüste ist kein Ort für mich."

Die Welt ist ein besserer Ort, weil Maria nicht sagte: „Jungfräuliche Geburt – aber nicht mit mir!"

Die Welt ist ein besserer Ort, weil Paulus nicht sagte: „Ich schreibe keine Briefe."

Die Welt ist ein besserer Ort, weil Maria Magdalena nicht sagte: „Füße sind eklig."

Die Welt ist ein besserer Ort, weil Jesus nicht sagte: „Alles – nur nicht das Kreuz!"

Die Welt wird nur dann ein besserer Ort werden, wenn wir nicht sagen: „Diese Aufgabe ist nichts für mich ...".

Bei welchen Aufgaben haben Sie bisher gesagt: „Damit gebe ich mich nicht ab ..."? Gibt es bestimmte Aufgaben, die Sie für unter Ihrer Würde halten? Welche Aufgaben in der Gemeinde werden nicht ausgeführt, nur weil niemand bereit ist, sie zu übernehmen?

Denken Sie daran: Jesus ist nicht gekommen, um bedient zu werden, sondern um zu dienen, und Er hat uns den Auftrag gegeben, dasselbe zu tun. Es sollte unser Ziel sein, anderen in derselben Weise zu dienen, wie Jesus es tat – mit Demut, Liebe und dem Herz eines Dieners.

Fragen zum Nachdenken und zur Diskussion

1. Wie erweisen Sie in Ihrer Arbeit für den Herrn ein dienendes Herz?
2. Sind Sie bereit alles zu tun, damit eine Aufgabe erledigt werden kann?

3. Dienen Sie anderen vorzüglich? Nennen Sie Bereiche, in denen Sie anderen bildlich gesprochen „die Füße waschen“.
4. Haben Sie jemals gedacht, *das ist nicht meine Aufgabe!,* wenn Sie darum gebeten wurden, etwas zu tun?
5. Gibt es Aufgaben, die Sie für unter Ihrer Würde halten?
6. Sind Sie damit zufrieden hinter den Kulissen zu arbeiten und keine unmittelbare Anerkennung zu bekommen, oder würden Sie lieber Dinge tun, die schneller gesehen und von anderen entsprechend honoriert wird?
7. Was haben Sie in diesem Kapitel gelernt und wie können Sie es anwenden?
8. In welchen Bereichen müssen Sie ins Gebet gehen oder sich verbessern?

Kapitel 20

Gute Mitarbeiter sind tatkräftig und begeisterungsfähig

Stellen Sie sich vor, Sie müssten eine Gruppe von Menschen leiten, die apathisch, lethargisch, lustlos, gleichgültig und lasch sind:

- Egal, was Sie vorschlagen, diese Menschen reagieren träge und uninteressiert.
- Es mangelt ihnen an Motivation und Verlangen.
- Sie schieben alles hinaus und leben nach dem Motto: „Tue niemals heute, was du auch auf morgen verschieben kannst."
- Sie schleppen sich minimalistisch durchs Leben, bewegen sich wie eine Schnecke oder ein Faultier und haben eine „es-wird- kommen-wie-es-kommen-muss-Einstellung".
- Sie setzen keinerlei Energie ein und begnügen sich damit, auf ihren Lorbeeren oder den Leistungen anderer auszuruhen.
- Sie sind nur dann bereit etwas zu tun, wenn es angenehm, bequem und leicht ist.
- Sie leben nach der Einstellung: *Ich werde es erledigen, wenn ich dazu komme, und falls ich jemals dazu komme, dann tue ich es mit der kleinstmöglichen Anstrengung und in einer Qualität, die gerade noch ausreichend ist.*

Kein Leiter mag es, totes Gewicht durch die Gegend zu tragen. Ein Pastor möchte, dass jedes Teammitglied aktiv ist, sich bemüht und Energie einbringt, damit die Arbeit erledigt werden kann. Leute, die sich dem Einsatz im Team verweigern, entsprechen dem, was in Sprüche 10:26 steht: „Wie Essig für die Zähne und wie Rauch für die Augen, so ist der Faule für die, die ihn senden."

Die Bibel enthält scharfe Warnungen in Bezug auf Faulheit und

Untätigkeit:

> Sprüche 6:6-11
> Geh hin zur Ameise, du Fauler, sieh ihre Wege an und werde weise! Sie, die keinen Anführer, Aufseher und Gebieter hat, sie bereitet im Sommer ihr Brot, sammelt in der Ernte ihre Nahrung. Bis wann, du Fauler, willst du noch liegen? Wann willst du aufstehen von deinem Schlaf? Noch ein wenig Schlaf, noch ein wenig Schlummer, noch ein wenig Händefalten um auszuruhen und schon kommt wie ein Landstreicher deine Armut und dein Mangel wie ein unverschämter Mann.

> Sprüche 26:13-16
> Der Faule spricht: Ein Junglöwe ist auf dem Weg, ein Löwe mitten auf den Plätzen! Die Tür dreht sich in ihrer Angel und der Faule auf seinem Bett. Hat der Faule seine Hand in die Schüssel gesteckt, ist es ihm zu beschwerlich, sie an seinen Mund zurückzubringen. Der Faule ist in seinen Augen weiser als sieben, die verständig antworten.

Diese Verse beschreiben die Handlungen fauler Leute und reden von dem Lohn, den sie zu erwarten haben. Können Sie sich jemanden vorstellen, der so faul ist, dass er es beim Essen gerade noch schafft mit der Hand in die Schüssel zu greifen, aber nicht genug Energie aufbringen kann, um das Essen in den Mund zu führen? Solche Leute vollenden nicht, was sie angefangen haben. Sie sind nicht ausreichend motiviert, irgendetwas zu Ende zu bringen. Die Bibel spricht zum Faulen: „... und schon kommt wie ein Landstreicher deine Armut und dein Mangel wie ein unverschämter Mann" (Spr. 6:11).

Pastoren suchen Mitarbeiter, die in ihrer Arbeit für den Herrn Leidenschaft, Eifer, Beflissenheit und Begeisterung zeigen. Sie wollen Leute, die arbeitsam sind und ihre Aufgabe mit Energie erledigen. Sie wünschen sich Leute, die nach dem Grundsatz in Prediger 9:10 handeln: „Alles, was deine Hand zu tun findet, das tue in deiner Kraft!" Es sei mir erlaubt eine umgangssprachliche Wendung zu gebrauchen, Pastoren wünschen sich Mitarbeiter, die „Feuer im Hintern" haben, mit anderen Worten, Mitarbeiter, die von innen motiviert werden und keinen Babysitter brauchen, der dauernd auf sie aufpasst oder ihnen ständig eine Motivationsspritze verpassen muss.

Jesus hatte die Werke der Gemeinde in Laodizea im Blick, als Er sagte: „Ich kenne deine Werke, dass du weder kalt noch heiß bist. Ach, dass du kalt oder heiß wärest! Also, weil du lau bist und weder heiß noch kalt, werde ich dich ausspeien aus meinem Munde" (Off. 3:15,16). Jesus tadelte die Gemeinde für ihre geteilte Haltung. Er wollte, dass sie sich für das eine oder das andere entschied.

Ungeteilte Bemühung

Bisher sprachen wir über das Verhalten, das wir *nicht* haben sollten: Faulheit, Apathie, Gleichgültigkeit und so weiter. Jetzt wollen wir uns dem zuwenden, was wünschenswert ist. Diese Haltung wird in Römer 12:11 beschrieben: *„... im Fleiß nicht säumig, brennend im Geist; dem Herrn dienend."*

- „Seid niemals träge oder nachlässig, was den Fleiß, den Eifer und die Ernsthaftigkeit angeht ..." (NTR).
- „Brennt nicht aus; achtet darauf, dass ihr genügend Treibstoff habt, damit das Feuer nicht ausgeht. Seid wachsame Diener des Meisters" (MESSAGE).
- „Lasst es nie an Eifer und ernsthaftem Bemühen fehlen; seid glühend und brennt mit dem Geist, seid dem Herrn dienend" (AMP).

Wir finden viele Beispiele in der Bibel, die uns Menschen zeigen, die in dieser Weise mit viel Fleiß und großer Tatkraft ihren Dienst taten:

- Die Menschen, die von Nehemia angeführt wurden, taten ihre Arbeit mit erstaunlicher Effektivität, weil *„das Volk mit [ganzem] Herzen an der Arbeit war"* (Nehemia 3:38).
- Paulus sagte: *„... wozu ich mich auch bemühe und kämpfend ringe gemäß seiner Wirksamkeit, die in mir wirkt in Kraft"* (Kolosser 1:29).
- Apollos wurde als jemand beschrieben, der brennenden Geistes war (Apostelgeschichte 18:25).
- Epaphras *„ringt für euch in den Gebeten"* (Kol. 4:12).
- Jakobus sagte: *„Das Gebet eines Gerechten vermag viel,*

> *wenn es ernstlich ist"* und dass *„Elia inständig betete"* (Jakobus 5:16,17, SCHLACHTER).

Sind Sie mit Energie und Begeisterung am Werk? Arbeiten Sie eifrig und von ganzem Herzen, oder ist Ihre Arbeitshaltung eher als halbherzig zu bezeichnen?

Im Alten Testament finden wir einen Bericht, der die Problematik halbherziger Bemühung besonders gut illustriert. König Joasch ging zum Propheten Elisa, und der Prophet forderte den König auf, ein paar Pfeile zu nehmen und damit auf die Erde zu schlagen. Als der König nur dreimal auf den Boden geschlagen hatte, wurde Elisa zornig über ihn und sprach: *„Wenn du fünf- oder sechsmal geschlagen hättest, dann hättest du die Aramäer bis zur Vernichtung geschlagen; nun aber wirst du die Aramäer nur dreimal schlagen!"* (2.Kön. 13:18-19).

Es mag uns ungerecht vorkommen, dass Elisa den König tadelt, obwohl er ihm keine genauen Anweisungen gegeben hatte. Aber die Handlung des Königs war ein Spiegel seiner inneren Haltung; er folgte nicht von ganzem Herzen, und Elisa wusste, dass halbherzige Bemühung nur unbefriedigende Resultate hervorbringen würde.

Menschen, die mit Energie und Begeisterung ans Werk gehen, werden ihre Arbeit gut und bis zum Ende erledigen. Sie haben eine starke Arbeitsethik und bringen entsprechende Ergebnisse. In Sprüche 22:29 heißt es: *„Siehst du einen Mann, der gewandt ist in seinem Geschäft, vor Könige wird er hintreten, er wird nicht vor Niedrige hintreten."* Wollen Sie große Dinge erreichen? Dann bemühen Sie sich, motiviert zu sein und mit Verlangen und Begeisterung zu arbeiten. Wie Peter Drucker einmal gesagt hat: „Nicht die besonders talentierten Leute haben Geschichte geschrieben, sondern die besonders motivierten."[1]

Fragen zum Nachdenken und zur Diskussion

---

[1] Robert D. Dale, *Surviving Difficult Church Members* (Nashville: Abingdon Press, 1984), S. 99.

1. In welchen Bereichen erfüllen Sie Ihre Arbeit für den Herrn mit Energie und Begeisterung?
2. Wie oft benötigen Sie jemanden oder etwas, um neu motiviert zu werden und mit mehr Fleiß zu arbeiten?
3. Waren Sie von den biblischen Ermahnungen bezüglich Faulheit oder Untätigkeit betroffen?
4. Entspricht Ihre Arbeitsethik den Aussagen in den verschiedenen Übersetzungen von Römer 12:11?
5. Wie oft hätten Sie mit den Pfeilen auf den Boden geschlagen, wenn Sie König Joasch gewesen wären?
6. Was haben Sie in diesem Kapitel gelernt und wie können Sie es anwenden?
7. In welchen Bereichen müssen Sie ins Gebet gehen oder sich verbessern?

Kapitel 21

Gute Mitarbeiter pflegen einen ausgewogenen Lebensstil

Ausruhen ist für den Verstand ebenso wichtig, wie Schlaf für den Leib ...

Wenn wir nicht ruhen ... werden wir zerbrechen.

Sogar die Erde muss manchmal brach liegen und ihre Sabbatruhe haben, dasselbe gilt auch für uns.

Daher die Weisheit und Barmherzigkeit unseres Herrn, als Er zu seinen Jüngern sagte: „Lasst uns in die Wüste gehen und ein wenig ruhen."

– Charles Spurgeon, *Lectures to My Students*

Im letzten Kapitel habe ich besonders betont, wie wichtig es ist, ein tatkräftiger und begeisterter Mitarbeiter zu sein. Doch es braucht mehr als harte Arbeit, um im Dienst der Hilfeleistung (ja, allgemein im Leben) erfolgreich zu sein. Arbeit darf nicht unser ein und alles sein. Wir müssen auch andere Teile unseres Lebens fördern und pflegen. *Ausgewogenheit* ist ein wichtiger Schlüssel zu körperlicher und seelischer Gesundheit *und* Langlebigkeit im Dienst.

In seinem Buch *The Rhythm of Life* erklärt Richard Exley, dass wir alle ein Bedürfnis nach Harmonie und Ausgewogenheit in diesen vier Lebensbereichen haben: *Religionsausübung, Arbeit, Ruhe und Vergnügen.*[1] Es ist wichtig, eine ausgezeichnete Arbeitsethik zu haben, aber wenn wir nicht aufpassen, kann es leicht geschehen, dass wir in anderen Lebensbereichen beraubt werden.

Uns, die wir im Dienst für den Herrn stehen, geht eine Rechtfertigung für übertriebenes Arbeiten oftmals leicht über die Lippen,

[1] Richard Exley, *The Rhythm of Life* (Tulsa: Honor Books, 1987), S. 11-15.

weil wir der Meinung sind, dass unsere Aufgaben besonders edel und rühmenswert sind. Wir tun schließlich Gottes Werk! Aber statt im Frieden zu leben, wie Gott es beabsichtigt hat, kommen wir leider häufig an den Punkt, wo wir uns unter dauernder Anspannung befinden.

Mir gefällt das Fazit, zu dem ein ehemaliger Workaholic gekommen ist: „Ich habe endlich verstanden, dass mein Posteingangskorb überlaufen wird, wenn ich gestorben bin." Dieser Mann hatte erkannt, dass es keine Rolle spielte, wie viel er arbeitete – es würde immer noch mehr zu tun geben. Darum entschloss er sich, mit dem zufrieden zu sein, was er erreichen konnte, und es nicht zuzulassen durch übertriebenes Verantwortungsgefühl unter Bedrängnis zu geraten.

Prediger, Pastoren und ihre Mitarbeiter, denen es an Ausgewogenheit mangelt, sind sichere Kandidaten für das Burnout-Syndrom. Dr. Frank Minirth und Dr. Paul Meier schreiben, dass das Burnout-Syndrom dann entsteht, wenn der Druck und die Anstrengung, die jemand trägt, derart überhand nehmen, dass sie die inneren Ressourcen der Person mehr und mehr auffressen. Das Burnout-Syndrom ist auch unter der Bezeichnung „das Problem der guten Absichten" bekannt. Nach Minirth und Meier sind Personen, die dazu neigen an einem Burnout-Syndrom zu erkranken, „Leiter, die es nicht geschafft haben, Begrenzungen zu akzeptieren, Menschen, die sich selbst über zu lange Zeit zu sehr gefordert haben."[1]

Nimm dir Zeit für dich selbst

Gott möchte, dass wir hart arbeiten und eifrig sind, aber er möchte nicht, dass wir Workaholics sind, die von der Arbeit besessen sind und von ihr aufgezehrt werden. Unser Leben und unser Dienst bestehen nicht nur aus *Output.* Wir brauchen auch einen qualitativ hochstehenden *Input.* Jemand hat einmal gesagt: „Wenn Ihre Ausgaben Ihre Einkünfte übersteigen, dann wird Ihr Unterhalt zu Ihrem

[1] Herbert J. Freudenberger, *Burnout: The High Cost of High Achievement* (Garden City, New York: Doubleday, 1980), S. 11-12.

Niedergang." Das gilt für alle Bereiche des Lebens, nicht nur für den finanziellen. Es gibt Leute, die sich schuldig fühlen, wenn sie nicht mit Produzieren beschäftigt sind. Aber wenn wir langfristig in der Lage sein wollen eine bestimmte Leistung zu erbringen, dann müssen wir auch Zeit für uns selbst investieren, damit unsere inneren Ressourcen aufgefüllt werden können.

Paulus schrieb an Timotheus: *„Habe Acht auf dich selbst"* (1.Tim. 4:16). Wenn *Sie* nicht auf sich selbst Acht haben, so wird niemand anderes es tun! Weiter unten schreibt der Apostel, dass Gott *„uns alles reichlich darreicht zum Genuss"* (1.Tim. 6:17). Nehmen Sie sich genügend Zeit, die guten Dinge des Lebens zu genießen. Pflegen Sie gesunde Aktivitäten und Hobbys, bei denen Sie sich entspannen können und die Ihnen die nötige mentale Abwechslung und Erfrischung verschaffen.

In Philipper 2 beschreibt Paulus einen Mann Gottes mit Namen Epaphroditus, der beinahe infolge von Überarbeitung gestorben wäre (Philipper 2:25-30). Vers 30 sagt uns, dass Epaphroditus *„sein Leben gering achtete"* (SCHL). In der Übersetzung von Kenneth Wuest heißt es: „Er nahm keinerlei Rücksicht auf sein Leben."

Natürliche Konsequenzen werden nicht ausbleiben, wenn jemand „sein Leben gering achtet." Wir sollten Unvorsicht in diesem Bereich meiden und darauf achten, wie wir mit unserem Leib umgehen – auch wenn wir im Auftrag des Herrn unterwegs sind. Jesus selbst bestätigt uns, dass es wichtig ist, manchmal vom Dienst zu ruhen und Abstand zu nehmen.

> Markus 6:31,32
> Und er sprach zu ihnen: Kommt, ihr selbst allein, an einen öden Ort und ruht ein wenig aus! Denn diejenigen, die kamen und gingen, waren viele, und sie fanden nicht einmal Zeit, um zu essen. Und sie fuhren in einem Boot allein an einen öden Ort.

Sie werden für Ihren Pastor und Ihre Gemeinde von größerem Nutzen sein, wenn Sie frisch bleiben und in der Lage sind, ein langfristiges Engagement aufrecht zu halten. Es ist viel besser, sein Tempo zu drosseln, als dauernd auf dem Zahnfleisch zu kriechen und das Risiko des Ausbrennens einzugehen.

In welchen Bereichen ist Ausgewogenheit notwendig?

Wir haben gesagt, dass eine Balance zwischen Phasen körperlicher Arbeit und Ruhe notwendig ist. In welchen weiteren Bereichen haben wir Ausgewogenheit nötig? Als erstes brauchen wir *Ausgewogenheit in unseren Prioritäten.* Die Familie ist eine Hauptpriorität – unsere Ehe und unsere Kinder sollten nicht den „Ehrenplatz" hinter dem Dienst einnehmen. Nach der Familie folgen unsere Arbeit und der Dienst in der Gemeinde. Alle diese Bereiche sind wichtig. Ausgewogenheit wird dann erreicht, wenn wir jedem dieser Bereiche die angemessene Aufmerksamkeit widmen.

Die Problematik der Unausgewogenheit zwischen Arbeit und Familie betrifft vor allem Menschen, die eine Tendenz haben, sich auf Kosten aller anderen Bereiche auf die Arbeit zu konzentrieren. Allerdings gibt es auch Leute, die eher das gegenteilige Problem haben und sich so sehr um alles andere bemühen, dass sie kaum Zeit für Arbeit oder Dienst finden. Manche Leute sind so damit beschäftigt, für Gott zu arbeiten, dass sie die Bedürfnisse ihres Ehepartners und ihrer Kinder vernachlässigen. Andere sind so auf ihre Familie und Freizeit bedacht, dass sie niemals Zeit für die Gemeinde oder den Dienst des Herrn finden. Beide Extreme gefallen Gott nicht.

Kann man Sie wirklich als erfolgreich bezeichnen, wenn Ihr Ehepartner und ihre Kinder schließlich Gott und die Gemeinde verachten, weil Sie sich zu wenig um ihre Bedürfnisse und Nöte gekümmert haben und immer nur das Ziel verfolgten, ein großer Mann oder eine große Frau Gottes zu werden? Gott fordert seine Diener nicht dazu auf, ihre Ehepartner und ihre Kinder auf dem Altar des Dienstes zu opfern. Das Ansehen und die Arbeit mancher Prediger und Pastoren haben darunter gelitten, dass sie die natürlichen Belange des Lebens vernachlässigten. Während sie damit beschäftigt sind, in geistlichen Dingen Höchstleistungen zu erbringen, vergessen manche, ihre finanziellen Verpflichtungen nachzukommen sowie andere Bereiche ihres familiären Lebens in Ordnung zu halten. Das ist nicht gut.

Wenn wir in diesen Bereichen nach Ausgewogenheit trachten, dann werden wir sowohl unserem Ehepartner und unseren Kindern *als auch* anderen Leuten erfolgreich dienen können.

Ausgewogenheit zwischen Aufgaben und Beziehungen

Soeben haben wir den Bedarf an Ausgewogenheit in unseren Prioritäten betrachtet. Nun müssen wir uns um *Ausgewogenheit zwischen Aufgaben und Beziehungen* bemühen.

Manche Mitarbeiter sind so beziehungsorientiert, dass sie die meiste Zeit in der Gemeinde damit verbringen, zu plaudern und mit anderen Gemeinschaft zu pflegen. In der Folge vernachlässigen sie die Arbeit, zu der sie sich bereit erklärt haben und für die sie möglicherweise bezahlt werden. Dann gibt es auch die anderen, die so sehr auf ihre Aufgaben konzentriert sind, dass sie den Leuten als kalt und unnahbar erscheinen. Beide Extreme müssen als unausgewogen verworfen werden. Unser Ziel sollte es sein, den goldenen Mittelweg zu finden.

Wir können den Leuten, mit denen wir zusammenarbeiten und denen wir in der Gemeinde dienen, die nötige Aufmerksamkeit entgegenbringen und dennoch die Aufgaben, die uns gestellt sind, entsprechend erledigen. Aufgaben und Beziehungen haben beide ihre Bedeutung. Gäbe es keine Menschen in unserer Gemeinde, dann hätten wir auch nichts zu tun; doch wenn wir unsere Aufgaben nicht angemessen erfüllen, könnte es geschehen, dass die Leute bald nicht mehr da sind! Wir sollten uns darum bemühen, auch in diesem Bereich Ausgewogenheit zu praktizieren.

Ausgewogenheit zwischen dem Natürlichen und dem Geistlichen

Grundsätzlich sollen wir die richtige Balance in unseren Prioritäten finden. Weiterhin müssen wir für Ausgewogenheit zwischen Aufgaben und Beziehungen sorgen. Und dann sollten wir auch darauf achten, *das Verhältnis zwischen dem Natürlichen und dem Geistlichen* in der Waage zu halten.

Manchmal hört man die Redewendung, dass gewisse Leute so sehr mit den himmlischen Dingen beschäftigt sind, dass sie ihre Tauglichkeit für die Erde verloren haben; andere hingegen trachten so sehr nach dem Irdischen, dass sie dabei den Himmel aus den Augen verloren haben. Gott möchte, dass wir für den geistlichen und den natürlichen Bereich die angemessene Aufmerksamkeit und Achtung haben.

Ein Pastor berichtete, dass er einen Jugendleiter hatte, der sich nur um die geistlichen Aspekte seines Dienstes kümmern wollte. Dieser Leiter wollte am Liebsten nur zu Hause sitzen und beten, statt Zeit mit den Jugendlichen zu verbringen. Der Pastor schätzte zwar seinen Eifer für das Gebet, aber er konnte es nicht hinnehmen, dass er keine Beziehungen zu den Jugendlichen aufbaute, um ihnen auch direkt zu dienen.

Ausgewogenheit zwischen Ernsthaftigkeit und Humor

Wie steht es um die Ausgewogenheit in Ihren Prioritäten? Achten Sie auf die Balance zwischen Ihren Aufgaben und der Beziehungspflege? Sorgen Sie für eine gesundes Verhältnis zwischen den natürlichen und den geistlichen Aspekten des Dienstes? Achten Sie auf *Ausgewogenheit zwischen Ernsthaftigkeit und Humor?*

Es gibt Leute, die lernen sollten, fröhlich zu sein und das Leben zu genießen; die aufhören müssen, sich selbst zu ernst zu nehmen. (Launische und zänkische Menschen tragen nicht eben zu einem angenehmen Arbeitsklima bei.) Dann gibt es auch diejenigen, die lernen müssen, dass das Leben nicht nur aus Spaß und Vergnügen besteht – es gibt Zeiten, wo es fehl am Platz ist Witze zu machen und Ernsthaftigkeit geboten ist. Der ideale Mitarbeiter findet eine gesunde Balance zwischen Spaß und Ernst und weiß um den richtigen Zeitpunkt für beide.

Eine der wertvollsten Lektionen über Ausgewogenheit lernte ich als Coach des Basketballteams, in dem mein Sohn spielte, als er in der dritten Klasse war. Ich bin im Bundesstaat Indiana aufgewachsen, darum war Basketball für mich etwas wichtiges, aber ich hatte mich festgelegt, mit den Jungs im Team nicht allzu streng zu sein. Natürlich wollte ich ihnen das Spiel beibringen und sie zu einer guten Leistung im Wettkampf motivieren, aber ich wollte die Jungs auf keinen Fall zusammendonnern – das Siegen sollte nicht zu einer Angelegenheit auf Leben und Tod werden. Ich wollte, dass die Kinder Spaß hatten und lernten, im Spiel ihren Einsatz zu bringen.

Ich glaube, dass ich diese Balance übers Jahr ganz gut im Griff hatte, und obwohl ich sehr wohl danach trachtete, die Spiele zu gewinnen, bemühte ich mich, keine Atmosphäre von übertriebener Anspannung im Team entstehen zu lassen. Aber als wir schließlich im letzten Spiel der Saison standen, bei dem es um den Sieg der ganzen Meisterschaft ging, musste ich doch feststellen, dass mir das Ganze näher ging, als ich eigentlich beabsichtigt hatte. Ich verlor zwar nicht *äußerlich* die Kontrolle, ich rastete nicht aus und brüllte in der Halle herum, aber *innerlich* hatte ich sehr zu kämpfen, war enorm angespannt und wollte um jeden Preis gewinnen.

Dann kamen die letzten fünfzehn Sekunden der regulären Spielzeit und wir brauchten nur einen Punkt zum Sieg. Ich nahm ein Time-out und zeichnete drei verschiedene Spielstrategien auf meine Tafel. Nachdem ich die drei Möglichkeiten erläutert hatte, fragte ich die Jungs, ob sie Fragen hätten. Ich spürte ein Ziehen an meinem linken Ärmel und schaute zu dem Spieler hin. „Ja, was ist?" fragte ich in der Erwartung einen Kommentar zu einer der erklärten Strategien zu hören. Der Spieler schaute mich gelassen an und sagte: „Mein Hund hat Junge bekommen."

Ich lächelte und merkte sogleich, dass ich das Spiel *viel* zu ernst nahm. Ich hatte tolle Jungs in meinem Team, aber keiner von ihnen nahm das Spiel auch nur annähernd so ernst wie ich. Die Mitteilung dieses Jungen brach die Spannung, die ich fühlte, und half mir zu verstehen, dass andere Menschen eine andere Perspektive auf die Lebensumstände haben können als ich und dass die Sichtweise jedes einzelnen für ihn genauso wichtig ist wie meine eigene für mich.

Später merkte ich, dass ich aus dieser Erfahrung Schlüsse für den Dienst im Reich Gottes ziehen konnte. Die Leute in der Gemeinde wie auch die angestellten Mitarbeiter stehen alle an unterschiedlichen Punkten, was ihre Hingabe und das Maß ihrer Arbeitsintensität angeht. Wenn wir im Dienst erfolgreich sein wollen, dann müssen wir diese Wahrheit anerkennen und lernen, mit den Leuten in ihrer Entwicklung dort weiterzuarbeiten, wo sie gerade stehen.

Es ist gut, einen hohen Standard zu haben und Leute zu mehr Hingabe zu ermutigen, aber wir dürfen die Leute nicht antreiben und unsere Erwartungen so hoch stecken, dass alle, außer den ganz

Unentwegten, entmutigt werden. Wir brauchen Ausgewogenheit in unserem persönlichen Leben und im Umgang mit anderen.

Denken Sie daran, Ausgewogenheit ist ein wichtiger Schlüssel zur körperlichen und seelischen Gesundheit *und* zur Langlebigkeit im Dienst. Überprüfen Sie die vier Bereiche des Lebens, die ich eingangs erwähnt habe: Religionsausübung, Arbeit, Ruhe und Vergnügen; und finden Sie heraus, wie ausgewogen Sie in diesen Bereichen sind. Nehmen Sie sich die Zeit Prioritäten neu zu ordnen, wenn diese aus dem Lot geraten sind; akzeptieren Sie keine Unausgewogenheit in Ihrem Leben.

Fragen zum Nachdenken und zur Diskussion

1. Besitzen Sie Ausgewogenheit in diesen vier Lebensbereichen: Religionsausübung, Arbeit, Ruhe und Vergnügen?
2. In welchen Bereich neigen Sie zum Übertreiben? Welche kommen eher zu kurz?
3. Sind Sie ein Workaholic, der andere Bereiche des Lebens vernachlässigt? Wenn ja, wie können Sie diese Fehlhaltung korrigieren?
4. Wie sieht es mit Ihren „inneren Ressourcen" aus? Dienen Sie aus einem Überfluss oder gibt es in Ihrem Leben bereits erste Anzeichen von Burnout?
5. Nennen Sie fünf Hobbys oder Freizeitaktivitäten, die Ihnen helfen, Ihre Gedanken von der Arbeit abzulenken?
6. Wann hatten Sie zum letzten Mal Zeit für diese Dinge?
7. Was unternehmen Sie um die Ausgewogenheit im Bereich von Arbeit und Familie zu bewahren?
8. Wie ausgewogen sind Sie im Verhältnis zwischen Aufgaben und Beziehungen?
9. Was tun Sie, um Ihre Ausgewogenheit zwischen dem Natürlichen und dem Geistlichen in der Waage zu halten?
10. Wie ausgewogen sind Sie im Hinblick auf Ernsthaftigkeit und Humor?

11. Was haben Sie in diesem Kapitel gelernt und wie können Sie es anwenden?
12. In welchen Bereichen müssen Sie ins Gebet gehen oder sich verbessern?

Kapitel 22

Gute Mitarbeiter sind flexibel und wachstumsorientiert

Auch wer auf der richtigen Spur läuft, wird überrannt, wenn er dabei an Ort und Stelle bleibt.

– Will Rogers

Gute Mitarbeiter achten auf Flexibilität und Formbarkeit in ihrem Leben. Sie stehen nicht still und verfallen nicht der Routine. Die Worte einer sterbenden Gemeinde (und auch die Worte eines Mitarbeiters im Dienst der Hilfeleistung, der dabei ist einzuschlafen) lauten: „So haben wir es aber noch nie gemacht."

Welche Eigenschaften zeichnen wachstumsorientierte, flexible Personen aus?

- Sie hören nie auf zu lernen.
- Sie sind bereit Schwachpunkte in ihrem Leben aufzudecken und zu überwinden.
- Sie sind offen für neue Ideen und neue Lösungswege.
- Sie kommen schnell mit unerwarteten Entwicklungen zurecht.
- Sie sind anpassungsfähig.
- Sie sind bereit, neue Aufgaben zu übernehmen oder Positionen aufzugeben, wenn es dem Wohl der Gemeinde dient.
- Sie trachten stets nach Verbesserung.
- Sie erfahren geistliche Lebenskraft.

In diesem Kapitel werden wir jede dieser Eigenschaften genauer betrachten und studieren, wie sie die Effektivität eines Mitarbeiters beeinflussen.

Sie hören nie auf zu lernen

Leute, die stets bereit sind zu lernen, sind nicht mit dem zufrieden, was sie vor Jahren gelernt haben; sie sind offen für Gelegenheiten, neue Dinge zu lernen. Vor allem sind sie hungrig nach Information, die sie befähigt, in ihrem Bereich des Dienstes an vorderster Front zu stehen. Manche Prinzipien haben in ihrem Wesen grundsätzliche Gültigkeit, aber Fragen der Technologie, der Methode oder des Stils sind dauernder Veränderung unterworfen. Ein Mitarbeiter mit dieser Qualität liest entsprechende Zeitschriften und Publikationen, nimmt an Seminaren teil und fachsimpelt mit anderen, die im selben Bereich tätig sind, um die neusten Entwicklungen nicht zu verpassen. Solche unermüdlichen Lerner werden, weil sie nie aufhören ihre Fähigkeiten weiter zu entwickeln, für die Organisation, in der sie arbeiten, von stetig wachsendem Nutzen sein.

Sie sind bereit Schwachpunkte in ihrem Leben aufzudekken und zu überwinden

Diese Art von Mitarbeitern hält sich weder für allwissend oder unfehlbar, noch haben solche Leute die Einstellung von Besserwissern. Wenn der Pastor oder ein direkter Vorgesetzter ihnen Korrektur mitteilt, nehmen sie die entsprechende Information dankbar an. Statt sich persönlich angegriffen zu fühlen und sich sogleich zu verteidigen, verstehen sie die Situation als eine Gelegenheit zu wachsen und sich zu verbessern.

Sie sind offen für neue Ideen und neue Lösungswege

Wir alle stehen in der Versuchung, uns mit der Zeit in einer Wohlfühlzone einzurichten und immer wieder dasselbe auf dieselbe Weise tun zu wollen. Das ist schließlich am einfachsten und bringt keine Herausforderungen oder die Möglichkeit unangenehmer Veränderungen mit sich.

Stecken Sie bereits in der Routine? Sind Sie offen für neue Ideen, selbst wenn damit einhergeht, dass Sie Ihren Wohlfühlbereich verlassen müssen? Die bisherige Herangehensweise mag uns vertrauter sein, aber das ist kein Beweis für ihre Qualität.

Manchmal müssen alte Programme mit neuem Leben gefüllt werden – sie können gerettet werden, brauchen aber eine Auffrischung. Andere alte Programme hingegen sollten vollständig ausgemustert und ersetzt werden. Jemand hat einmal gesagt: „Wenn wir immer tun, was wir schon immer getan haben, dann werden wir immer bleiben, was wir schon immer waren."

Sie kommen schnell mit neuen Entwicklungen zurecht

Manche Dinge ändern sich und nicht selten geschehen Überraschungen. Das Unvorhersehbare findet regelmäßig statt und erfordert, dass unser Denken in Bewegung bleibt. Manchmal ist es notwendig, sofortige Anpassungen vorzunehmen, wenn eine bestimmte Veränderung eintritt. Bei notwendigen Sofortmaßnahmen sind manche Leute sogleich zur Stelle und bemühen sich um die Veränderungen, während andere in Aufregung und Panik geraten. Es gibt ein altes Sprichwort, das sich jeder Mitarbeiter im Dienst der Hilfeleistung zu Herzen nehmen sollte: „Wer flexibel bleibt, wird nicht aus der Form geraten."

Sie sind anpassungsfähig

Eine der besonderen Fähigkeiten, die Paulus in seinem Dienst bewiesen hat, war die, dass er sich anderen anpassen konnte. In 1.Korinther 9:22 sagte er: „... Ich bin allen alles geworden." Paulus war nicht deshalb anpassungsfähig, weil er eine schwache Persönlichkeit hatte, der es an Überzeugungen und Charakterstärke fehlte. Seine Anpassungsfähigkeit war eine Stärke, die er einsetzte um große Ergebnisse für das Reich Gottes zu erlangen. Paulus hatte keinen starren, unflexiblen Charakter. Obwohl er nie von seinen geistlichen Grundüberzeugungen wich, war er bereit jede andere Veränderung vorzunehmen, um eine Aufgabe erfolgreich erledigen zu können.

Sie sind bereit, neue Aufgaben zu übernehmen

Diese Mitarbeiter fürchten sich nicht vor neuen Unternehmungen. Sie sind bereit, die Sicherheit des Altgewohnten hinter sich zu lassen und das Abenteuer des Neuen einzugehen. Ihre Identität und ihr Selbstwert sind nicht von einem Titel oder einer Position abhängig, darum sind sie bereit, eine völlig neue Rolle zu übernehmen, wenn damit dem Reich Gottes und der Ortsgemeinde besser gedient ist.

Sie trachten stets nach Verbesserung

Solche Mitarbeiter ruhen sich nie auf ihren Lorbeeren aus. Sie trachten stets danach, noch effektiver und produktiver zu werden. Sie sind dankbar für die Leute, die sie bereits erreicht haben, aber sie wollen mehr Leute erreichen. Sie sind offen für Neues und Besseres, durch das die Programme und Projekte der Gemeinde eine neue Qualität erreichen können. Gute Mitarbeiter trachten immer danach, sich persönlich und beruflich weiter zu entwickeln.

Sie erleben geistliche Lebenskraft

Diese Mitarbeiter zehren nicht von einer alten Erfahrung, ihre Beziehung zu Gott ist lebendig und auf dem neusten Stand. Ihr Gebetsleben und ihr Bibelstudium haben Tiefgang und die Frucht des Geistes ist in ihrem Leben überfließend vorhanden. Sie erleben Gottes Werk der Reinigung (Joh. 15:1-4; Hebr. 12:5-11) und sie werden durch den Geist Gottes verändert und verwandelt (Röm. 12:1-2; 2.Kor. 3:18).

Obwohl Veränderungen manchmal schmerzhaft sein können, ist der Schmerz doch geringer, wenn wir flexibel sind. Wachstumsorientierte Mitarbeiter blicken nach vorne, denken vorwärts und bewegen sich vorwärts. Sie glauben, dass das Beste noch kommt und bemühen sich eifrig, ihr volles Potential zu erreichen.

Fragen zum Nachdenken und zur Diskussion

1. Sind Sie ein unentwegter Lerner? Was tun Sie, um in Ihrem Bereich des Dienstes auf dem neusten Stand zu bleiben?
2. Sind Sie bereit, Schwachpunkte in Ihrem Leben anzugehen und

zu überwinden? Nehmen Sie Korrektur dankbar an oder fühlen Sie sich bedroht und gehen in Verteidigungsstellung, wenn jemand Sie korrigiert?

3. Sind Sie offen für neue Ideen und neue Wege, die Dinge zu tun? Fühlen Sie sich von Veränderung bedroht oder sehen Sie sie als Möglichkeit?
4. Führen Sie einige neue Ideen auf, die Sie in letzter Zeit angenommen und umgesetzt haben (egal in welchem Lebensbereich).
5. Wie reagieren Sie auf unerwartete Entwicklungen; wie gehen Sie damit um?
6. In welchen konkreten Bereichen haben Sie sich Ihren Kollegen angepasst?
7. Sind Sie bereit, neue Aufgaben zu übernehmen und alte abzugeben, wenn es dem Wohl der Gemeinde dient?
8. Trachten Sie stets danach, Ihr persönliches Leben und die Dienstbereiche, für die Sie verantwortlich sind, zu verbessern?
9. Erfahren Sie geistliche Lebenskraft? Ist Ihre Beziehung zu Gott frisch und lebendig?
10. Was haben Sie in diesem Kapitel gelernt und wie können Sie es anwenden?
11. In welchen Bereichen müssen Sie ins Gebet gehen oder sich verbessern?

Kapitel 23

Gute Mitarbeiter haben Eigenmotivation

Der Apostel Paulus war überwältigt von der Initiative der Gläubigen in Mazedonien, auf die Situation der Christen in Jerusalem, die in Not waren, zu reagieren. Paulus war es ein Anliegen, den Gläubigen in Jerusalem finanzielle Hilfe zukommen zu lassen, und er hatte bereits versucht, verschiedene Gemeinden zu motivieren, einen Beitrag zu dieser Opfersammlung zu leisten. Die Mazedonier stellten sich dieser Herausforderung nicht nur, sondern sie übertrafen die Erwartungen von Paulus bei weitem. Statt sich halbherzig der Anfrage von Paulus zu fügen, reagierten sie von ganzem Herzen und wurden so in überfließender und mächtiger Weise zu Gefäßen der Gnade Gottes.

2.Korinther 8:3-5 (ALBRECHT)
Denn nach Kräften – das muss ich ihnen bezeugen –, ja über ihre Kräfte haben sie freiwillig beigesteuert. Sie haben uns dringend angefleht um die Gunst, an dem Liebeswerk für die Heiligen (in Jerusalem) teilnehmen zu dürfen. Auch ist ihre Gabe viel reicher gewesen, als wir erwarten konnten: im Gehorsam gegen Gottes Willen haben sie sich selbst (und ihre Gaben) zunächst dem Herrn und dann auch uns zur Verfügung gestellt.

In einer erklärenden Übersetzung lautet Vers 5: „Und was sie dann taten, übertraf unsere kühnsten Hoffnungen: Sie gaben sich selbst zuerst dem Herrn, um sich dann durch Gottes Willen auch an uns zu verschenken“ (NTR).

Als Paulus diesen Brief an die Gemeinde in Korinth schrieb und ihnen mitteilte, wie wundervoll andere Gläubige für das Anliegen gegeben hatten, wird er sicher damit gerechnet haben, dass die Korinther den Wink verstehen und ebenfalls geben würden.

In Psalm 110:3 heisst es: „Dein Volk ist *voller Willigkeit* am Tage deiner Macht." Paulus muss sich über die Maßen gefreut haben zu sehen, wie die Gläubigen einen Schritt vorwärts gingen und sich so eifrig daran beteiligten, anderen zu helfen. Es ist eine große Freude und Befriedigung für jeden Leiter, wenn die Menschen, die er leitet, eine innere Motivation haben. Kein Vorgesetzter mag es, wenn er den Leuten im Nacken sitzen muss, damit sie ihre Arbeit machen. Kein Pastor möchte das Gefühl haben, dass die Dinge nur dann getan werden, wenn er fortwährend Druck ausübt.

Ein Vorgesetzter wird einem Untergebenen oft dabei helfen, Ziele zu setzen, aber was für eine Freude ist es doch, wenn der Arbeiter diese Ziele dann aus sich selbst heraus erfüllt oder übertrifft – weil er selbst dazu motiviert war, nach Vortrefflichkeit und Erfolg zu streben.

Jedermann, dessen einzige Motivation darin besteht, seinen Lohn zu bekommen, eine Mindestanforderung zu erfüllen oder seine Position zu sichern, wird niemals eine Spitzenleistung erbringen können. Es ist wichtig, einen höheren Standard in sich zu tragen, als nur der Erwartung anderer zu entsprechen. Jesus führte den Grundsatz der „zweiten Meile" ein, als Er sagte: „Und wenn jemand dich zwingen wird, eine Meile zu gehen, mit dem geh zwei!" (Matth. 5:41).

William Barclay schreibt in seinem Kommentar zu dieser Stelle folgendes:

> Palästina war ein besetztes Land. Es konnte jederzeit geschehen, dass ein Israelit eine römische Speerspitze auf seiner Schulter spürte. Er wusste, dass er verpflichtet war den Römern zu dienen, auch wenn es nur um eine Kleinigkeit ging. Das geschah zum Beispiel mit Simon von Kyrene, als man ihn zwang ... das Kreuz Jesu zu tragen.
>
> Was Jesus mit Seinen Worten ausdrückt, ist folgendes: „Stell dir vor, deine Herren kommen zu dir und nötigen dich, ihnen eine Wegmeile als Führer zu dienen oder etwas für sie zu tragen. Dann gehe diese Meile nicht mit Ärger und bitterer Mine, sondern gehe zwei Meilen mit Freude und einem Lächeln auf dem Gesicht." Jesus sagt: „Denke nicht immer in Begriffen von Freiheit, dass du tun kannst, was dir beliebt, sondern denke stets in den Begriffen von Pflicht und Verantwortung sowie der Bereitschaft, anderen einen Dienst zu

> leisten. Wenn du einen Auftrag empfängst – selbst wenn er unvernünftig und dumm erscheint – dann erfülle ihn nicht mit verbissenem Pflichtgefühl und unter Zähneknirschen, sondern mit herzlicher Hingabe und Dienstbereitschaft."
>
> Es gibt stets zwei Möglichkeiten, eine Sache zu tun. Man kann das absolute Minimum tun und keinen Handschlag mehr, man kann das in einer Weise tun, die unterstreicht, dass einem das Ganze durch und durch zuwider ist, man kann es mit dem kleinstmöglichen Aufwand an Kraft tun oder man kann es mit einem Lächeln tun, mit anmutiger Höflichkeit, mit der Entschlossenheit, nicht nur das Geforderte zu tun, sondern es auch noch vortrefflich und kreativ zu tun. Man kann sich entscheiden, nicht nur das Nötigste zu tun, sondern weit mehr, als irgendjemand das Recht hätte zu erwarten.[1]

Gute Mitarbeiter in diesem Sinne sind Leute, die bereit sind die zweite Meile zu gehen, nicht weil man sie dazu nötigt, ja, nicht einmal, weil man sie darum bittet, sondern weil sie ein dienendes Herz haben und es von sich aus *wollen.*

Sei ein Selbststarter

Die innere Motivation sorgt dafür, dass Leute zu Selbststartern werden. Leute mit innerer Motivation verstehen es, sich selbst zu „inspirieren", eine gute Arbeit zu leisten, und sie sind nicht darauf angewiesen, von jemandem motiviert zu werden. Warten Sie nicht, bis man Sie bittet, etwas zu tun, sehen Sie, was getan werden muss und ergreifen Sie die Initiative, die Sache zu erledigen.

Ein Mitarbeiter einer bestimmten Gemeinde sagte mir, dass er es als Teil seiner Aufgaben sehe, Dinge, die erledigt werden müssen, zu sehen, bevor der Pastor merkt, dass etwas getan werden sollte. Die Fähigkeit vorauszuahnen, was getan werden muss, ist ein enormer Pluspunkt. Es ist weit besser *vorausschauend* zu wirken und zu dienen, als immer nur *reagierend.* Mit anderen Worten, es ist besser vorauszusehen und gut zu planen, als keinen Plan zu haben und

---

[1] William Barclay, *The Gospel of Matthew: Volume 1,* rev. ed. (Philadelphia: Westminster Press, 1975) S. 168-169. Übersetzung a. d. Engl. (Auf Deutsch erschienen im Aussat Verlag, Neukirchen-Vluyn.)

schließlich einen Punkt zu erreichen, der dauernde Krisenbewältigung erfordert. Die Lösung lautet: Plane deine Arbeit, danach setzte deinen Plan um.

Dazu passt folgende Redewendung: „Es gibt drei Arten von Leuten: Solche, die etwas in Gang setzen, solche, die zuschauen, wie etwas seinen Gang geht, und solche, die nicht so genau wissen, was gerade gegangen ist.“ Seien Sie jemand, der Dinge in Gang setzt! Begnügen Sie sich nicht damit, eine innere Motivation zu haben, sondern motivieren und inspirieren Sie auch die Leute in Ihrer Umgebung.

Eigeninitiative und Verantwortlichkeit

Eigeninitiativ und ein Selbststarter zu sein, bedeutet nicht, niemandem verantwortlich und rechenschaftspflichtig zu sein. Es gilt, die Balance zwischen *Initiative* und *Verantwortlichkeit* finden. Jemand, der verantwortlich handelt, ist leicht zu führen, ist lenkbar und wird gerne Rechenschaft geben. Wenn ein Mitarbeiter zu viel Eigeninitiative und zu wenig Verantwortungsbewusstsein hat, wird er zu forsch agieren, in anderer Leute Aufgaben eindringen, Geld ausgeben, das ihm nicht zusteht, und sich nicht darum bemühen, um Erlaubnis zu fragen, bevor er seine Projekte ausführt. Ein Mitarbeiter andererseits, der zu wenig Eigeninitiative, dafür aber ein falsch geprägtes Verantwortungsbewusstsein hat, wird zwar seine Grenzen nicht überschreiten, aber er wird auch nichts – *gar nichts* – von sich aus tun, wenn man ihn nicht ausdrücklich darum bittet.

Beide Extreme bereiten Pastoren und Vorgesetzten Probleme, darum sollten wir eine gute Mischung aus beidem kultivieren: Eigeninitiative und Verantwortungsbewusstsein. Mit anderen Worten, wir sollten also verständig sein und sehen, was getan werden muss, die Motivation haben, es (im Rahmen dessen, was angemessen ist) zu tun, zugleich aber die Hierarchie wahren und uns autorisieren lassen, bevor wir etwas tun. Ein weiser Mitarbeiter im Dienst der Hilfeleistung weiß, welche Aufgaben der vorherigen Erlaubnis bedürfen und welche im Rahmen der übernommenen Pflichten ohne weiteres ausgeführt werden können und sollen.

Manche Mitarbeiter bringen zwar ein hohes Maß an Motivation mit, aber weil sie die anderen wichtigen Eigenschaften (wie Loyalität, Ehrlichkeit und so weiter) noch nicht kultiviert haben, treibt ihre Motivation sie dazu, Dinge zu tun, die der Vision oder den Wünschen des Pastors zuwiderlaufen. Damit Eigeninitiative und Eigenmotivation ein Segen sind, sollten sie stets verantwortlich und bewusst eingesetzt und mit den anderen positiven Eigenschaften gepaart werden, die einen guten Mitarbeiter ausmachen.

Fragen zum Nachdenken und zur Diskussion

1. Woran sehen Sie, dass Sie Eigeninitiative besitzen? Sind Sie ein Selbststarter?
2. Nennen Sie einige Aufgaben, die Sie in letzter Zeit ausgeführt haben, ohne dass man Sie dazu auffordern musste.
3. Macht es Ihnen Freude, die Erwartungen zu übertreffen, die andere in Sie setzen, und stellen Sie selbst höhere Erwartungen an sich?
4. Gehen Sie die „zweite Meile" oder erfüllen Sie nur die Mindestanforderungen?
5. Arbeiten Sie vorausschauend oder reagieren Sie nur auf das, was offensichtlich ist? Sind Sie eher eine vorausblickende oder eine reagierende Person?
6. Wie ausgewogen sind Sie in Bezug auf Eigenmotivation und Verantwortungsbewusstsein?
7. Was haben Sie in diesem Kapitel gelernt und wie können Sie es anwenden?
8. In welchen Bereichen müssen Sie ins Gebet gehen oder sich verbessern?

Kapitel 24

Gute Mitarbeiter sind kommunikationsfähig

Da sprachen die, welche den Herrn fürchteten, häufig miteinander.

– Maleachi 3:16 (AMPLIFIED)

Dass jemand gerne redet, bedeutet nicht, dass er gut kommunizieren kann. Gute Kommunikation beginnt nicht damit, dass jemand redet oder sich artikuliert, sondern damit, dass man anderen Aufmerksamkeit schenkt, ein guter Beobachter ist und gut zuhört, wenn andere Leute reden. Erst wenn jemand alle wichtigen Informationen besitzt, dann und nur dann, können sie verarbeitet, organisiert und angemessen umgesetzt werden.

Die hervorragende Beobachtungsgabe von Paulus war ein wichtiger Bestandteil seiner Fähigkeit als effektiver Kommunikator. In seiner Beschreibung des Dienstes, den Paulus in Athen ausübte, erwähnt Lukas besonders, wie Paulus sich die Zeit nahm, die Menschen und ihre religiösen Bräuche zu beobachten (Apg. 17:16-23). Bevor Paulus sprach, studierte und untersuchte er die Lage sorgfältig. Seine Aufmerksamkeit für das Detail ist in folgender Aussage deutlich zu sehen: „Denn als ich umherging und die Gegenstände eurer religiösen Verehrung eingehend betrachtete ..." (Apg. 17:23 a. d. Griechischen).

Jesus ist ein weiteres Beispiel eines Predigers, der erst sprach, nachdem er sich die Zeit genommen hatte, die Menschen zu beobachten, denen Er dienen würde. Natürlich war der Dienst Jesu von der Offenbarung Gottes geprägt, aber Sein Lehren gibt auch Zeugnis von einer scharfen Beobachtungsgabe. Seine Bemerkungen über die beiden Münzen der Witwe machte Er, nachdem Er „sich dem Schatzkasten gegenüber setzte und sah, wie die Volksmenge Geld in den

Schatzkasten einlegte“ (Markus 12:41).

Die Bibel bestätigt, dass gute Kommunikatoren zuerst die Tatsachen erfassen und dann reden:

- *Ahimaaz wollte gern einen Botschafterdienst für den König übernehmen, obwohl er nicht alle wichtigen Informationen besaß. Deshalb wurde er nicht für diese Aufgabe genommen* (2.Sam. 18:19-30).
- In Sprüche 18:13 heißt es: *„Wer Antwort gibt, bevor er zuhört, dem ist es Narrheit und Schande.“* Die *Message* Übersetzung liest: „Antwort geben vor dem Zuhören ist sowohl dumm als auch unanständig.“
- Jakobus sagt, dass wir schnell zum Hören und langsam zum Reden sein sollen (Jakobus 1:19).

Es genügt aber nicht, eine Information zu vermitteln. Die Information muss korrekt sein, und wir müssen diese Information an die richtigen Leute weitergeben. Das Weiterreichen von korrekter Information an die richtigen Leute ist ein wichtiger Teil der Verantwortung eines Mitarbeiters. Bedenken Sie die biblischen Vorbilder für diese Art der Kommunikation:

- Die zwölf Kundschafter im Alten Testament kehrten zurück, um zu berichten, was sie gesehen hatten (4.Mose 13:26-33; 14:6-10).
- Nachdem sie von ihrem Einsatz zurückkehrten, berichteten die Jünger Jesus, was sie erlebt hatten. In Lukas 9:10 heißt es: „Und als die Apostel zurückkehrten, erzählten sie ihm alles, was sie getan hatten ...“ In der *New American Standard Bible* heißt es, dass sie ihm Rechenschaft über alles ablegten, was sie getan hatten.
- Paulus gab nach seiner Rückkehr einen Bericht von seiner Missionsreise. In Apostelgeschichte 15:4 lesen wir: *„Als sie aber nach Jerusalem gekommen waren, wurden sie von der Gemeinde und den Aposteln und Ältesten aufgenommen, und sie verkündeten alles, was Gott mit ihnen getan hatte.“* (Siehe auch Apg. 14:27; 21:18-19.)

- Paulus empfing Berichte von Timotheus, Titus und anderen (Phil. 1:19; 1.Thess. 3:6; 2.Kor. 7:5-7).

In diesen biblischen Beispielen sehen wir eine Umsetzung folgender Prinzipien:

- Information muss weitergegeben werden.
- Die weitergegebene Information muss korrekt und vollständig sein.
- Die Information muss an die richtigen Leute weitergegeben werden.
- Auch die Form der Informationsvermittlung ist von Bedeutung.

Mitarbeiter, die gute Kommunikatoren sein wollen, müssen wissen, wer zu informieren ist, welche Art von Information der Vorgesetzte erwartet und benötigt und auf welchem Weg die Information vermittelt werden soll. Manche Pastoren und Vorgesetzte wünschen sehr detaillierte Information, andere möchten nur eine Zusammenfassung. Wenn Sie nicht sicher sind, was Ihr Vorgesetzter erwartet, dann fragen Sie ihn. Ihr Vorgesetzter kann Ihnen sagen, ob Sie in Ihren Berichten mehr oder weniger Details berücksichtigen sollen. Wenn Sie in einer gegebenen Situation immer noch unsicher sind, dann ist es besser, *zu viel* Information zu liefern als zu wenig.

Praktische Tipps zur Verbesserung der Kommunikation

Achten Sie in Ihrer Kommunikation stets darauf, genau, spezifisch und nicht zu umfangreich zu sein. Wenn Sie Anweisungen für einen Auftrag bekommen, kann es hilfreich sein, Ihrem Vorgesetzten einige Fragen zu stellen um sicherzugehen, dass Sie wirklich verstanden haben, was von Ihnen erwartet wird. Eine typische Frage in diesem Zusammenhang wäre: „Habe ich Sie richtig verstanden: Sie erwarten von mir, dass ich Angelegenheit X, Y und Z bis zu diesem und jenem Zeitpunkt erledigt habe. Ist das korrekt?“ Mit einer solchen Frage können Sie sicher stellen, dass Sie den Umfang des Auftrags richtig verstanden haben und den damit verbundenen Termin einhalten können.

Außerdem kann es sehr hilfreich sein, nach dem Empfang des Auftrags eine kurze Zusammenfassung der mündlichen Anweisungen, die sie erhalten und verstanden haben, zu verfassen und diese an Ihren Vorgesetzten weiterzuleiten. So ist es Ihrem Vorgesetzten möglich, Missverständnisse frühzeitig zu erkennen und zu korrigieren oder Ihnen weitere Informationen zukommen zu lassen. Bei größeren Projekten kann es notwendig werden, Berichte über das Vorankommen des Projekts zu schreiben, um Ihren Vorgesetzten oder die anderen Teammitglieder auf dem Laufenden zu halten, wie die Dinge sich entwickeln.

Als Co-Pastor führte ich eine Art Tagebuch über sämtliche Personen, denen ich diente und mit denen ich in einer bestimmten Woche zu tun hatte. Dazu gehörte auch eine stichwortartige Beschreibung darüber, worum es in den jeweiligen Treffen und Fällen ging. Diesen Bericht legte ich jeden Freitag dem Hauptpastor vor. Jeder Mitarbeiter unseres pastoralen Teams tat dasselbe in Bezug auf seinen Arbeitsbereich. Auf diese Weise waren wir Co-Pastoren in der Lage, als Ohren und Augen des Hauptpastors in der Gemeinde zu agieren und den Wirkungskreis seines Dienstes weit über das hinaus auszudehnen, was er alleine hätte leisten können.

Natürlich wurden die in unseren Berichten enthaltenen Informationen vertraulich behandelt, aber für unser Team waren sie von großem Wert, um effizient und effektiv arbeiten zu können. Selbstverständlich mag es besonders heikle Informationen geben, die nicht für jeden Teilnehmer einer Leitersitzung gedacht sind, sondern nur dem Hauptpastor oder spezifischen Mitarbeitern weitergeben werden sollen. Diese Art von Information gehört nicht in allgemeine Berichte, die womöglich von sämtlichen Mitarbeitern gelesen werden. Sie darf nur denen mitgeteilt werden, die sie hören sollen.

Kommunikation spielt in einem Team von Leitern eine sehr wichtige Rolle. In Sprüche 27:23 heißt es: *„Kümmere dich sorgfältig um das Aussehen deiner Schafe, richte deine Aufmerksamkeit auf die Herden!“* Das ist nur möglich, wenn die entsprechende Information unter den richtigen Leuten ausgetauscht wird. Dass die linke Hand nicht wissen soll, was die rechte tut, gilt zwar für das Geben von

Almosen (Mat. 6:3-4), aber dieses Prinzip ist ein Garant für Chaos, Ineffektivität und Frustration, wenn es darum geht, eine Organisation angemessen zu führen.

Fragen zum Nachdenken und zur Diskussion

1. Sind Sie aufmerksam? Sind Sie sorgfältig?
2. Hören Sie beim ersten mal richtig zu, wenn Ihnen ein Auftrag gegeben wird, oder müssen Sie oft im Nachhinein nachfragen, was genau gemeint war?
3. Kommt Ihr Vorgesetzter zu Ihnen und fragt nach dem Stand oder dem Fortschritt verschiedener Aufträge, oder informieren Sie den Vorgesetzten so gut, dass er nie zu Ihnen kommen muss?
4. Welche Art von Fragen stellen Sie, wenn Ihnen ein Auftrag erteilt wird, um sicher zu stellen, dass sie richtig gehört und verstanden haben und alle nötigen Informationen besitzen, um Ihre Arbeit richtig ausführen zu können?
5. Wissen Sie, wie viele und welche Art von Informationen Ihr Pastor oder Vorgesetzter in Ihren Berichten erwartet?
6. Geben Sie zu viel oder zu wenig an Information weiter? Gehen Sie ausreichend ins Detail oder eher zu wenig?
7. Was haben Sie in diesem Kapitel gelernt und wie können Sie es anwenden?
8. In welchen Bereichen müssen Sie ins Gebet gehen oder sich verbessern?

Kapitel 25

Gute Mitarbeiter multiplizieren sich

Ich habe lieber zehn Männer, welche die Arbeit erledigen, als selbst die Arbeit von zehn Männern tun zu müssen.

– Dwight L. Moody

Paulus gab Timotheus die Anweisung: „*... und was du von mir in Gegenwart vieler Zeugen gehört hast, das vertraue treuen Menschen an, die tüchtig sein werden, auch andere zu lehren!*" (2.Tim. 2:2). Paulus verstand das Prinzip der Multiplikation. Es ist großartig, wenn jemand gute Arbeit leistet, aber es ist noch weitaus besser, wenn er es versteht, andere Leute zum Dienst zu motivieren und zu inspirieren, sie ausbildet und dann in die Aufgaben des Dienstes im Reich Gottes einführt.

In den Anfangszeiten Ihres Wirkens als Mitarbeiter im Dienst der Hilfeleistung werden Sie sich vermutlich darauf konzentrieren, Ihren Dienst zu versehen. Nach einer Zeit der Reifung und der Entwicklung werden Sie sich aber wahrscheinlich eher damit beschäftigen, neue Mitarbeiter heranzuziehen und zu fördern. Während Sie das tun, müssen Sie ein guter Nachfolger Ihres Leiters/Ihrer Leiter bleiben und weiter an Ihren eigenen Leiterfähigkeiten arbeiten.

Ein mögliches Multiplikationsszenario

Nehmen wir an, ein Mitarbeiter einer Gemeinde wird Assistent seines Pastors. Seine Hauptaufgaben sind der Besuchsdienst im Krankenhaus und in Altersheimen, das Beten mit Leuten, die im Gottesdienst zum Glauben kommen, und das Lehren in verschiedenen Hausgruppen. Zuerst wird er alle diese Aufgaben selbst ausführen. Nach einiger Zeit jedoch wird er realisieren, dass er in manchen Bereichen Hilfe brauchen könnte. Er stellt fest, dass er dadurch nicht mehr die ganze Arbeitslast allein tragen muss und darüber hinaus auch anderen Leuten eine Gelegenheit bieten kann, das Vorrecht des Dienstes zu teilen.

Dieser Assistenzpastor muss nun über den Punkt der eigenen Dienstleistung hinaus dazu übergehen, neue Mitarbeiter zu fördern. Er führt jetzt nicht mehr nur seinen eigenen Dienst aus, sondern wird auch damit beschäftigt sein, andere für bestimmte Dienste auszubilden.

Er könnte beispielsweise damit beginnen, Leute zu suchen, die lehrfähig sind, und sie instruieren, wie man in einer Hausgruppe lehrt. In einer nächsten Phase wird er sich ab und zu von diesen Leuten vertreten lassen. Schließlich könnte er dem Pastor den Vorschlag machen, eine der Gruppen (vorzugsweise eine, die an Teilnehmern zugenommen hat) zu teilen und über die beiden neu entstandenen Gruppen je einen seiner Helfer einzusetzen. Danach wird der Assistenzpastor die beiden neuen Lehrer weiter überwachen, ihnen mit Rat und Tat zur Seite stehen und sie begleiten, während sie selbst in ihren Fähigkeiten wachsen und eigene Erfahrungen machen können.

In Bezug auf die beiden anderen Bereiche, für die er verantwortlich ist (den Besuchsdienst und das Beten mit den Neubekehrten), könnte der Assistenzpastor einige geeignete Leute ansprechen und sie einladen, Teil eines Besuchsteams oder eines Gebetsteams zu werden. Dann bildet er sie aus und setzt sie schließlich in ihre Aufgaben in diesen wichtigen Dienstbereichen ein. Manche Besuche wird er immer noch selbst erledigen, vor allem wenn sie viel Fingerspitzengefühl benötigen, aber die Hauptarbeit kann nun von anderen getan werden, die er dazu ausgebildet hat und die er weiterhin beaufsichtigt.

Weil er andere ausgebildet hat die Arbeit zu tun, hat dieser Assistenzpastor damit begonnen, seine Verantwortlichkeiten zu delegieren. Hier sind einige Tipps, die man im Zusammenhang mit dem Delegieren beachten sollte:

- Finden Sie heraus, in welchen Bereichen Ihr Pastor/Vorgesetzter damit einverstanden ist, dass Sie Aufgaben delegieren, und in welchen Bereichen es ihm lieber ist, wenn Sie die Aufgaben selbst ausführen.

- Bevor Sie in einem bestimmten Bereich Verantwortung delegieren, sollten Sie diesen selbst beherrschen. Es ist schwierig, jemanden in einem Bereich auszubilden, den man selbst nicht wirklich beherrscht. Das gilt vor allem, wenn Sie in einem Bereich begabt oder ausgebildet sind und die Notwendigkeit entsteht, dass jemand eine Aufgabe übernimmt, der weniger Ausbildung oder Erfahrung als Sie selbst hat. Es gilt weniger, wenn Sie jemanden einführen oder anstellen, um eine bestimmte Aufgabe zu übernehmen, und die Person bringt Qualifikationen mit, die Sie selbst nicht besitzen.
- Wenn Sie Leute rekrutieren, die mit Ihnen oder für Sie arbeiten sollen, ist es ratsam, ihnen direkt und offen zu sagen, was von ihnen in diesem Bereich erwartet wird. Außerdem ist es für diese Leute hilfreich, eine Zeitlang an Ihrer Seite zu arbeiten und Ihnen dabei zuzuschauen, wie Sie die Aufgaben erledigen, die ihnen später zugedacht sind. Zu einem späteren Zeitpunkt der Einarbeitung werden dann die Rollen getauscht – der neue Mitarbeiter führt die Aufgaben aus, während Sie ihm dabei über die Schulter schauen und ihm ein Feedback und falls nötig weitere Instruktionen geben. Am Ende werden diese Leute ausgebildet und ausgerüstet sein und das nötige Selbstvertrauen haben, um die Arbeit selbst tun zu können.
- Finden Sie die Balance, nicht zu viel aber auch nicht zu wenig Verantwortung zu delegieren.
- Beachten Sie den Unterschied zwischen dem *Delegieren* und dem *Niederlegen* einer Aufgabe. Angenommen, Sie haben weiterhin die Oberaufsicht über einen bestimmten Bereich, dann reicht es nicht aus, den Leuten Aufträge zu erteilen, aber nie zu prüfen, was sie tun. Das Delegieren beinhaltet die Verpflichtung fortdauernder Aufsicht, darüber hinaus das Bewusstsein, dass man von Zeit zu Zeit die Resultate überprüfen und eine Leistungsanalyse mit den Leuten durchführen muss, an die man die Aufgaben delegiert hat.

Sie sollen erfahren, ob man mit ihrer Leistung zufrieden ist oder nicht.

- Damit die Nacharbeit in effektiver Weise geschehen kann, müssen die ursprünglichen Ziele für die entsprechende Position oder den Auftrag bekannt und klar definiert sein. (Wie sollten Sie als Vorgesetzter andernfalls wissen, ob Ihre Helfer die Arbeit gut erledigen? So ist es schwer möglich ihre Arbeitsleistung einzuschätzen.)
- Aufsicht auszuüben bedeutet Lob wie auch Korrektur auszusprechen. Bestätigen und ermutigen Sie in den Belangen, in denen ihre Helfer die Arbeit gut machen, und sprechen Sie Bereiche an, die Verbesserung und Korrektur nötig haben.
- Aufsicht und regelmäßige Auswertung sind nicht zu verwechseln mit übertriebenem Beharren auf Details oder dauernder, unangemessener Kontrolle eines Mitarbeiters. Wenn jemand gerade erst mit einer Aufgabe begonnen hat, wird er oder sie häufiger kontrolliert werden müssen, aber das Ziel ist es, dass Sie ihre Aufsicht in einer Weise ausüben, die einerseits Qualität gewährleistet und andererseits der anzulernenden Person genügend Raum zum Atmen lässt.
- Perfektionisten haben oft Mühe damit, Aufgaben zu delegieren. Sie denken, niemand könne die Aufgabe so gut erledigen, wie sie selbst. Solches Denken ist in vielerlei Hinsicht problematisch. Wir sollten nie vergessen, dass auch wir selbst nicht alle unsere Aufgaben von Anfang an in vollkommener Weise erledigt haben. Wir alle haben Fehler gemacht und müssen darum bereit sein, das Recht Fehler zu machen auch anderen zuzugestehen. Wie sollte jemand jemals wachsen und sich entwickeln können, wenn man ihm nicht erlaubt, einen Versuch zu wagen? Das selbständige Ausführen von Arbeiten ist die beste Lernmethode.

- Das Delegieren von Aufgaben ist kein Zauberstab, den man schwingen kann, um sofort die eigenen Verantwortlichkeiten auf andere abzuwälzen. Delegieren bringt niemals sofortige Frucht. Es sollte genügend Zeit für die nötige Ausbildung, Betreuung sowie dauerhaftes Mentoring eingeplant werden. Sie sollten beim Delegieren ein anhaltendes Interesse haben, den neuen Verantwortungsträger als Mitarbeiter und als Mensch wachsen zu sehen.
- Gott zu dienen ist ein großes Vorrecht, und die Treue in diesem Dienst ist einer der Hauptschlüssel zur Entwicklung Ihres Charakters. Achten Sie darauf, ein Interesse an der geistlichen Entwicklung der Leute zu pflegen, an die Sie Aufgaben delegieren. Gehen Sie nicht der Versuchung auf den Leim, eine rein nutzenorientierte Sicht des Delegierens zu haben und Menschen vor allem als Mittel zum Zweck zu sehen. Was im Leben einer Person, die Gott dienen möchte, geschieht, ist ebenso wichtig wie das Ergebnis ihrer Arbeitsbemühung – wenn nicht wichtiger! Behalten Sie in Ihrem Trachten danach, sich durch andere zu multiplizieren, die geistlichen und die natürlichen Ergebnisse im Auge.
- Auch das Delegieren hat seine Grenzen. Nicht jeder kann der Chef sein und nicht jeder darf delegieren. Es gäbe ein absolutes Chaos, wenn jeder versuchen würde, seine Pflichten an jemanden zu delegieren, und niemand mehr bereit wäre, die eigentliche Arbeit zu tun. Obwohl es weise ist zu delegieren, ist es auch ehrenhaft, die Arbeit zu tun.

Der Gedanke, dass sich ein Leiter selbst multiplizieren kann, indem er andere in seine Aufgaben involviert, ist nicht neu. Mose tat genau das in 2.Mose 18. Auch Jesus tat dasselbe mit Seinen Jüngern. Zuerst berief Jesus die Zwölf an Seine Seite, damit sie zuhörten und beobachteten. Er lehrte sie und gab ihnen schließlich von Zeit zu Zeit die Gelegenheit, das in die Tat umzusetzen, was sie gesehen und gelernt hatten. Schließlich ließ Jesus sie mit der vollen Verantwortung für die Arbeit zurück. Nachdem Er sie angemessen trainiert und ausgebildet hatte, sagte Jesus zu ihnen: „... *Wie der Vater mich ausgesandt hat, sende ich auch euch*" (Johannes 20:21).

Fragen zum Nachdenken und zur Diskussion

1. Welcher Anteil ihrer Kraft fließt in den Dienst und wie viel davon fließt in die Ausbildung anderer? Ist das Verhältnis vernünftig?
2. Haben Sie das Gefühl, Sie sollten mehr an andere delegieren und mehr in die Ausbildung anderer investieren, als es im Moment der Fall ist? Welche Hindernisse stehen der Umsetzung im Weg?
3. Nennen Sie einige konkrete Schritte, die Sie gehen können, um damit zu beginnen, andere für den Dienst auszubilden.
4. Welche Art von Training bieten Sie den Leuten, an die Sie Verantwortung delegieren?
5. Wie kommunizieren Sie deutlich Aufgabenbeschreibungen und Aufgabenziele, wenn Sie delegieren?
6. Wie betreuen Sie Ihre Mitarbeiter, um Ihre Arbeitsleistung einschätzen zu können und zu gewährleisten, dass die Arbeitsziele erreicht werden?
7. Kam es vor, dass eine Haltung von Perfektionismus Sie davon abhalten konnte, Aufgaben an andere zu delegieren? Nennen Sie ein Beispiel.
8. Haben Sie eine nutzenorientierte Sicht des Delegierens? Ist das Delegieren für Sie nur ein Mittel, das Ihnen hilft, mehr Aufgaben erledigen zu können? Wenn ja, was können Sie tun, um mehr Gewicht auf die persönliche Entwicklung der Leute zu legen, die für Sie arbeiten?
9. Was haben Sie in diesem Kapitel gelernt und wie können Sie es anwenden?
10. In welchen Bereichen müssen Sie ins Gebet gehen oder sich verbessern?

Kapitel 26

Gute Mitarbeiter sind integer und ehrlich

Siehe, du hast Lust an der Wahrheit im Innern ...

– Psalm 51:8

Ein Gräuel für den HERRN sind Lippen, die lügen;
wer aber Treue übt, hat sein Wohlgefallen.

– Sprüche 12:22

Ich führte einmal eine Umfrage unter Pastoren durch und fragte sie, welche Eigenschaften sie bei ihren Mitarbeitern und Assistenzpastoren am meisten schätzen. Ich war nicht überrascht, dass Loyalität die am häufigsten genannte Eigenschaft war – das hatte ich erwartet. Allerdings war ich erstaunt, dass *Ehrlichkeit* gleich danach kam. Ich hatte Ehrlichkeit für selbstverständlich gehalten und geglaubt, dass jeder Mitarbeiter im Dienst der Hilfeleistung (oder eigentlich jeder Christ!) selbstredend ehrlich sein würde. Dennoch beschäftigte dieses Thema offensichtlich das Denken vieler Pastoren.

Als ich anfing, das Thema Ehrlichkeit im Licht des Wortes Gottes zu durchdenken, kam ich zu der Erkenntnis, dass es selbst unter großen biblischen Figuren einige gab, die es mit der Ehrlichkeit nicht immer ganz genau genommen hatten:

- Abraham erzählte dem Pharao und Abimelech, dass seine Frau Sarah seine Schwester sei (1.Mose 12:13; 20:2).
- Nachdem Aaron mit eigener Hand das goldene Kalb gebildet hatte, deutete er die Fakten einfach um und behauptete vor Mose, dass er das Gold ins Feuer geworfen habe „und dieses Kalb ist daraus hervorgegangen.“

- Gehasi wurde gierig, nachdem Elisa die Gaben abgelehnt hatte, die ihm von Naaman angeboten worden waren (2.Könige 5:20-27). Darum eilte Gehasi Naaman hinterher, stellte seinen Herrn Elisa in ein schiefes Licht und belog Naaman, um schließlich von diesem Gold und Gewänder zu empfangen. Um seinem unehrenhaften Handeln die Spitze aufzusetzen, berichtete Gehasi auch Elisa die Unwahrheit! In der *Message* Übersetzung heißt es: Er (Gehasi) kehrte zurück und stand vor seinem Herrn. Elisa sagte: „Was hast du denn so getrieben?" „Nicht viel," gab er zur Antwort (2.Könige 5:25).

Ob Sie aufrichtig und ehrlich durchs Leben gehen oder nicht, wird durch Ihren Charakter bestimmt. Wenn Sie eine integre Person sein wollen, dann müssen Sie Ehrlichkeit praktizieren.

Samuel hat im Alten Testament ein gutes Beispiel für Leute gesetzt, die ehrlich und integer leben wollen. In seiner Abschiedsrede forderte Samuel die Leute auf, jeglichen Diebstahl, jede Unehrlichkeit und jegliche Art von korruptem Verhalten zu nennen, welche er sich hatte zu Schulden kommen lassen. Samuel hatte ein reines Gewissen, weil er wusste, dass er seinen Dienst in einer untadeligen Weise versehen hatte – er hatte sein Leben unter der Maxime der Integrität geführt. Er sagte Folgendes:

1.Samuel 12:2-5

Und nun siehe, der König zieht vor euch her. Ich aber bin alt und grau geworden, und meine Söhne, siehe, sie sind bei euch. Und ich bin vor euch hergegangen von meiner Jugend an bis auf diesen Tag. Hier bin ich, zeugt gegen mich vor dem HERRN und vor seinem Gesalbten! Wessen Rind habe ich genommen, oder wessen Esel habe ich genommen? Wen habe ich übervorteilt? Wem habe ich Gewalt angetan? Aus wessen Hand habe ich Bestechungsgeld genommen, um damit meine Augen zu verhüllen? So will ich es euch zurückgeben. Sie aber antworteten: Du hast uns nicht übervorteilt und uns keine Gewalt angetan und hast von niemandem irgend etwas angenommen. Und er sagte zu ihnen: Der HERR ist Zeuge euch gegenüber, und ebenso ist sein Gesalbter heute Zeuge, dass ihr nichts in meiner Hand gefunden habt! Und sie sagten: Er ist Zeuge!

Wenn Sie stets ehrlich und voller Integrität sind, dann werden Sie dasselbe Zeugnis haben wie Samuel. Am Ende Ihres Dienstes werden Sie fragen können: „Habe ich jemals jemanden übervorteilt? Habe ich jemals irgendjemanden unterdrückt?“ und die Antwort wird lauten: „Nein, Du warst all die Jahre über ehrlich und hast ein tadelloses Leben geführt.“

Das Vorbild von Paulus

Ein untadeliges und integres Leben zu führen war auch für den Apostel Paulus von großer Bedeutung. Liest man die Kriterien, die er an wichtige Leiter in der Gemeinde stellt, wie er sie in 1.Timotheus 3:1-13 und Titus 1:6-9 formuliert, so stellt man fest, dass die meisten Kriterien mit dem Charakter und der moralischen Aufrichtigkeit zu tun haben – nicht mit praktischen Begabungen oder Erfahrung im Dienst. Paulus wollte, dass Leute, die in der Gemeinde dienen, einen hohen Standard an Integrität haben. Er wollte, dass sie Menschen sind, die man respektieren kann und deren Leben ein Vorbild für das ist, was Christentum letztlich bedeutet.

Paulus setzte aber nicht nur hohe Maßstäbe an andere, sondern er beachtete und erfüllte sie auch selbst. Paulus mied falsches Handeln in jedem Lebensbereich, aber er ging noch einen Schritt weiter und stellte sicher, dass in seinem Leben und Dienst nicht einmal der *Verdacht* eines falschen Verhaltens entstehen konnte.

Als Paulus eine Opfersammlung in verschiedenen Gemeinden zusammentrug, die für die Armen in Jerusalem bestimmt war, sagte er: „Wir wollen vermeiden, dass jemand im Hinblick auf diese reiche Spende, die von uns gesammelt worden ist, auf dumme Gedanken kommt und am Ende behauptet, wir wollten uns selbst bereichern. Darum treffen wir lieber Vorsorge; wir achten nicht nur vor dem Herrn auf Rechtschaffenheit, sondern auch vor den Menschen“ (2.Kor. 8:20-21, NTR). In der *Message* Übersetzung heißt es, dass er „jede Vorsichtsmaßnahme trifft, die einen Skandal zu vermeiden hilft“ und sagt dann: „Wir wollen nicht, dass irgendjemand den Verdacht hat, wir könnten auch nur einen Cent von diesem Geld für uns nehmen. Wir sind vor Menschen genauso auf unseren Ruf bedacht wie vor Gott“ (2.Kor. 8:20-21).

„Gespaltene Zungen" verboten!

Eine der Anforderungen an diejenigen, die für die Apostel die tägliche Speisung der Witwen besorgen sollten, war, dass sie Männer „von gutem Zeugnis“ sein sollten (Apg. 6:3). Paulus sagte, dass Diakone (Gemeindehelfer) nicht „doppelzüngig“ sein dürften (1.Tim. 3:8). Das griechische Wort, das mit „doppelzüngig“ übersetzt wird ist *dilogos,* ein aus zwei griechischen Wörtern zusammengesetztes Adjektiv. Das erste Wort bedeutet *doppelt* und das andere (*logos*) bedeutet, das was *gesprochen* wird.[1] Im Zusammenhang von 1.Timotheus 3:8 bezieht sich Paulus auf jemanden, der über die gleiche Sache je nach Anlass verschiedene Meinungen vertritt.

Das NTR[2] übersetzt den ersten Teil von 1.Timotheus 3:8 wie folgt: „Ähnliche Anforderungen gelten auch für Gemeindediener (Diakone). Sie müssen ehrbare, nachahmenswerte Männer sein, *die nicht unaufrichtig sind und nicht zwei Gesichter haben.“* Die Formulierung „zwei Gesichter haben“ wird heute manchmal benutzt, um jemanden zu beschreiben, der über die gleiche Sache je nach Situation verschiedene Meinungen vertritt oder der sich je nachdem, wen er gerade vor sich hat, völlig verschieden verhält oder äußert. Paulus mahnt dazu, Mitarbeiter zu wählen, die weder heuchlerisch noch unehrlich sind.

Es gibt keine erlaubten Notlügen

Manche Leute versuchen zwischen echten Lügen und Notlügen zu unterscheiden. Wir denken manchmal, Notlügen seien unter Umständen erlaubt. Jemand erzählte mir einmal, er hätte im Büro einer Gemeinde angerufen, um den Pastor zu sprechen. Der Anrufer hörte eine gedämpfte Unterhaltung zwischen der Sekretärin und dem Pastor. Er hörte den Pastor im Hintergrund sagen: „Sagen Sie ihm, dass ich nicht da sei.“ Was meinen Sie, welche Auswirkungen hatte diese unehrliche Handlung wohl auf den guten Ruf dieses Pastors? Wie wird sich der Anrufer gefühlt haben?

---

[1] Siehe Strong’s Nr. 1351.

[2] *Römerbrief bis Offenbarung* – Eine erklärende Übersetzung, Manfred Roth, edition *epitagē,* Schaffhausen 2006.

Manche mögen das, was dieser Pastor tat, für eine kleine Notlüge halten, aber Unehrlichkeit zieht die Glaub- und Vertrauenswürdigkeit einer Person immer generell in Mitleidenschaft. Unehrlichkeit – egal in welchem Maß – ist ein Nährboden für Misstrauen. Es ist doch so: Wenn jemand in einer Situation bereit ist zu lügen, was kann ihn dann davon abhalten, bei einer anderen Gelegenheit ebenfalls zu lügen?

Menschen mit gutem Charakter (Integrität) haben die folgenden Eigenschaften:

- Sie sind in allem, was sie tun, unverhohlen, ehrenhaft und rein.
- Sie sind nicht trügerisch. Sie tun nichts im Verborgenen, wofür sie sich in der Öffentlichkeit schämen würden.
- Sie sagen stets die Wahrheit. Wenn sie einen Fehler ge-macht haben oder falsch liegen, dann geben sie es zu – sie tragen die Verantwortung für ihr Handeln. Sie schieben die Schuld nicht auf andere, sie verdrehen und beugen einen Tatbestand nicht zu ihren Gunsten.
- Sie sagen nichts, was zwar ein Körnchen Wahrheit enthält, aber im Grunde ein falsches Bild des Zusammenhangs vermittelt.
- Sie sind genau, wenn es darum geht, Fakten zu berichten. Sie unterschlagen keine Details und übertreiben nicht; sie halten sachdienliche und angemessene Informationen nicht zurück.
- Sie halten ihr Wort. Sie tun das, was sie zu tun angekündigt haben. Sie machen keine voreiligen, unüberlegten Versprechen, die sie nicht halten können oder nicht beabsichtigen zu halten.
- Sie sagen ja, wenn sie ja meinen; und sie sagen nein, wenn sie nein meinen.

Diese Eigenschaften sollten für jeden unterstützenden Mitarbeiter in allen Lebensbereichen charakteristisch sein. Wenn wir in unserem täglichen Handeln mit den Menschen aufrichtig sind, dann haben wir ein gute Chance, dass sie uns glauben, wenn wir ihnen von Jesus erzählen.

In Bezug auf Ehrlichkeit fällt mir ein, dass wahrscheinlich die meisten Eltern ihren Kindern einschärfen: „Egal, was geschieht, ich möchte, dass du uns immer die Wahrheit sagst. Wenn du etwas Dummes gemacht hast und es offen zugibst, dann werden wir dir vergeben und gemeinsam eine Lösung suchen – aber bitte lüge uns nichts vor.“ Pastoren haben dieselbe Empfindung gegenüber ihrer „Mitarbeiter-Familie.“ Sie möchten darauf vertrauen können, dass ihre Mitarbeiter ehrlich mit ihnen sind. Vertrauen ist die Basis für Zusammenarbeit und Ehrlichkeit ist die Grundlage für Vertrauen.

Fragen zum Nachdenken und zur Diskussion

1. Wenn wir über die Situationen von Abraham, Aaron und Gehasi nachdenken, so ist es offensichtlich, dass sie die Wahrheit mit Füßen traten. Haben Sie je etwas ähnliches getan, um zu verhindern, dass die ganze Wahrheit ans Licht kam?
2. Haben Sie von Herzen die Entscheidung getroffen, durch und durch ehrlich zu sein, auch wenn Sie unter Druck stehen und versucht sind, die Wahrheit zu verfälschen oder zu verschweigen?
3. Haben Sie den Entschluss gefasst, Ihren Dienst mit der Qualität von Zeugnis zu beenden wie Samuel?
4. Vermeiden Sie nicht nur falsches Handeln im unmittelbaren Sinn, sondern auch jegliche Art von Wandel, der falsche Handlungen nach sich ziehen könnte?
5. Gibt es Bereiche in Ihrem Leben, die jemandem Anlass geben könnten, Ihren Charakter in Frage zu stellen? Wie können Sie Ihr Verhalten ändern, um möglichen Verdächtigungen vorzubeugen?
6. Geben Sie schnell zu, wenn Sie einen Fehler gemacht haben und übernehmen Sie die Verantwortung oder sind Sie versucht, die Schuld abzuschieben, die Sache zu verharmlosen oder den Tatbestand so zu schildern, dass Ihre Spuren verwischt werden?

7. Waren Sie jemals versucht, in einem Bericht über einen Vorfall etwas zu unterschlagen oder zu übertreiben?
8. Halten Sie Ihr Wort? Bedeutet Ihr ja wirklich ja und Ihr nein wirklich nein?
9. Was haben Sie in diesem Kapitel gelernt und wie können Sie es anwenden?
10. In welchen Bereichen müssen Sie ins Gebet gehen oder sich verbessern?

Kapitel 27

Gute Mitarbeiter sind weise in ihrem Predigtdienst

Nicht alle, die im Dienst der Hilfeleistung tätig sind, werden auch lehren oder predigen. In 1.Petrus 4:11 weist Petrus auf solche hin, die dem Leib Christi dienen, indem sie *reden,* und auch auf solche, die mitwirken, indem sie *dienen.* Sowohl solche, die einen Predigtdienst ausüben, als auch Menschen, die hinter den Kulissen wirken, leisten einen wertvollen Beitrag in der Gemeinde.

Manche Pastoren sind verständlicherweise sehr vorsichtig, wenn es darum geht, andere predigen zu lassen, weil sie die Erfahrung gemacht haben, dass eine solche Gelegenheit auch für eigene Interessen missbraucht werden kann, statt dem Vorankommen und der Einheit der Gemeinde als Ganzem zu dienen. Der Pastor braucht Leute, denen er vertrauen kann, denen es ein Anliegen ist, die Gemeinde aufzubauen. Er kann keine Leute brauchen, die ihre Chance zu predigen missbrauchen und sie für selbstsüchtige Absichten nutzen oder gar um den Pastor zu unterwandern.

Wenn Sie als Assistent im Bereich von Predigt oder Lehre mitarbeiten (sei es vor der ganzen Versammlung oder in kleineren Gruppen), dann gibt es einige wichtige Richtlinien zu beachten. Wenn Sie diesen Richtlinien folgen, wird das Ihre Nützlichkeit für den Pastor steigern und unter Beweis stellen, dass Sie fähig sind, umsichtig und verantwortlich zu handeln, wenn man Ihnen einen Predigtdienst anvertraut.

Keine Korrektur oder Richtungsweisung

Sowohl *Korrektur* als auch *Richtungsweisung* sollten üblicherweise vom Pastor kommen und nicht von jemandem, der im Dienst der Hilfeleistung steht. Wenn Sie Leiter eines bestimmten Dienstbereiches sind, dann erwartet man vielleicht von Ihnen, dass Sie die

Richtung dieses Dienstes bestimmen und wo nötig Korrektur weitergeben – aber auch das sollte unter Berücksichtigung der Gesamtvision und der gemeinsamen Werte der Gemeinde geschehen.

Die Rolle eines Mitarbeiters hinter der Kanzel ist im Allgemeinen die, grundlegende biblische Wahrheiten zu vermitteln und zu bekräftigen sowie Belehrung weiterzugeben, die in ihrem Wesen aufbauend ist. Natürlich gibt es Schriftstellen, die in ihrer Aussage korrigierenden Charakter haben, und ich sage nicht, dass man solche Stellen auf keinen Fall verwenden sollte – aber machen Sie es sich nicht zur Aufgabe, in Ihren Predigten alles klarstellen zu wollen, wovon sie meinen, dass es in der Gemeinde falsch läuft.

Meiden Sie kontroverse Themen

Mitarbeiter sollten außerdem kontroverse Themen meiden, die dazu geeignet sind, Verwirrung oder Spaltung auszulösen. Der Pastor möchte nicht gern die Unordnung aufräumen müssen, die andere Sprecher hinterlassen haben. Wenn Sie sich fragen, ob ein bestimmtes Thema angemessen ist oder nicht, dann fragen Sie den Pastor, *bevor* sie darüber sprechen.

Bringen Sie nie den Pastor in Verlegenheit, indem Sie öffentlich Dinge sagen, wie: „Pastor, der Geist leitet mich etwas zu sagen, das vielleicht umstritten ist. Ist es in Ordnung, wenn ich der Führung des Geistes folge?“ Was sollte der Pastor in einer solchen Situation denn sagen? Soll er Ihnen etwa verwehren, „dem Geist zu gehorchen?“ Bemühen Sie den Pastor nicht mit dieser Art von Spielchen.

Schaffen Sie Klarheit, was solche Punkte angeht, bevor Sie sprechen, und reagieren Sie nicht beleidigt, wenn der Pastor Sie bittet, über bestimmte Themen nicht zu lehren oder manche Themen zu meiden. Denken Sie daran, dass Gott von Ihnen eine respektvolle Haltung gegenüber Autorität erwartet. Gott möchte, dass Sie die Wünsche des Pastors ehren. Darum wird Er Sie nie dazu leiten, etwas von der Kanzel zu predigen, oder Sie dazu drängen, etwas zu sagen, das im Gegensatz zu dem steht, was Ihr Pastor Ihnen aufgetragen hat (siehe 1.Kor. 14:32-33).

Seien Sie nicht effekthascherisch

Mitarbeiter sollten nicht versuchen, den Pastor zu übertrumpfen oder die Leute mit ihrer Rhetorik aufzupeitschen. Vermeiden Sie unnötigen Rambazamba. Sie sind nicht dazu angestellt, Ihre Beliebtheit zu steigern oder eine eigene Fangemeinde aufzubauen; Sie sind dazu da, den Rest des stattfindenden Dienstes zu vervollständigen. Nutzen Sie jeden Predigteinsatz, um ein Segen zu sein, nicht um Eindruck zu machen.

Seien Sie vorsichtig im Umgang mit Komplimenten

Lassen Sie es sich nicht in den Kopf steigen, wenn Ihnen jemand sagt, dass ihm Ihre Art zu predigen besser gefällt als die des Pastors. Es wird immer Leute geben, die einen bestimmten Stil einem anderen vorziehen. Das bedeutet aber nicht, dass Sie mehr gesalbt oder ein besserer Prediger sind als der Pastor, und es bedeutet schon gar nicht, dass Sie seinen Posten übernehmen sollten. Vermutlich werden Sie als Assistenzpastor weniger häufig predigen als der Pastor, was bedeutet, dass ein Gewohnheitsfaktor mit im Spiel ist. Die Leute neigen dazu, das weniger zu achten, woran sie sich gewöhnt haben, und sich leicht begeistern zu lassen, wenn etwas neu und anders ist. Würde man die Rollen tauschen und die Leute würden öfters Ihre Predigten hören, dann werden sie es vermutlich als erfrischend empfinden, ab und zu jemand anderen zu hören!

Versuchen Sie nicht, die Möbel umzustellen

Außerdem ist es wichtig sicher zu gehen, dass das, was Sie lehren, mit den Glaubensgrundsätzen, den Lehren und der Vision der Gemeinde und des Pastors übereinstimmt. Sie würden kaum zu jemandem nach Hause gehen und dort sämtliche Möbel umstellen; Sie würden nicht zu einem Bauern aufs Feld gehen und es gegen die ursprüngliche Richtung pflügen. Der Gemeinde gebührt derselbe Respekt, schließlich ist es nicht Ihre Gemeinde. Darum sollten Sie sich nicht hinstellen, um wissentlich eine Botschaft zu predigen, die dem widerspricht, was Ihr Pastor bei anderer Gelegenheit gelehrt hat.

Es mag sein, dass Sie lehrmäßig nicht in allen Punkten mit Ihrem Pastor übereinstimmen. Aber wenn Sie in Ihrer Gemeinde Leiter sind, dann sollten Sie mit ihm in den wesentlichen Aussagen der Schrift übereinstimmen. Vielleicht haben Sie eine andere Meinung, was gewisse weniger wichtige Bereiche der Schrift angeht. Lernen Sie es, sich auf das Wesentliche zu konzentrieren. Und wenn Sie in weniger wichtigen Bereichen anderer Meinung sind, dann lassen Sie diese außen vor und behalten Ihre Meinung für sich. Predigen Sie auf der Grundlage der Gemeinsamkeit über Dinge, die der Pastor und Sie gleich sehen.

Manche Leute scheinen regelrecht davon besessen zu sein, über Lehren zu debattieren, die nicht wirklich maßgebend sind. Sie können in Bezug auf Nebensächlichkeiten äußerst dogmatisch werden und bringen es fertig, unbedeutende Fragen in einer Weise aufzublasen, dass es zu Verwirrung und Spaltung führt. Manche Leute scheinen dazu getrieben zu werden, stets neuartige Lehren zu entdecken, auf die vor ihnen noch nie jemand gekommen ist. Solche Neigungen (die Beschäftigung mit Haarspaltereien und das Erfinden neuer Lehren) werden Ihnen nur Probleme schaffen – hinter der Kanzel und auch im übrigen Umfeld.

Denken Sie an einige der Ermahnungen, die Paulus diesbezüglich an Timotheus richtete:

1.Timotheus 1:3-6
... damit du einigen Weisung erteilen solltest, nichts anderes zu lehren, noch mit Fabeln und endlosen Geschlechtsregistern sich abzugeben, die mehr Streitfragen hervorbringen, als sie den Verwalterdienst Gottes fördern, der im Glauben geschieht. Das Endziel der Weisung aber ist Liebe aus reinem Herzen und gutem Gewissen und ungeheucheltem Glauben. Davon sind einige abgeirrt und haben sich leerem Geschwätz zugewandt.

2.Timotheus 1:13
Halte fest das Vorbild der gesunden Worte, die du von mir gehört hast, in Glauben und Liebe, die in Christus Jesus sind!

2.Timotheus 2:14-16

Dies bringe in Erinnerung, indem du eindringlich vor Gott bezeugst, man solle nicht Wortstreit führen, was zu nichts nütze, sondern zum Verderben der Zuhörer ist. Strebe danach, dich Gott bewährt zur Verfügung zu stellen als einen Arbeiter, der sich nicht zu schämen hat, der das Wort der Wahrheit in gerader Richtung schneidet! Die unheiligen, leeren Geschwätze aber vermeide! Denn sie werden zu weiterer Gottlosigkeit fortschreiten.

2.Timotheus 4:3-4 (NTR)

Denn es wird eine bestimmte Zeit kommen, da sie die heilsame Belehrung nicht ertragen, sondern sich gemäß ihren Begierden eine große Schar von Lehrern anhäufen werden, die es verstehen, ihnen das Ohr zu kitzeln. Von der Wahrheit werden sie das Ohr abwenden und stattdessen auf scheingeistliche Mythen und phantastische Erzählungen hereinfallen.

Paulus erinnert Timotheus im Wesentlichen daran, bei den Grundlagen zu bleiben und sich nicht darin verstricken zu lassen, verrückten und nutzlosen Randfragen nachzujagen. Lernen Sie, die Bibel richtig auszulegen und ihre Wahrheiten in einer Weise zu lehren, die Menschen auferbaut und hilft. Wenn Sie diesen Rat beherzigen, so werden Ihre Predigteinsätze für die Gemeinde und den Pastor ein Segen sein.

Wenn es Ihr Ziel und Ihre Berufung ist, einen eigenen Predigtdienst zu haben, dann achten Sie – bildlich gesprochen – auf die Unversehrtheit der Kanzel Ihres Pastors. In Lukas 16:12 heißt es: *„Und wenn ihr mit dem Fremden nicht treu gewesen seid, wer wird euch das Eure geben?"* Als Mitarbeiter sollten Sie Weisheit und Verantwortungsgefühl walten lassen, dann werden die Predigteinsätze wahrscheinlich zunehmen. Wenn Sie sich aber als unweise und verantwortungslos erweisen, dann sollten Sie nicht überrascht sein, wenn die Kanzel für Sie „Sperrgebiet" bleibt oder wird.

Fragen zum Nachdenken und zur Diskussion

1. Wie betrifft die allgemeine Regel, dass Korrektur und Richtungsweisung für die Gemeinde vom Hauptpastor kommen sollten, Ihren spezifischen Wirkungs- und Aufgabenbereich?

2. Halten Sie sich bei ihren Predigteinsätzen an die Grundlagen? Ergänzen und bekräftigen Sie das, was der Pastor selbst lehrt?
3. Meiden Sie bei Ihren Lehreinsätzen kontroverse Themen? Meiden Sie Bereiche, die zu Verwirrung und Spaltung führen könnten?
4. Stimmt das, was Sie lehren mit den Glaubensgrundsätzen, den Lehren und der Vision der Gemeinde und Ihres Pastors überein?
5. Auf welche wichtigen Punkte legen Sie Ihr Schwergewicht?
6. Würden Sie sich ohne Murren daran halten, wenn der Pastor Sie bitten würde, über ein bestimmtes Thema nicht zu lehren?
7. Was haben Sie in diesem Kapitel gelernt und wie können Sie es anwenden?
8. In welchen Bereichen müssen Sie ins Gebet gehen oder sich verbessern?

Kapitel 28

Gute Mitarbeiter sind einsichtig und verständig

In 1.Mose 41:33 heißt es: „Und nun sehe der Pharao nach einem *verständigen* und weisen Mann und setze ihn über das Land Ägypten. Im Hebräischen bedeutet das Wort, das mit „verständig“ übersetzt wurde, *einsichtig, verständig und vorsichtig sein.*[1]

Wenn wir sagen, dass jemand verständig ist, dann meinen wir damit meist, dass er intelligent ist und einen scharfes Gespür dafür hat, in der jeweiligen Situation das Richtige zu sagen oder zu tun. Eine verständige Person wird darauf achten, nicht zur Unzeit an die falschen Leute gerichtet die falschen Dinge zu sagen, und wird es vermeiden, unangemessen zu handeln (bzw. das Richtige zu tun, jedoch zur falschen Zeit oder in der falschen Umgebung). Eine verständige Person hat ein gutes Urteilsvermögen – Sensibilität für das, was passend und angemessen ist – und verhält sich dementsprechend.

Der Apostel Paulus wollte, dass sein junger Mitarbeiter Timotheus wusste, wie er sich im Dienst verhalten sollte. Paulus sagte ihm: *„Für den Fall, dass ich mich verzögere, habe ich dir diese Eckpunkte mitgeteilt; damit du weißt, wie man sich im Hause Gottes verhalten muss. Ich meine die Gemeinde, sie ist das Haus des lebendigen Gottes, eine Säule und ein Bollwerk der Wahrheit“* (1.Tim. 3:15, NTR). Als unterstützende Mitarbeiter müssen auch wir wissen, wie man sich im Dienst und im Hause Gottes richtig verhält.

Paulus lehrte bezüglich des richtigen Verhaltens von Sklaven, dass sie *„in allem gute Treue erweisen“* und dadurch *„die Lehre unseres Heiland-Gottes in allem zu zieren“* (Titus 2:9-10). Im NTR heißt es an dieser Stelle: „Sie sollen nichts unterschlagen oder veruntreuen, sondern ihre Vertrauenswürdigkeit in jeder Hinsicht vor-

[1] Siehe Strong's Nr. 0995

trefflich unter Beweis stellen, damit sie der Lehre unseres Erretters und Gottes – wie kostbare Schmucksteine – in allem Ehre machen."

Als Diener Gottes sollte unser Wandel stets die Verbreitung des Evangeliums fördern, nicht behindern. Wenn ein angemessener Wandel das Evangelium attraktiv machen kann, dann wird ein schlechter Wandel das Evangelium unattraktiv machen. Wenn wir uns grob, unanständig und schäbig benehmen oder Dinge tun, die schlechten Geschmack verraten, dann wird die Wirksamkeit unseres Dienstes für Gott stark eingeschränkt werden. Statt ein kultiviertes Verhalten an den Tag zu legen, benehmen sich manche Mitarbeiter im Dienst der Hilfeleistung eher wie der sprichwörtliche Elefant im Porzellanladen und bereiten dauernd anderen Leuten Anstoß.

Weltliche Firmen wissen, dass es gut fürs Geschäft ist, wenn ihre Angestellten einen guten Kundendienst bieten, effizient sind und freundlich und höflich mit anderen Leuten umgehen. Wie viel mehr sollten da christliche Organisationen eine Dienstleistung erbringen, die in jeder Hinsicht vorzüglich ist? Leider sind „die Söhne dieser Welt klüger als die Söhne des Lichts" (Lukas 16:8). Und die Gemeinde bleibt nicht selten hinter weltlichen Organisationen zurück, wenn es darum geht, ihre Zielgruppe auf vortreffliche Weise anzusprechen.

Was man einsichtig nennen könnte

In Psalm 112:5 heißt es, dass ein gütiger Mann *„seine Angelegenheiten mit Umsicht ausführen wird"* (a. d. Engl.). Welche weiteren Eigenschaften haben Personen, die Verstand und Umsicht besitzen.

- Ihre Worte und Taten sind keine Zeugen schlechten Geschmacks.
- Sie leben mit einem Sinn für Würde und Respekt.
- Sie verhalten sich in ihrer Arbeit und im Umgang mit anderen angemessen und professionell.
- Sie respektieren die Grenzen anderer und dringen nicht in ungebührlicher Weise in ihre Privatsphäre ein.

- Sie erweisen Anstand und Höflichkeit, sind zuvorkommend und haben gute Manieren.
- Sie verstehen und beachten den „Dienstweg" und halten sich in ihrem Handeln und ihren Gesprächen an die Autoritätsstruktur.
- Sie sind ein Vorzeigebeispiel.
- Ihre Erscheinung, Hygiene und Körperpflege sind angemessen, und sie sind anständig gekleidet.
- Sie verstehen es, mit schwierigen Situationen umzugehen.

Wie umsichtig und verständig, gemessen an dieser Liste von Eigenschaften, waren Sie bisher in ihrem unterstützenden Dienst?

Einsicht heißt vertrauliches Handeln

Ein Hauptbestandteil von Verständigkeit ist die Fähigkeit, vertraulich und angemessen mit heiklen Informationen umgehen zu können. Nicht wenige Positionen in einer Gemeinde sind damit verbunden, dass man Zugang zu Informationen erhält, die nicht für jedermanns Ohren gedacht sind. Wenn Sie zum Beispiel damit betraut sind, das Opfer zu zählen, dann geht es niemanden etwas an, wie viel Geld zusammengetragen wurde, geschweige denn, wie viel bestimmte Personen gegeben haben.

Wenn Sie die Aufgabe haben, seelsorgerliche Gespräche zu führen, dann dürfen Sie nicht anderen mitteilen, was Sie während einer Seelsorgesitzung von jemandem erfahren haben. Ja, Sie sollten nicht einmal von der simplen Tatsache sprechen, dass der und der kürzlich in der Seelsorge war. Das ist bereits ein Vertrauensbruch. Wenn jemand in die Gemeinde kommt, um mit einem Pastor oder Mitarbeiter eine persönliche Angelegenheit zu besprechen, dann ist es ihm nicht recht, wenn sein Besuch überall bekannt gemacht wird – in solchen Fällen erwartet man *zu Recht* Diskretion.

Hüten Sie sich vor Klatsch und seien Sie nicht jemand, der sich in fremde Angelegenheiten einmischt. Paulus warnte eine Gemeinde, dass einige ihrer Mitglieder „nutzlose Dinge treiben und sich in fremde Angelegenheiten einmischen" (2.Thess. 3:11, NTR). Das *New*

Testament in Basic English umschreibt die Formulierung, die Paulus in 1.Timotheus 5:13 verwendet, mit „sie interessieren sich zu sehr für die Angelegenheiten anderer Leute." Mitarbeiter und Gemeindeleiter sollten vorsichtig sein, dass ihre Sorge und Bemühung um die Leute nicht zu Klatsch oder Neugierde bzw. einem Überinteresse an anderer Leute Angelegenheiten führt.

Manche Menschen fühlen sich wichtig, wenn sie „geheime Informationen" weitergeben können, aber allein schon die Tatsache, dass sie in unangemessener Weise mit solchen Informationen umgehen und sie ausposaunen, zeigt deutlich, dass sie für verantwortliche Positionen nicht geeignet sind. Unterstützende Mitarbeiter sollten das Vertrauen wertschätzen, das ihnen entgegengebracht wird, und sich dieses Vertrauens als würdig erweisen, indem sie treu, verantwortlich und reif handeln.

Einsicht heißt, die Fassung zu bewahren

In Sprüche 19:11 sagt uns die Bibel: *„Die Einsicht eines Menschen macht ihn langmütig, und sein Ruhm ist es, an der Übertretung vorüberzugehen."* Eine einsichtige Person wird nicht wegen jeder Unvollkommenheit, die sie wahrnimmt, überreagieren. Sie weiß, dass es nicht ihre Aufgabe ist, jeden kleinsten Fehler bei Leuten oder in der Gemeinde zu korrigieren.

Salomo stellte fest, wie unangenehm es ist, wenn jemand zu wenig Einsicht hat. Er schrieb: *„Ein goldener Ring im Rüssel einer Sau, so ist eine Frau, die schön, aber ohne Feingefühl* (Engl. *discretion*) *ist"* (Spr. 11:22). Was für ein Bild malt dieser Vers! Der Vergleich von Salomo kann auch auf jemanden angewendet werden, der eine Vertrauensposition in der Gemeinde inne hat, aber zu wenig Feingefühl, Takt und Professionalität besitzt. Manche Leute mögen einen talentierten Eindruck machen und eine respektable Position besetzen, aber wenn ihnen die Weisheit fehlt, mit Einsicht vorzugehen und zu sprechen, dann wird all das, was einen respektablen Eindruck gemacht hat, schnell von diesem Mangel an gutem Geschmack und Würde überschattet sein.

William Shakespeare hat diese berühmten Worte geschrieben: „Vorsicht ist der wichtigste Teil der Tapferkeit.“ Mit andere Worten: Es ist besser vorsichtig zu sein, als überstürzt zu handeln. Wenn Sie sich jemals die Frage stellen, wie Sie in einer bestimmten Situation Ihrer Stellung gemäß handeln sollten, dann seien Sie lieber zu vorsichtig. Entscheiden Sie sich im Zweifelsfall lieber für Zurückhaltung, dann werden Sie und die Gemeinde die gute Frucht davon ernten können.

Fragen zum Nachdenken und zur Diskussion

1. Sorgt Ihr Wandel dafür, dass die Gesundheit der Gemeinde und das Ansehen des Evangeliums gefördert oder gehindert wird?
2. Zieht Ihr Verhalten Menschen näher zum Evangelium oder stößt es sie davon ab?
3. Wie können Sie daran mitwirken, dass die „Lehre unseres Gottes und Erretters in jeder Hinsicht attraktiv wird?“
4. In welchen Bereichen helfen Sie mit, dass die Gemeinde einen Dienst auf hohem Niveau bieten kann?
5. Führen Sie einen würdigen, respektablen Wandel, der von einem guten Maß an Professionalität begleitet ist?
6. Sind Sie freundlich und höflich und wissen sich zu benehmen?
7. Achten Sie auf gute Hygiene und Körperpflege? Sind Sie anständig gekleidet und achten darauf, wie Sie sich vor anderen präsentieren?
8. Meiden Sie Klatsch und Tratsch?
9. Achten Sie darauf, dass vertrauliche Informationen vertraulich bleiben?
10. Praktizieren Sie Einsicht auch in dem Sinne, dass Sie über Unvollkommenheiten hinwegsehen können?
11. Was haben Sie in diesem Kapitel gelernt und wie können Sie es anwenden?
12. In welchen Bereichen müssen Sie ins Gebet gehen oder sich verbessern?

Teil IV

Damit in Ihrem Team keine Epidemie ausbricht

Im vorherigen Abschnitt haben wir einige der Charaktereigenschaften zusammengetragen, die gute Mitarbeiter ausmachen. Dazu gehörten Loyalität, Treue, Ausgewogenheit, Flexibilität, Eigeninitiative, Ehrlichkeit und Weisheit. Die Eigenschaften, die in Teil III dieses Buches besprochen wurden, bilden keine abschließende Liste, sondern sie sollen als Grundlage dienen, um darauf weitere Qualitäten und Gewohnheiten aufzubauen.

Jetzt, da Sie wissen, welche Attribute ein guter Mitarbeiter sich aneignen sollte, wollen wir einen Blick auf das werfen, was jeder Mitarbeiter meiden sollte wie die Pest: eine mögliche Ansteckung des ganzen Teams durch die Fehlhaltungen Einzelner. In den nächsten Kapiteln werden wir definieren, was eine solche „Epidemie" genau ist, und herausfinden, wie man sie verhindern kann. Wir werden auch auf biblische Beispiele eingehen, die uns Personen zeigen, welche von diesem Zustand befallen waren und deren Leben und Dienst davon Schaden genommen haben.

Kapitel 29

Wie man Ansteckung vermeiden kann

Im Natürlichen geschieht eine Ansteckung dann, wenn sich Bakterien oder Viren in einem Teil des Körpers einnisten können, in dem sie nichts zu suchen haben, um sich sodann in einer Weise zu vermehren, welche die natürlichen Abwehrkräfte des Körpers überfordert. Wir können vieles tun, um unsere körperliche Gesundheit zu erhalten: eine angemessene Ernährung, ausreichende Ruhezeiten, sportliche Betätigung, Stressbewältigung und so weiter. Diese Disziplinen helfen mit, uns bei guter Gesundheit zu halten, denn sie stärken unser Immunsystem. Ein gesundes Immunsystem ermöglicht unserem Körper Infektionen abzuwehren, die uns lahmlegen wollen. Wenn unser Immunsystem schwach oder mangelhaft ist, dann ist die Wahrscheinlichkeit größer, dass unser Körper krank wird.

Ich glaube, da sind einige Parallelen zwischen einer Infektion in unserem physischen Leib und den „Infektionen“, die im Leib Christi stattfinden können. Es gibt verschiedene Viren, die unser geistliches Immunsystem schwächen und uns daran hindern können, einer Ausbreitung vorzubeugen. Aber wir können als Teammitglieder auch einiges tun, um das „Immunsystem“ stark zu erhalten und zu verhindern, dass eine Ansteckung stattfindet.

Die meisten Mitarbeiter fangen ihre Arbeit in der Gemeinde mit Freude und Begeisterung an, aber nicht selten ringen sie nach einiger Zeit darum, eine gute Einstellung und eine positive Sicht der Dinge zu bewahren. Zuzeiten kann ein ganzer Mitarbeiterstab oder ein ganzes Team von Helfern von einer schlechten Einstellung befallen sein, was dazu führt, dass die Gesamtmoral in den Keller geht. Unbehandelt können solche Frustrationen den Dienst in der Gemeinde schwächen und lähmen.

Es ist möglich, dass ein Mitarbeiterstab gesund und vital bleibt.

Das funktioniert aber nur dann, wenn die einzelnen Mitglieder Widerstandskraft gegen die allgemeinen Krankheiten aufbauen, die den Mitarbeiterstab einer Gemeinde oder ein Leitungsteam befallen können. Wir wollen einige Faktoren benennen und genauer betrachten, die unser geistliches Immunsystem schwächen können, und uns für eine Gruppenansteckung anfällig machen.

Verstimmungen können ansteckend sein

Der Umgang mit schwierigen Leuten ist eine der schwersten und am meisten Kräfte raubenden Herausforderungen, mit denen ein Pastor oder Mitarbeiter zu tun haben kann. Der Bibelausleger Harry Ironside machte in diesem Zusammenhang eine einfache und dennoch treffende Feststellung: „Wo Licht ist, da sind auch Mükken."[1] Diese „Mücken", ein Bild für schwierige Leute, machen es manchmal nicht leicht, hoffnungsvoll und optimistisch zu bleiben, was den Dienst angeht. Obwohl es herausfordernd ist, mit schwierigen Leuten umzugehen, ohne dabei die Leidenschaft zu verlieren, so ist es doch nicht unmöglich. Es erfordert nur ein wenig mehr von der Gnade Gottes!

Ich sprach einmal mit einem Pastor, der über seine Erfahrungen mit einigen „ZGE-Mitgliedern" berichtete. Ich gab mir alle Mühe und kam doch nicht darauf, was er mit dieser Bezeichnung meinte. Als ich ihn danach fragte, antwortete er: „ZGE steht für „zusätzliche Gnade erforderlich." Haben Sie mit Leuten zu tun, die ebenfalls unter diese Bezeichnung fallen? Machen Sie sich keine Sorgen; Gott hat die zusätzliche Gnade, die erforderlich ist!

Wir werden immer auf Herausforderungen treffen. Der Buchautor G. Douglass Lewis schreibt: „Die Wahl, die wir als menschliche Wesen haben, besteht nicht darin, ob wir Konflikte erleben wollen oder nicht. Unsere Wahlmöglichkeit besteht darin, ob wir mit dem Konflikt in konstruktiver oder in destruktiver Weise umgehen."[2]

---

[1] Marhall, Shelley, *Well-Intentioned Dragons* (Carol Stream, IL: Word Books, 1985), S. 12.

[2] G. Douglass Lewis, *Resolving Church Conflicts,* (Copyright © 1981, HarperCollins Publishers).

Gute Mitarbeiter entscheiden sich dafür, konstruktiv mit Konflikten umzugehen.

Der bekannte Pastor und Autor Rick Warren sagte einmal: „In jeder Hausgruppe gibt es mindestens eine ‚schwierige' Person. Wenn Sie nicht sofort sagen können, wer das in Ihrer Gruppe ist, dann sind Sie es wahrscheinlich selbst!"[3] Da wir gewiss vermeiden wollen, dass durch unaufhörliche Frustrationen, verursacht durch den Umgang mit schwierigen Leuten, in unserem Team eine Epidemie ausbricht, sollten wir insbesondere darauf achten, dass *wir* nicht selbst die schwierigen Leute sind, die den Frieden und die Freude der anderen rauben!

Schon früh erkannte ich in meinem Dienst, mit wie vielen Problemen, Herausforderungen und Schwierigkeiten ein Pastor zu tun hat in seinem Bemühen, die Gemeinde zu leiten. Am meisten fiel mir die Herausforderung ins Auge, die darin besteht, mit schwierigen Leuten umzugehen. Während der größte Teil der Leute in der Gemeinde eine gute Einstellung hat und hinter dem Pastor steht, gibt es leider auch solche, die zu weit hinter ihm stehen. Diese Haltung kann sich in unterschiedlichen Erscheinungsformen manifestieren.

- Da gibt es die rechthaberischen Kritiker und Jammerer.
- Dann gibt es Leute, die ihr Missfallen zum Ausdruck bringen, indem sie sich in eine verhaltene Aggressivität zurückziehen.
- Manche wollen (und bestehen darauf), dass alles so getan wird, wie sie es für richtig halten.
- Andere haben eine negative, pessimistische Einstellung und übertragen ihre Unzufriedenheit auf ihre Umgebung.
- Einige machen Zusagen, die sie später nicht einhalten.
- Wieder andere klatschen und tratschen und machen unschöne Bemerkungen hinter dem Rücken des Pastors (obwohl sie in der direkten Begegnung mit ihm sehr respektvoll sein können).

---

[3] Rick Warren, „Saddleback Sayings," *Rick Warren's Ministry Toolbox,* Issue 1, March 19, 2001, http://www.pastors.com/RWT/?ID=1.

Als ich diese „Problemleute“ und den negativen Einfluss, den ihr Verhalten hatte, bemerkte, betete ich: „Herr, ich möchte nie ein Problem oder eine Quelle der Frustration für meinen Pastor sein. Bitte hilf mir, ihm stets von Nutzen zu sein und ihm keine Probleme zu bereiten.“ Ich ermutige Sie, dieses Gebet für sich zu übernehmen und einen Moment darüber nachzudenken, ob Ihre Handlungen den Pastor unterstützen oder die Liste seiner Probleme verlängern. Gibt es Verhaltensweisen in der obigen Liste, die Ihr eigenes Verhalten spiegeln? Wenn ja, dann ist es Zeit, diese Punkte zu ändern. Treffen Sie die Entscheidung, Ihren Pastor zu unterstützen und jede Spur von Infektion aus Ihrem Dienst zu eliminieren.

Drei Infektionsherde: Ermüdung, Schmeichelei und Frustration

Der Umgang mit schwierigen Leuten ist ein Faktor, der unser geistliches Immunsystem schwächen kann. Ein weiterer Faktor, der unsere Resistenz gegenüber einer Gruppenansteckung vermindern kann, ist *Ermüdung*. Vor diesem Faktor müssen wir in unserem Wirken für Gott auf der Hut sein. Sei es körperliche, mentale, emotionale oder geistliche Ermüdung, wir müssen aufpassen, dass wir uns durch das Tun des Guten nicht ermüden lassen. Wenn jemand müde ist, dann ist er häufig auch leicht reizbar. Wenn wir müde werden, nimmt unsere Toleranz gegenüber den Fehlern anderer Leute deutlich ab. Natürlich sollten wir uns nicht damit entschuldigen, dass wir falsch reagieren, weil wir müde sind. Das Wissen um diese physiologischen Gesetzmäßigkeiten sollte uns vielmehr dazu anreizen, dass wir uns vor Ermüdung schützen und danach streben, so produktiv wie möglich zu sein, ohne dabei den Rahmen des Gesunden zu überschreiten.

Ein zweiter Faktor, der unser Immunsystem schwächen kann und uns für eine Ansteckung anfällig macht, ist *Schmeichelei*. Es ist nichts falsches an einem ehrlich gemeinten Wort der Anerkennung oder Ermutigung – das meinen wir nicht, wenn wir den Begriff „Schmeichelei“ verwenden. Ein Wörterbuch definiert „Schmeichelei“ als *verbalen Ausdruck, mit dem einer Person meist in übertrie-*

bener, unaufrichtiger Weise Komplimente gemacht werden; häufig um sich dadurch einen Vorteil zu verschaffen.

Mitarbeiter im Dienst der Hilfeleistung sollten sehr vorsichtig sein, wenn jemand ihnen schmeicheln möchte. Hier ein Beispiel für einen solchen Schmeichelversuch: Ein Gemeindemitglied spricht nach dem Gottesdienst den Co-Pastor an und sagt: „Ihre Predigten gefallen mir besser als die des Pastors." Wie bitte? Wir sind hier nicht bei einem Talentwettbewerb! Sie erinnern sich, der Co-Pastor (und auch jeder andere Mitarbeiter) ist da, um dem Pastor zu helfen und zu assistieren, nicht um mit ihm in Konkurrenz zu treten oder ihn zu übertrumpfen.

Ein anderes Szenario: Nachdem Sie den Lobpreis geleitet oder ein Solo gesungen haben, sagt jemand zu Ihnen: „Das haben Sie sehr gut gemacht. Ich verstehe gar nicht, warum man Sie nicht öfter singen lässt." Wie gesagt, es ist nicht verkehrt, jemandem ein Kompliment zu machen. Aber was geschieht, wenn der Sänger anfängt zu denken: *Ja, warum lässt man mich eigentlich nicht öfter singen? Ich bin besser als alle anderen.* Sogleich kommen Neid, Eifersucht, Missgunst, Selbsterhöhung und weitere infektiöse Elemente ins Spiel, die Ihnen das Leben schwer machen werden. Es ist nur eine Frage der Zeit, bis diese Infektion dann auch auf andere Leute in der Gemeinde überspringt.

Der dritte Faktor, der Ihre Immunität gegen Gruppenansteckung schwächen kann, ist *Frustration*. Es ist gut, hohe Ziele und Standards zu haben. Allerdings neigen wir manchmal dazu, hinsichtlich unserer Erwartungen unrealistisch und perfektionistisch zu werden. Das führt zu Enttäuschung und Frustration. Die Kluft zwischen unseren Erwartungen und der Realität, in der wir leben, bestimmt das Maß an Enttäuschung und Frustration, das wir empfinden. Je größer die Differenz ist zwischen dem, was wir erwarten, und dem, was geschieht, desto größer wird das Maß an Enttäuschung und Frustration sein.

Anhaltende Frustration kann ebenfalls zu einer Ansteckung führen, die bei den Betroffenen für unangenehme Symptome sorgt. Leute, die unter dieser Art von Infektion leiden, werden überkritisch und nörglerisch. Eine Abwehrstrategie dagegen ist die, sich daran zu erinnern, dass es nicht unsere Aufgabe ist, die Gemeinde vollkommen zu machen. Es ist nicht einmal gesund anzunehmen, die Gemeinde könnte in dieser Welt perfekt sein. So lange menschliche Wesen (das schließt Sie und mich ein) mit der Gemeinde zu tun haben, wird es keine makellose Vollkommenheit geben. Ich mag, was Max Lucado sagt: „... Seien Sie realistisch. Setzen Sie Ihre irdischen Erwartungen ein wenig tiefer. Wir befinden uns nicht im Himmel, also erwarten Sie auch keine himmlischen Ergebnisse."[1]

Auch Rick Warren sprach zum Thema realistische Erwartungen, als er folgende Worte sagte:

> Es ist ein Leichtes, sich von der Kluft zwischen *Ideal* und *Realität* in der Gemeinde entmutigen zu lassen. Dennoch müssen wir die Gemeinde trotz ihrer Unvollkommenheiten leidenschaftlich lieben. Die Sehnsucht nach dem Ideal, die von dauernder Kritik an der Realität begleitet ist, ist ein Zeichen von Unreife. Sich mit der Realität abzufinden, ohne zugleich nach dem Ideal zu streben, ist Selbstzufriedenheit. Reife bedeutet in der Spannung zwischen den beiden Extremen zu leben.[2]

Wenn Sie aus berechtigten Gründen frustriert sind, dann sollten Sie in einer reifen und konstruktiven Weise damit umgehen. *Beten Sie!* Denken Sie daran, dass Sie kaum je mit jeder einzelnen Entscheidung, die getroffen wird, einverstanden sein werden, und dass Sie wohl nie das Empfinden haben werden, dass alles in der Gemeinde perfekt gehandhabt wird. Trotzdem können Sie sich eine gute Einstellung bewahren. Entscheiden Sie sich, Ihr Augenmerk auf das Gute und Positive zu richten, und strecken Sie sich zum Wohl des Teams nach vorne aus.

---

[1] Max Lucado, *When God Whispers Your Name* (Nashville: W Publishing Group, 1999), S. 169.

[2] Aus dem Buch *The Purpose-Driven Life* (dt. Ausgabe: Leben mit Vision) von Rick Warren. Copyright © 2002 by Rick Warren. Used by permission of the Zondervan Corporation.

Eine andere Meinung haben, ohne angriffig zu werden

In einem Buch darüber, wie man als Pastor die richtigen Leiter findet, schreibt Rick Renner bezüglich Meinungsverschiedenheiten:

> Meinungsverschiedenheiten sind ein normaler Teil des Lebens. Egal wie friedfertig und freundlich ein potentieller Leiter im Moment zu sein scheint, rechnen Sie damit, dass irgendwann in der Zukunft Konflikte auftauchen werden. Da diese Dinge nun einmal so sind, ist es weit besser herauszufinden, wie der mögliche Leiter mit Konflikten und Meinungsverschiedenheiten umgeht, bevor man ihn in eine sichtbare Position von Leiterschaft eingesetzt hat. Wenn Sie feststellen, dass jemand nicht mit Konflikten umgehen kann, dann ist es besser, ihn nicht als Leiter einzusetzen. Wenn jemand nicht die Reife besitzt, eine andere Meinung zu haben und dennoch die Einheit zu bewahren, dann ist er noch nicht reif genug, eine Leitungsaufgabe zu übernehmen.[3]

Frustrationen können auch in Beziehungen existieren, die viele gute Qualitäten aufweisen. Wenn sich Menschen aber auf die Probleme konzentrieren und sich nur mit dem beschäftigen, was falsch läuft, dann hören sie auf, das Gute zu sehen, das eigentlich vorherrschend ist. Solche Leute sind äußerst gefährdet, an einer schlimmen Epidemie zu erkranken oder, noch schlimmer, den Ausbruch einer Epidemie zu verursachen.

Wenn Sie sich vor einer Gruppenansteckung schützen wollen, dann sollten Sie in erster Linie darauf achten, Ihr geistliches Immunsystem zu stärken. Achten Sie auf Reizbarkeit, Ermüdung, Schmeichelei und Frustration, und lernen Sie es, eine andere Meinung zu haben, ohne gleich angriffig zu werden. Kevin E. Lawson schreibt: „Die Fähigkeit zum Erfolg gründet nicht auf der Abwesenheit von Stress oder frustrierenden Erfahrungen, sondern auf der Fähigkeit, mitten in solchen Umständen zu arbeiten und sich von ihnen nicht

[3] Rick Renner, *Who is Ready for a Spiritual Promotion?* (Tulas: Teach All Nations, 2000), S. 223. Used by permission.

über die Maßen entmutigen oder aussaugen zu lassen."[1] Halten Sie Ihr Immunsystem gesund und der unvermeidbare Stress, von dem der Dienst begleitet ist, wird nicht zu einer Epidemie führen!

Fragen zum Nachdenken und zur Diskussion

1. Wie geht es Ihrem geistlichen Immunsystem? Sind Sie stark genug, einer möglichen Infektion widerstehen zu können?
2. Was ist mit Ermüdung? Schlafen Sie genug? Gewähren Sie Ihrem Körper genügend Ruhe- und Erholungszeit?
3. Was tun Sie, um geistlich und gefühlsmäßig frisch zu bleiben?
4. Sind Sie in Ihrem Gutestun schon einmal müde geworden? Was haben Sie unternommen, um Ihre Stärke zurück zu gewinnen?
5. Wachen Sie darüber, dass Ihnen Schmeicheleien nicht in den Kopf steigen?
6. Haben Sie es schon erlebt, dass jemandes Schmeichelworte Sie gegen den Pastor oder einen anderen Leiter aufbringen konnten? Wie ging die Sache aus?
7. Wie gehen Sie mit Frustrationen um?
8. Haben Sie eher realistische oder unrealistische Erwartungen?
9. Was können Sie tun, um zu verhindern, dass Sie das Gute aus den Augen verlieren?
10. Was haben Sie in diesem Kapitel gelernt und wie können Sie es anwenden?
11. In welchen Bereichen müssen Sie ins Gebet gehen oder sich verbessern?

---

[1] Nachdruck aus *How to Thrive in Associate Staff Ministry by Kevin E. Lawson,* with permission from the Alban Institute. Copyright © 2000 by The Alban Institute, Inc. All rights reserved.

Kapitel 30

Unter schlechtem Einfluss

Eine Gruppenansteckung kann selbst die besten Teams befallen, dafür sind die Jünger Jesu ein Paradebeispiel. Wenn wir über schlechte Teammitglieder in der Bibel nachdenken, dann fällt uns vielleicht kaum jemand so schnell ein wie Judas Iskariot. Satan nutzte die Nähe, die Judas zu Jesus hatte, und beeinflusste ihn dahingehend, dass er Jesus verriet.

Es ist bemerkenswert, dass dieser Verrat durch einen Kuss – einen in der damaligen Kultur üblichen Ausdruck von Zuneigung – geschah. Dieses Ereignis illustriert die schmerzhafte Wahrheit, dass diejenigen, welche einem Leiter am nächsten stehen, das größte Potential haben, ihm zu schaden. Der Schmerz, der mit dieser Art von Verrat verbunden ist, kommt in Psalm 55 sehr plastisch zum Ausdruck:

> Psalm 55:13-15 u. 22
>
> Denn nicht ein Feind höhnt mich, sonst würde ich es ertragen; nicht mein Hasser hat grossgetan gegen mich, sonst würde ich mich vor ihm verbergen; sondern du, ein Mensch meinesgleichen, mein Freund und mein Vertrauter, die wir die Süße der Gemeinschaft miteinander erlebten, ins Haus Gottes gingen in festlicher Unruhe!
>
> Glatter als weiche Butter ist sein Mund, und Feindschaft ist sein Herz; geschmeidiger als Öl sind seine Worte, aber sie sind gezogene Schwerter.

Als Mitarbeiter im Dienst der Hilfeleistung sollten wir vorsichtig sein, dass wir niemals unsere Nähe zu einem geistlichen Leiter missbrauchen oder das Vertrauen mit Füßen zu treten, das uns entgegengebracht wurde. Wir genießen Nähe und Vertrauen, weil man von uns erwartet, dass wir einer bestimmten Person helfen. Zuneigung und Loyalität vorzutäuschen, während wir einem Leiter das Wasser abgraben, ist der Inbegriff von Verrat. Darum wird in Psalm 55 heftiger Schmerz ausgedrückt.

Es ist nicht schwer, Judas als Infektionsherd unter den Mitarbeitern Jesu zu lokalisieren; doch es gab auch andere Jünger, die einen Virus weitergaben und für Jesus zu einer Herausforderung wurden. Ich bezweifle, dass Petrus, Jakobus oder Johannes eines Morgens aufstanden und sagten: „Ich denke, heute ist ein guter Tag, um Jesus ein wenig das Leben schwer zu machen. Statt Seinen Plänen zu folgen und Ihm bei der Erfüllung Seiner Bestimmung zu helfen, will ich heute einmal ein Hindernis sein." Und doch *waren* diese drei Jünger von Zeit zu Zeit ein Hindernis. Ich glaube nicht, dass die Probleme, die sie verursachten, absichtlich geschahen. Aber dennoch geschahen sie, was ein Beweis dafür ist, dass jeder von uns von einer Ansteckung befallen werden kann!

In diesem Kapitel werden wir Beispiele für Ansteckung unter den Jüngern Jesu genauer unter die Lupe nehmen und dabei feststellen, dass eine Infektion stattfinden kann, indem man sich dem falschen Einfluss hingibt und unter ihm wirkt. Obwohl die Jünger sich im Allgemeinen dem richtigen Einfluss hingaben, gab es Situationen, bei denen sie sich einem falschen geistlichen Einfluss hingaben. In anderen Situationen folgten sie ihrer fleischlichen Natur oder sie ließen ihrer unerneuerten Persönlichkeit freien Lauf.

Der Einfluss der fleischlichen Natur

Bei mindestens drei Gelegenheiten stritten die Jünger darüber, wer von ihnen der Größte sei. Eine dieser hitzigen Diskussionen fand sogar während des letzten Abendmahls statt (Lukas 22:24-27)! Da gab es offensichtlich ein Konkurrenzproblem und falschen Wetteifer unter den Jüngern Jesu. Wenn wir es unserer menschlichen Natur erlauben, unsere Handlungen zu bestimmen, so werden auch wir solche Streitereien erleben! Es ist nur allzu menschlich, sich mit anderen zu vergleichen, aber wir sollten dem gehorsam sein, wozu Gott *uns* berufen hat.

Immer wieder in diesem Buch habe ich betont, dass wir nicht mit dem Pastor wetteifern sollen. Ebenso wenig sollten wir mit unseren Teamkollegen im Wettstreit liegen – sei es, weil wir die Gunst der Leute oder die Gunst des Pastors gewinnen wollen. Unsere Motivation sollte nicht darauf gerichtet sein, wer wohl der Größte ist oder wer die meiste Anerkennung bekommt, sondern wie wir als Team zusammen arbeiten können, um anderen zu dienen.

In Johannes 21 sehen wir, wie Petrus dieses Prinzip lernte.

> Johannes 21:17 u. 19-22
>
> Er [Jesus] spricht zum dritten Mal zu ihm [Petrus]: Simon, Sohn des Johannes, hast du mich lieb? Petrus wurde traurig, dass er zum dritten Mal zu ihm sagte: Hast du mich lieb? und sprach zu ihm: Herr, du weißt alles; du erkennst, dass ich dich lieb habe. Jesus spricht zu ihm: Weide meine Schafe!
>
> ... Und als er dies gesagt hatte, spricht er zu ihm: Folge mir nach! Petrus wandte sich um und sieht den Jünger nachfolgen, den Jesus liebte, der sich auch bei dem Abendessen an seine Brust gelehnt und gesagt hatte: Herr, wer ist es, der dich überliefert? Als nun Petrus diesen sah, spricht er zu Jesus: Herr, was soll aber dieser? Jesus spricht zu ihm: Wenn ich will, dass er bleibe, bis ich komme, was geht es dich an? Folge du mir nach!

Bis zu diesem Punkt des Gesprächs ging es Petrus vor allem darum, welche Rolle Johannes im Reich Gottes spielen würde. Als Petrus fragte: „Herr, was ist aber mit diesem?“, ging es einmal mehr darum, sich zu vergleichen und sicherzustellen, dass man noch an der Spitze ist. Aber als Jesus ihm sagte: „Weide meine Schafe!“, da ging es um *Barmherzigkeit* für andere. Petrus musste lernen, seine Augen nicht auf Johannes zu richten, sondern selbst Jesus nachzufolgen.

Unter dem Einfluss des Teufels

Es gab weitere Situationen, in denen sich Petrus einem falschen Einfluss hingab. In Johannes 21 gab sich Petrus seinem fleischlichen Wesen hin, das dazu neigte, mit anderen zu wetteifern. Aber in Matthäus 16 gab sich Petrus unabsichtlich dem Einfluss des *Teufels* hin. Petrus folgte oft dem richtigen Einfluss, aber dieser Abschnitt der Schrift lehrt uns, dass sogar aufrechte Gläubige sich innert kurzer Zeit aus dem Wandel im Geist heraus und unter einen falschen Einfluss bewegen können.

Matthäus 16:15-18

Er spricht zu ihnen: Ihr aber, was sagt ihr, wer ich bin? Simon Petrus aber antwortete und sprach: Du bist der Christus, der Sohn des lebendigen Gottes. Und Jesus antwortete und sprach zu ihm: Glückselig bist du, Simon, Bar Jona; denn Fleisch und Blut haben es dir nicht geoffenbart, sondern mein Vater, der in den Himmeln ist. Aber auch ich sage dir: Du bist Petrus, und auf diesem Felsen werde ich meine Gemeinde bauen, und des Hades Pforten werden sie nicht überwältigen.

Diese Begebenheit, bei der Petrus geistlichen Einblick – oder Offenbarungserkenntnis – von Gott empfing, kann wohl als einer der Höhepunkte im Leben von Petrus bezeichnet werden. Doch dieser helle Glanz verblasste schnell wieder. Nachdem er Einsicht aus der richtigen Quelle empfangen hatte, gab sich Petrus unabsichtlich der falschen Quelle hin. Beachten Sie den scharfen Kontrast zwischen der Konversation von Petrus und Jesus im obigen Abschnitt und ihrem Gespräch bei der folgenden Begebenheit:

Matthäus 16:21-23

Von der Zeit an begann Jesus seinen Jüngern zu zeigen, dass er nach Jerusalem hingehen müsse und von den Ältesten und Hohenpriestern und Schriftgelehrten vieles leiden und getötet und am dritten Tag auferweckt werden müsse. Und Petrus nahm ihn beiseite und fing an, ihn zu tadeln, indem er sagte: Gott behüte dich, Herr! Dies wird dir keinesfalls widerfahren. Er aber wandte sich um und sprach zu Petrus: Geh hinter mich, Satan! Du bist mir ein Ärgernis, denn du sinnst nicht auf das, was Gottes, sondern auf das, was der Menschen ist.

In Vers 17 hieß es: *„Glückselig bist du, Simon, Bar Jona."* In Vers 23 heißt es: *„Geh hinter mich, Satan!"* Wie kann jemand, der eben erst geistlichen Einblick von Gott bekommen hat, im nächsten Augenblick vom Satan betrogen werden? Das ist ein gewaltiger Sprung – ein Fall von besonders schnell einsetzender Infektion!

Wir sehen, dass Petrus sich seiner fleischlichen Natur hingab, was dazu führte, dass er mit falschem Wetteifer und der Neigung, sich zu vergleichen zu kämpfen hatte – das sind zwei Erscheinungsformen von Infektion. Petrus gab sich aber auch dem Teufel hin und gab damit einer anderen Form von Infektion Raum, seine Beziehung zu Jesus zu stören.

Jakobus und Johannes: Söhne des Donners

Auch Jakobus und Johannes wurden von Einflüssen hin und her geworfen, die mit einander im Konflikt stehen. Wie Petrus gaben auch sie sich bei einer Gelegenheit einem falschen geistlichen Einfluss hin. In anderen Situationen gaben auch sie ihrem Fleisch nach und ließen zu, dass eine Ansteckung geschehen konnte.

In Markus 3:17 erfahren wir, dass Jesus Jakobus und Johannes den Übernamen „Söhne des Donners" gab. Vermutlich kam das daher, dass sie laut und übermütig waren und dazu neigten, manchmal Benzin ins Feuer zu gießen. Heute kennen wir Johannes als den „Apostel der Liebe" und das zu Recht. Aber Johannes war nicht immer ein liebevoller und freundlicher Zeitgenosse gewesen.

Unmittelbar nachdem Jesus die Jünger darüber gelehrt hatte, dass sie wie Kinder werden sollten, sagte Johannes zu Jesus: *„Lehrer, wir sahen jemand Dämonen austreiben in deinem Namen; und wir wehrten ihm, weil er uns nicht nachfolgt"* (Mar. 9:38). Jesus musste Johannes korrigieren, weil er eine falsche Haltung von Absolutheit und Überheblichkeit zum Ausdruck brachte.

Wir stellten bereits fest, dass die Jünger einen nicht geringen Streit und zahlreiche Debatten darüber hatten, wer von ihnen der Größte sei. Eines dieser Streitgespräche entflammte, als Johannes und Jakobus allein zu Jesus gingen und sich die beiden Ehrenplätze zu Seiner Linken und Rechten erbaten (Markus 10:35-45).

Leute mit lärmender und überheblicher Persönlichkeit scheinen sich nicht besonders für den Dienst der Hilfeleistung zu eignen. Menschen, die von ihrem natürlichen Wesen her ungehalten und wild sind und oft für Wirbel sorgen, haben oft auch die Neigung, eine Epidemie auszulösen. Aber das will nicht heißen, dass man solche Leute von vornherein ausschließen sollte. Jesus schloss Jakobus und Johannes nicht aus, weil sie die „Söhne des Donners" waren. Stattdessen sah Er ihr Potential und kultivierte es, indem Er sie in Liebe trainierte und korrigierte.

Jakobus und Johannes wären sicher eine Belastung gewesen, wenn sie nicht gewachsen wären und sich nicht verändert hätten. Aber so lange Jakobus und Johannes den richtigen Einflüssen folgten, waren sie auch in der Lage ihre starken Persönlichkeiten für Gott in sehr nützlicher Weise einzusetzen.

Jakobus und Johannes: Unter falschem Einfluss

Nebst der Schwäche, dass ihr natürlicher Charakter manchmal mit ihnen durchging, gab es aber auch bei Jakobus und Johannes eine Situation, in der sie sich einem ungöttlichen geistlichen Einfluss hingaben, so dass Jesus sie zurechtweisen musste.

Jakobus und Johannes gehörten zu den Jüngern, die Jesus aussandte, das Evangelium zu verkündigen und durch die Salbung des Heiligen Geistes Kranke zu heilen. Gemeinsam mit den anderen erlebten sie geistliche Vollmacht über dämonische Mächte. Dennoch gab es eine Gelegenheit, bei der sie sich auf eine andere Art von Mission einließen. Und diesmal waren nicht sie es, die Autorität über den Teufel ausübten, sondern sie selbst gerieten unter den Einfluss des falschen Geistes.

> Lukas 9:51-56 (SCHLACHTER)
>
> Es geschah aber, als sich die Tage seiner Wiederaufnahme in den Himmel erfüllten und er sein Angesicht entschlossen nach Jerusalem richtete, um dorthin zu reisen, da sandte er Boten vor sich her. Diese kamen auf ihrer Reise in ein Samariterdorf und wollten ihm die Herberge bereiten. Aber man nahm ihn nicht auf, weil Jerusalem sein Reiseziel war. Als aber seine Jünger Jakobus und Johannes das sahen, sagten sie: *Herr, willst du, dass wir sprechen, dass Feuer vom Himmel herabfallen und sie verzehren soll, wie es auch Elia getan hat? Er aber wandte sich um und ermahnte sie ernstlich und sprach: Wisst ihr nicht, welches Geistes Kinder ihr seid?* Denn der Sohn des Menschen ist nicht gekommen, um die Seelen der Menschen zu verderben, sondern zu erretten! Und sie zogen in ein anderes Dorf.

Offensichtlich hatte Jesus Unterscheidungsvermögen und erkannte, dass die Reaktion von Jakobus und Johannes nicht vom Heiligen Geist inspiriert war. In Seiner Ermahnung wies Er sie auf Seine eigentliche Absicht und Mission hin. Er ließ es nicht zu, dass sie falsche, verdrehte Absichten in Seinen Dienst hineinschmuggelten. Jesus war entschlossen, Seine Mitarbeiter gesund zu bewahren.

Der richtige Einfluss führt zu Gesundheit

In Jakobus 3:15-18 beschreibt der andere Jakobus (der Bruder des Herrn) zwei unterschiedliche Arten von Einflüssen, unter denen Menschen stehen und wirken können. Der eine wird zu gesunden, leistungsfähigen Mitarbeitern führen. Der andere wird zu einer sicheren Ansteckung der ganzen Gruppe führen.

Jakobus beschreibt die *Ursache* der Ansteckung sehr genau, wenn er auf Menschen hinweist, die von *„irdischen, sinnlichen, teuflischen"* Motiven bewegt werden, und er beschreibt die Symptome einer solchen Ansteckung, wenn er sagt: *„Denn wo Eifersucht und Eigennutz ist, da ist Zerrüttung und jede schlechte Tat"* (Jakobus 3:15-16). Mitarbeiter, die sich von irdischen, sinnlichen oder dämonischen Motiven antreiben lassen, sind eine Garantie für geistliche Infektion. Diese wird dazu führen, dass eine oder mehrere Personen Anzeichen von Neid, eigensüchtigem Verhalten, Verwirrung und jeder üblen Sache zeigen werden.

Im Gegensatz dazu, ist die Ursache für *Gesundheit* im Team „die Weisheit von oben" (Jak. 3:17). Diese Weisheit ist *„erstens rein, sodann friedvoll, milde, folgsam, voller Barmherzigkeit und guter Früchte, unparteiisch, ungeheuchelt"* (Jak. 3:17). Mitarbeiter, die unter dem Einfluss göttlicher Weisheit stehen, werden über weite Strecken immun sein. Und gesunde Mitarbeiter werden die Zeichen von Reinheit, Friedfertigkeit, Milde, Folgsamkeit, Barmherzigkeit und guten Früchten zeigen, sowie die Fähigkeit ihren Dienst ohne Heuchelei zu versehen.

Diagnose: Ungläubiger Thomas

Neben der Neigung zur Fleischlichkeit und den falschen geistlichen Einflüssen, die Petrus, Jakobus und Johannes erkennen ließen, hatte Jesus auch noch mit dem Negativismus von Thomas zu tun. Als Jesus ankündigte, dass Er Lazarus von den Toten auferwecken würde, hieß das auch, dass man nach Judäa zurückehren musste, das Gebiet, wo Jesus heftigen Widerstand erlebt hatte (siehe Johannes 7:1). Auf die Ankündigung Jesu hin, sagte Thomas zu den anderen Jüngern: *„Lasst auch uns gehen, dass wir mit ihm sterben"* (Joh.

11:16). Dieses Wort von Thomas war indessen kein Ausdruck von Hingabe und Todesmut; sondern Thomas wirkte hier wie eine nasse Wolldecke und verpasste dem ganzen Team eine Dosis von seinem Pessimismus.

Ich glaube, dass Petrus aufrichtig war, als er versuchte, Jesus zurechtzuweisen, aber er war auch „aufrichtig daneben“, als er es tat. Ich bin mir sicher, dass Jakobus und Johannes empfanden, dass ihr Zorn über die Samariter gerechtfertigt war, aber Jesus erlaubte nicht, dass diese Haltung Seinen Dienst bestimmen konnte. Hätte man Thomas auf seinen Pessimismus angesprochen, wäre er sicher sofort mit Ausflüchten zur Stelle gewesen und hätte versichert, dass er nur realistisch sei. Es gibt Situationen, in denen Leute, die für Probleme sorgen davon überzeugt sind, das Richtige zu tun; obwohl ihre Worte und Handlungen in Tat und Wahrheit dem Leib Christi Schaden zufügen.

Die menschliche Natur hat die Tendenz, die eigenen Absichten und Handlungen durch den Filter der Selbstrechtfertigung zu sehen. In Sprüche 21:2 heißt es: *„Jeder Weg eines Mannes ist gerade in seinen Augen ...“,* und in Sprüche 16:25 wiederum: *„Da ist ein Weg, der einem Menschen gerade erscheint, aber zuletzt sind es Wege des Todes.“* Wir müssen stets auf der Hut sein, dass wir nicht in die Irre gehen.

Sind Sie geheilt und gesund?

Aus all dem kann folgende Lektion gelernt werden: Jesu eigene Jünger litten zeitweise unter einer Infektion! Wenn nun schon die Mitglieder des Teams Jesu sich unabsichtlich einem falschen Geist hingaben, ihn manifestieren, entsprechende Fehlhaltungen übertragen und versuchen konnten, die Absicht Gottes zu verdrehen, könnte es da nicht *auch uns* geschehen, dass wir in unseren Wirkungskreisen unwissentlich dasselbe tun? Auch wir müssen darauf achten, göttliche Motive zu bewahren, und sicher gehen, dass es wirklich der Heilige Geist ist, der in unserem Leben am Werk ist. Wenn wir unter Seinem Einfluss stehen, dann werden wir auch *Seine* Frucht – die Frucht des Geistes – in unserem Leben, in unserem Dienst und unseren Beziehungen wachsen sehen.

Bei den Jüngern ging die Sache insofern gut aus, als dass sie nach ihren Fehlern die Korrektur Jesu annahmen und schließlich ihre Fehler überwinden konnten. Sie lernten, sie wuchsen und sie reiften – *und* sie wurden geheilt von ihrer Infektion! Denselben Weg müssen auch wir gehen.

Es gibt verschiedene Einflüsse, die in unserem Leben um Vormacht streiten. Wir können uns entscheiden, den falschen Einflüssen – dem Teufel oder der fleischlichen Natur – zu gehorchen. Oder wir können uns entscheiden, uns dem Heiligen Geist hinzugeben und es Seinem Einfluss erlauben, unser Leben zu bilden und zu formen.

Besonders wichtig ist in diesem Zusammenhang auch, dass wir verstehen, was es wirklich bedeutet, Jesus nachzufolgen. Wenn wir den Plan Gottes für unser Leben erfüllen und Mitarbeiter nach Gottes Plan werden wollen, dann müssen wir unser Augenmerk ganz und gar auf Jesus richten und Ihn zur Basis für unsere Werte, Glaubensinhalte, Gedanken und Handlungen machen.

Fragen zum Nachdenken und zur Diskussion

1. Die Jünger Jesu wetteiferten häufig miteinander, statt zusammenzuarbeiten. Statt danach zu trachten, anderen zu dienen, strebten sie danach, selbst gut dazustehen. Würden Außenstehende Sie eher als wetteifernd oder kooperativ bezeichnen?
2. Woran ist Ihre Dienstbereitschaft sichtbar? Woran könnte man sehen, dass Sie danach trachten, sich selbst zu erhöhen?
3. Stört es Sie, wenn anderen Anerkennung oder Lob zuteil wird?
4. Haben Sie die Tendenz auf andere Leute zu sehen, statt ihre eigene Berufung zu erfüllen?
5. Geht Ihr natürlicher Charakter manchmal mit Ihnen durch?
6. Welche Bereiche Ihrer Persönlichkeit müssen Sie bewusst dem Heiligen Geist ausliefern und Ihm erlauben, Sie zu schleifen oder neu auszurichten?
7. Gibt es Bereiche, in den Sie mit den Fehlern von Petrus, Jakobus, Johannes und Thomas mitfühlen können?

8. Glauben Sie, dass Sie fortwährend unter dem Einfluss des Heiligen Geistes stehen und Seinen Einfluss an andere weitergeben?
9. Unter welchen der beiden in Jakobus 3:15-18 beschrieben Einflüsse wirken Sie häufiger? Gab es Situationen, bei denen Sie unter dem falschen Einfluss standen, der im Jakobusbrief beschrieben wird?
10. Sehen Sie rückblickend Zeiten, in denen Sie eine falsche Haltung hatten oder falsch handelten und dabei dachten, dass Sie das Richtige tun?
11. Gibt es möglicherweise auch in Ihrem heutigen Leben Haltungen oder Handlungsweisen, die eine Neuausrichtung benötigen, vor allem wenn Sie den Filter der Selbstrechtfertigung entfernen? Wenn das zutrifft, wie können Sie Wiederherstellung erfahren und auf die richtige Bahn zurückkehren?
12. Was haben Sie in diesem Kapitel gelernt und wie können Sie es anwenden?
13. In welchen Bereichen müssen Sie ins Gebet gehen oder sich verbessern?

Kapitel 31

Für wen arbeiten Sie?

Als Gott zu Mose aus dem brennenden Dornbusch sprach und ihn dazu berief, die Kinder Israels aus Ägypten zu befreien, brachte Mose eine ganze Reihe von Sorgen und Unsicherheiten zum Ausdruck. Eine seiner Sorgen betraf seine vermeintliche Unfähigkeit zu reden. Gott antwortete auf diese Sorge in 2.Mose 4:14-16.

> 2.Mose 4:14-16
>
> Da entbrannte der Zorn des HERRN gegen Mose, und er sprach: Ist nicht dein Bruder Aaron da, der Levit? Ich weiß, dass er reden kann. Und siehe, er geht auch schon aus, dir entgegen. Und wenn er dich sieht, wird er sich freuen in seinem Herzen. Dann sollst du zu ihm reden und die Worte in seinen Mund legen, und ich will mit deinem Mund und mit seinem Mund sein und will euch unterweisen, was ihr tun sollt. Er aber soll für dich zum Volk reden. Und es wird geschehen, er wird für dich zum Mund sein, und du wirst für ihn zum Gott sein.

In diesem Abschnitt erklärt Gott den Plan, den Er für Aaron, den Bruder Moses, hatte. Die Rolle Aarons hätte nicht klarer sein können. Er sollte eine Verlängerung Moses sein – ein Repräsentant. Aaron war nicht dazu eingesetzt, *für das Volk* zu arbeiten; er war dazu eingesetzt, *für Mose* zu arbeiten.

Aber was geschah, als er entsprechend unter Druck kam? War Aaron ein treuer Repräsentant Moses, der in seinem Sinn handelte? War Aaron ein gesunder Teil des Teams von Mose, oder liefert er ein besonders schlimmes Beispiel einer Gruppeninfektion? Wir wollen herausfinden, was die Bibel über die Arbeitsbeziehung zwischen Aaron und Mose sagt.

Ein Repräsentant des Volkes, nicht des Leiters

Als erstes wollen wir sehen, was geschah, als das Volk Aaron darum bat, ihnen einen Götzen zu bilden. Zu dieser Zeit befand sich

Mose oben auf dem Berg und empfing vom Herrn die zehn Gebote. Während seiner Abwesenheit fingen die Kinder Israels an unruhig zu werden und Aaron mit Klagen gegen Mose sowie Aufforderungen, etwas zu tun zu überhäufen.

In 2.Mose 32:1 heißt es: „*Als nun das Volk sah, dass Mose säumte, vom Berg herabzukommen, versammelte sich das Volk zu Aaron, und sie sagten zu ihm: Auf! Mache uns Götter, die vor uns herziehen! Denn dieser Mose, der Mann, der uns aus dem Land Ägypten heraufgeführt hat, wir wissen nicht, was ihm geschehen ist.*" Hier hätte sich eine großartige Gelegenheit für Aaron geboten, ein Repräsentant und Sprecher Moses zu sein. Dies war seine Chance, die Arbeit zu tun, zu der er beauftragt worden war, nämlich Mose zu unterstützen und an seiner Stelle zu sprechen, in Übereinstimmung mit der Vision und dem Auftrag *Moses*, die dieser von Gott bekommen hatte.

Aaron entschied sich, seinen eigenen Weg zu gehen und sein eigenes Ding durchzuziehen. Statt Mose zu verteidigen und ihn in angemessener Weise gegenüber dem Volk zu vertreten, tat Aaron etwas völlig Entgegengesetztes.

> 2.Mose 32:2-6
> Und Aaron sagte zu ihnen: Reißt die goldenen Ringe ab, die an den Ohren eurer Frauen, eurer Söhne und eurer Töchter sind und bringt sie zu mir! So riss sich denn das ganze Volk die goldenen Ringe ab, die an ihren Ohren hingen, und sie brachten sie zu Aaron. Der nahm alles aus ihrer Hand, formte es mit einem Meißel und machte ein gegossenes Kalb daraus. Und sie sagten: Das sind deine Götter, Israel, die dich aus dem Land Ägypten heraufgeführt haben. Als Aaron das sah, baute er einen Altar vor ihm, und Aaron rief aus und sagte: Ein Fest für den HERRN ist morgen! So standen sie am folgenden Tag früh auf, opferten Brandopfer und brachten Heilsopfer dar. Und das Volk setzte sich nieder, um zu essen und zu trinken. Dann standen sie auf, um sich zu belustigen.

Statt einen positiven Einfluss *auf* das Volk auszuüben (indem er Mose repräsentierte und reflektierte), gab Aaron dem negativen Einfluss *des* Volkes nach. Mit anderen Worten: Aaron führte die Vision des Volkes aus, statt der Vision, die Gott Mose gegeben hatte.

Aaron hätte als Repräsentant Moses agieren und in Vertretung von Mose Einfluss über das Volk ausüben sollen. Er hätte zumindest versuchen können, sie in der richtigen Spur zu halten, während sie auf die Rückkehr Moses warteten – aber das tat er nicht. Was war falsch gelaufen? Wo brach Aarons geistliches Immunsystem ein? Hatte er das Vertrauen in die Leitung von Mose verloren? Konnte er nur richtig handeln, wenn Mose direkt an seiner Seite war? War Aaron die Gunst des Volkes wichtiger als sein Auftrag? War ihm Popularität wichtiger als Prinzipientreue? Warum versagte Aaron als Leiter? Was brachte ihn dazu, sich der Meinung des Volkes zu beugen?

Aarons Hauptfehler

Aus meiner Sicht war die Herstellung des goldenen Kalbes auf Wunsch des Volkes nicht der erste Fehler, den Aaron machte. Ich glaube, dass Aaron bereits auf Abwegen war, weil er es versäumt hatte, dem Volk vorsorglich und regelmäßig die Vision Moses in Erinnerung zu rufen. Dieser Hauptfehler führte schließlich dazu, dass das Volk nach einem Götzenbild verlangte, und es war dieser Hauptfehler, der Aaron schließlich dazu brachte, dem irregeleiteten Begehren des Volkes zu entsprechen.

Lassen Sie mich genauer erklären, was ich meine. Was tat Aaron während der ganzen Zeit, als Mose auf dem Berg mit Gott war? War er aktiv dabei, die Vision von Mose zu bekräftigen? Erinnerte er das Volk an seine Bestimmung und seine göttliche Berufung? Ich glaube nicht, dass er das tat. Wäre dieser göttliche Plan im Denken der Leute fest verwurzelt gewesen, so wäre es kaum dazu gekommen, dass sie lauthals nach ein goldenen Kalb geschrieen hätten. *Und* wäre der Plan Gottes im Denken *Aarons* an vorderster Stelle gewesen, dann hätte er diesem gottlosen Verlangen kaum so schnell nachgegeben.

Ich glaube, dass Aaron lange vor dem Ereignis mit dem goldenen Kalb in eine passive Form der Leiterschaft abgerutscht war (die man eigentlich gar nicht als „Leiterschaft" bezeichnen kann). Wäre er aktiv dem Plan Gottes gefolgt, wie Gott ihn Mose offenbart hatte, dann hätte er es dem Volk niemals erlaubt, seinem eigenen gottlosen Plan zu folgen.

Lassen Sie es nicht zu, dass die Leute mit ihren widerstrebenden Ideen Sie von der richtigen Bahn abbringen können. Wenn Sie ein Leiter in der Gemeinde sind, dann ist es Ihre Aufgabe, den Pastor zu repräsentieren und Ihre Aufträge in Übereinstimmung mit seiner Vision auszuführen. Wenn Sie diese Vision aus den Augen verlieren, dann werden Sie viel empfänglicher dafür sein, konkurrierende Visionen anzunehmen und zu fördern, wenn sich die Gelegenheit dazu bietet.

Ausreden, nichts als Ausreden!

Noch deutlicher werden die Fehler und Probleme von Aaron, wenn man das Gespräch analysiert, das er mit Mose führte, als dieser ihn wegen des goldenen Kalbs zur Rede stellte. Wenn Sie den Bericht über diese Konfrontation lesen, so denken Sie daran, dass die Bibel ausdrücklich sagt: „[Aaron] *nahm alles Gold aus ihrer Hand, formte es mit einem Meißel und machte ein gegossenes Kalb daraus*" (2.Mose 32:4). Anders gesagt, Aaron gebrauchte eine Art Meißel, um aus dem von ihm selbst eingeschmolzenen Gold ein Kalb zu formen und zu gestalten.

> 2.Mose 32:22-24
> Aaron aber sagte: Der Zorn meines Herrn entbrenne nicht. Du selbst kennst das Volk, dass es böse ist. Sie haben nämlich zu mir gesagt: Mach uns Götter, die vor uns hergehen! Denn dieser Mose, der Mann, der uns aus dem Land Ägypten heraufgeführt hat, wir wissen nicht, was ihm geschehen ist. *Da fragte ich sie: Wer hat Gold? Sie rissen es sich ab und gaben es mir, und ich warf es ins Feuer, und dieses Kalb ist daraus hervorgegangen.*

In Vers 24 lesen wir, dass Aaron versuchte, Mose davon zu überzeugen, dass das Kalb von selbst entstanden war! Er behauptete, dass er nur das Gold eingesammelt, es ins Feuer geworfen hatte und siehe da – hervor kam ein Kalb! Aaron war nicht bereit die Verantwortung für seine Handlungen zu übernehmen. In dieser Situation verspielte Aaron seine Rolle als Leiter und schob die Schuld auf andere ab. Er gab den Leuten die Schuld für ihr Verhalten, obwohl eigentlich *er selbst* seiner Aufgabe nicht nachgekommen war. Im nächsten Vers heißt es: *„Als nun Mose sah, dass das Volk zügellos geworden war – denn Aaron hatte ihm die Zügel schießen lassen, seinen Widersachern zum Spott“* (2.Mose 32:25, SCHLACHTER).

Es war sehr bedauerlich, dass die Vision, die Gott Mose gegeben hatte, weder im Volk noch bei Aaron Raum gefunden hatte. Wie hätte Aaron Mose angemessen repräsentieren können, da er nicht die Vision ergriffen hatte, für die er stehen sollte? Ein erfolgreicher Mitarbeiter *muss* die Vision des Leiters kennen und übernehmen, um diese Vision angemessen vertreten und in den Leuten wach halten zu können.

Wenn Sie im Dienst der Hilfeleistung mitarbeiten, dann ist es entscheidend, dass Sie die Vision der Gemeinde in Ihrem Herzen tragen. Die Vision umfasst auch die Werte, Prioritäten und Ziele, die der Pastor für die Gemeinde festgelegt hat. Helfen Sie Ihrem Pastor, die Vision zu verwirklichen und sie anderen mitzuteilen, damit sie einen Anteil an ihrer Umsetzung haben können.

Fragen zum Nachdenken und zur Diskussion

1. Für wen arbeiten Sie, für den Pastor oder für die Leute?
2. Waren Sie jemals in der Versuchung, die Vision der Gemeinde fahren zu lassen, um bei den Leuten besser anzukommen?
3. Wie vermitteln und leben Sie vorsorglich und aktiv die Vision der Gemeinde? Wie halten Sie die Vision in Ihrem Denken und dem Denken der Leute wach?
4. Haben Sie jemals mit einer Reaktion so lange gewartet, bis das Problem zu einer Bedrohung wurde, statt es durch ein sofortiges Einschreiten im Keim zu ersticken? Wie hätten Sie besser mit der Situation umgehen können?
5. Nennen Sie eine Situation, in der Sie die Verantwortung übernommen haben, statt jemand anderen zu beschuldigen.
6. Fällt Ihnen eine Situation ein, in der Sie die Schuld auf andere geschoben haben, statt die Verantwortung selbst zu übernehmen?

7. Was haben Sie in diesem Kapitel gelernt und wie können Sie es anwenden?
8. In welchen Bereichen müssen Sie ins Gebet gehen oder sich verbessern?

Kapitel 32

Ärgernisse können tödlich enden!

Eine besonders aufrüttelnde Geschichte in der Bibel – über die leider kaum gesprochen wird – ist die von Ahitofel im Alten Testament. In diesem Kapitel werden wir nur einige Aspekte der Geschichte behandeln, aber ich möchte Sie ermutigen, sie auch als Ganzes zu lesen. (Siehe 2.Samuel 15:12-17:23.)

Ahitofel war einer der Berater von David und später von Davids Sohn Absalom. In 2.Samuel 16:23 heißt es: *„Der Rat Ahitofels aber, den er in jenen Tagen gab, war, als wenn man das Wort Gottes befragte; so viel galt jeder Rat Ahitofels sowohl bei David als auch bei Absalom."* Ahitofel war hoch geachtet für seine Weisheit und Einsicht, aber es fehlte ihm ganz offensichtlich an Loyalität. Als Absalom seine niederträchtige Rebellion gegen seinen Vater, den König, führte, verließ Ahitofel David sogleich, um sich an der Revolte Absaloms zu beteiligen.

Während David auf der Flucht vor dem Aufstand war, erkannte er, dass die größte Gefahr von der Kraft ausging, die Absalom aus dem weisen Rat von Ahitofel gewinnen konnte. Um der Weisheit seines früheren Beraters etwas entgegenzusetzen, sandte David seinen treuen Freund Huschai an den Hof von Absalom, der dort Loyalität gegenüber Absalom vortäuschen sollte und den Auftrag hatte, jedem Rat von Ahitofel zu widersprechen.

Als Ahitofel Absalom den Rat gab, David unverzüglich zu verfolgen und umzubringen, sprach sich Huschai für das Gegenteil aus: *„Warte, bis ganz Israel sich zu dir versammelt hat, dann erst verfolge David"* (2.Sam. 17:7-11). Sehr zum Missfallen von Ahitofel wurde sein Rat zugunsten der Weisung von Huschai verworfen.

Ahitofel reagierte darauf mit Verzweiflung.

2.Samuel 17:23

Als aber Ahitofel sah, dass sein Rat nicht ausgeführt worden war, sattelte er den Esel und machte sich auf und ging in sein Haus, in seine Stadt; und er bestellte sein Haus *und erhängte sich. Und er starb* und wurde im Grab seines Vaters begraben.

Ist es nicht erstaunlich, wie wankelmütig Ahitofel wurde, als man seinem Rat nicht folgte. Er nahm diese Niederlage so persönlich, dass er sich das Leben nahm. Aber natürlich stand hinter diesen Ereignissen mehr als nur die verletzten Gefühle Ahitofels, weil man seinen Rat nicht beherzigt hatte.

Vielleicht ging Ahitofel davon aus, dass Absalom durch die Missachtung dieses Rats bereits zum Niedergang verurteilt war. Vielleicht konnte Ahitofel voraussehen, dass diese falsche Stoßrichtung schließlich dazu führen würde, dass der Aufstand zerschlagen und er selbst mit der Schmach zurückbleiben würde, die falsche Seite gewählt zu haben. Aber ich glaube, dass wir noch mehr aus dieser Geschichte lernen können.

Die Wurzel der Kränkung

Sehr wahrscheinlich hatte Ahitofel seine objektive Wahrnehmungsfähigkeit aufgrund einer Kränkung eingebüsst, die er über Jahre mit sich herumgetragen hatte. Die Bibel berichtet darüber, dass König David mit Bathseba im Ehebruch ein Kind gezeugt hatte und am Ende ihren Mann Uria umbringen ließ. Die Schrift lässt den Schluss zu, dass Ahitofel der Großvater von Bathseba war (siehe 2.Sam. 11:3 und 23:34). David schändete Ahitofels Enkelin, ließ seinen „Schwiegerenkel" ermorden und als Konsequenz seiner Handlungen musste auch noch Ahitofels Urenkel sterben.

Es scheint, dass Ahitofel diese Kränkung nie überwinden konnte, die David durch seine grässlichen Sünden verursacht hatte. Die Tiefe der Abscheu gegenüber David zeigt sich auch an der Tatsache, dass er freiwillig dazu bereit war, zwölftausend Soldaten anzuführen, die David unverzüglich verfolgen und umbringen sollten.

Ahitofel hatte David jahrelang gedient und ihm Rat gegeben, der *„war, als wenn man das Wort Gottes befragte"* (2.Sam. 16:23). Aber dennoch – trotz der Weisheit Ahitofels, die David half – lauerte und eiterte unter der Oberfläche die Kränkung, die David ihm zugefügt hatte. Diese Kränkung war eine Infektion, die David beinahe das Leben kostete und Ahitofel den Tod brachte.

Ironischerweise bedeutet der Name „Ahitofel" *Bruder der Torheit.*[1] Ahitofel zeigte enorme Weisheit in seinen Ratschlägen, aber er selbst war unfähig, diese Weisheit in seinem eigenen Leben umzusetzen. David hatte in Bezug auf Bathseba und Uria schändlich gehandelt, seine Taten sind nicht zu rechtfertigen oder zu beschönigen. Aber Ahitofel ließ es zu, dass die Abgründe von Davids Handeln in ihm selbst Abgründe öffnen konnten. Er ließ es zu, dass die Sünde Davids in seinem eigenen Leben zur Sünde führte, und er ließ es zu, dass die Fleischlichkeit Davids Anlass für seine eigene Fleischlichkeit wurde.

Hüte Dich vor Ärgernissen

Wir können einige wertvolle Lektionen von Ahitofel lernen, die uns in unserem persönlichen Leben und Dienst helfen werden.

Erstens: *Wir sollen auf der Hut sein vor Kränkungen.* Ärgernisse sind ein gefährlicher Ansteckungsherd, der schnell zur Infektion führen und auch auf andere überspringen kann. Die Hintergründe in der Geschichte Ahitofels sind extrem, und menschlich gesprochen ist seine Reaktion verständlich. David sündigte in außergewöhnlicher Weise und die Auswirkungen seiner Sünde hatten schwere Folgen für Ahitofel und seine Familie. Trotzdem, so gerechtfertigt seine Reaktion auf die Kränkung erscheinen mochte, war das Leiden daran für Ahitofel tödlich, weil er nicht über die Kränkung hinwegkam.

Aufgrund der Schwere der Verfehlung können wir die Reaktion von Ahitofel nachvollziehen. Es gibt jedoch heutzutage in den Gemeinden viele Leute, die Kränkungen und Verletzungen aufgrund von Lappalien mit sich herumschleppen. Viel zu viele Menschen verlieren wegen kleiner, nebensächlicher Vorkommnisse die Fassung. Im Vergleich zur großen Absicht Gottes sind die meisten dieser Anlässe völlig bedeutungslos. Kränkungen führen zu hässli-

---

[1] Strong's Nummer 0302, nach Strong's Hebrew Lexicon: *Bruder der Torheit,* bzw. „mein Bruder ist Torheit" (Hebräisch Deutsch Lexikon der Online Bible).

chen Ergebnissen, egal, ob der Anlass ein großer oder ein kleiner ist. Kränkungen jeglicher Art – mögen sie „gerechtfertigt" erscheinen oder nicht – werden Ihnen und den Menschen in ihrer Umgebung letzten Endes Schaden zufügen.

Nicht jeder, der eine Kränkung erfahren musste, wird deshalb Teil einer offenen Revolte wie Ahitofel. Aber die Symptome einer entsprechenden Ansteckung können sich auch auf andere Weise manifestieren. Manche Leute neigen zu passiver Aggression, indem sie zum Beispiel *sagen,* alles sei in Ordnung, während sie in ihrem Herzen, in ihrer Haltung und in ihren Handlungen, bildlich gesprochen, die Bremse angezogen haben. Sie mögen nach wie vor ihren Dienst versehen und den Schein wahren, aber sie sind nicht mehr von ganzem Herzen bei der Sache. Andere Leute, die zu dieser Art von Aggression neigen, beginnen zu bocken, zu schmollen und sich zurückzuziehen. Egal ob sich Kränkungen in offener oder passiver Aggression Luft machen, es handelt sich immer um Kränkungen, um Rebellion, um eine Haltung, die unweigerlich Schaden erzeugen wird.

Man wird Ihren Rat nicht immer beherzigen

Aus den Fehlern von Ahitofel haben wir gelernt, dass wir vor Kränkungen auf der Hut sein müssen. Zweitens müssen wir lernen, *dass man unseren Rat nicht immer beherzigen wird.* Nicht alles in unserem Leben wird in der Weise getan werden, wie wir es für richtig halten. Und das ist auch gut so!

Denken Sie daran: Wenn eine Gemeinde aus 250 Personen besteht, dann wird es vermutlich 250 (oder mehr) verschiedene Meinungen geben! Wie reagieren Sie darauf, wenn Ihr gut gemeinter Rat nicht beherzigt wird? Nehmen Sie es nicht persönlich, wenn Ihre Meinung oder Ihre Ideen kein Gehör finden. Wenn Sie Teil eines gesunden Teams sein wollen, dann ist es entscheidend, Respekt und Kooperativität zu bewahren, auch wenn man mit einer Entscheidung nicht einverstanden ist. Sie müssen bereit sein, vollen Einsatz zu leisten, auch wenn Sie nicht voll und ganz mit allem einverstanden sind.

Kränkungen sind ein gefährliches Werkzeug des Feindes – einerseits wegen des Schadens, den sie anrichten, aber noch mehr, weil sie oft unterschwellig wirken und schwer zu entdecken sind. Wenn Sie an Kränkungen festgehalten haben, dann lassen Sie diese los, bevor sie Ihnen Schaden zufügen oder andere in Mitleidenschaft ziehen können. Verfolgen Sie außerdem das Ziel, niemals zum Anlass der Kränkung im Leben einer anderen Person zu werden. Kränkungen können Einzelpersonen, Gemeinden und Dienste in kürzester Zeit verwüsten.

Fragen zum Nachdenken und zur Diskussion

1. Dachten Sie jemals, Ihr Gekränkt-sein sei gerechtfertigt? Was taten Sie, um die Kränkung loszuwerden?
2. Waren Sie jemals Anlass zur Kränkung für eine andere Person? Was taten Sie, um die Beziehung wiederherzustellen?
3. Haben Sie es jemals zugelassen, dass die schlimmen Handlungen einer anderen Person bei Ihnen zu einer schlimmen Reaktion führen konnten? Haben Sie es jemals zugelassen, dass die Sünde einer anderen Person, Sie zu sündigen Reaktionen provozieren konnte? Haben Sie es jemals erlaubt, dass die Fleischlichkeit einer anderen Person, bei Ihnen zu fleischlichen Reaktionen führte? Was taten Sie, um wieder auf den richtigen Weg zu kommen?
4. Wie reagieren Sie, wenn Ihre Meinung oder Ihr Rat kein Gehör finden?
5. Was haben Sie in diesem Kapitel gelernt und wie können Sie es anwenden?
6. In welchen Bereichen müssen Sie ins Gebet gehen oder sich verbessern?

Kapitel 33

Absalom: Ein schlimmes Beispiel einer Epidemie

Ein letztes und zugleich besonders schlimmes Beispiel für eine Epidemie finden wir im Leben von Absalom, dem Sohn Davids. Einige der anderen Formen von Ansteckung, die wir studiert haben, könnte man aufgrund der *Motivation,* die dahinter steht, als weniger unheilvoll bezeichnen. Zum Beispiel der Versuch von Petrus in Matthäus 16, Jesus guten Rat zu erteilen, oder das Nachgeben von Aaron gegenüber den Forderungen des Volkes in 2.Mose 32 könnte man als unbeabsichtigt bezeichnen. Petrus tat nur, was ihm als richtig erschien, und Aaron gab einfach dem Druck anderer nach. Absalom steht in krassem Gegensatz dazu; was er tat, war kalkuliert, freiwillig und geplant.

Die Infektion, von der Ahitofel befallen wurde, hing mit der Kränkung über etwas zusammen, das David *verübt hatte* (nämlich Ehebruch und Mord). Im Kontrast dazu hatte der Infekt, der Absalom befiel, seinen Ursprung in etwas, das David *versäumt hatte zu tun* (nämlich, die Vergewaltigung von Tamar zu bestrafen).

In 2.Samuel 13 lesen wir die Geschichte von Absaloms Schwester Tamar, die sehr schön war. Wir erfahren, dass Tamar von ihrem Halbbruder Amnon vergewaltigt wurde und dass König David, der Vater der beiden, sehr zornig darüber war (V. 21). Dennoch finden wir keinen Hinweis dafür, dass David Amnon jemals für sein Vergehen bestraft hätte. Zwei Jahre nach dem Geschehen nahm Absalom die Sache in die eigene Hand und rächte die Schändung Tamars, indem er Amnon umbringen ließ.

Nach einer längeren Zeit des Exils kehrte Absalom schließlich nach Jerusalem zurück, aber seine Beziehung zu David blieb angespannt. Obwohl in 2.Samuel 14:33 scheinbar eine Versöhnung stattfand, macht die spätere Revolte Absaloms deutlich, dass die Kränkung niemals wirklich beseitigt worden war.

2.Samuel 15 beschreibt, wie der Aufstand von Absalom begann. Absalom fing damit an, die Herzen der Menschen von König David abzuziehen, indem er ihnen die Gerechtigkeit versprach, nach der sie suchten.

> 2.Samuel 15:1-6 (SCHLACHTER)
> Danach aber geschah es, dass Absalom sich Wagen und Pferde verschaffte und 50 Mann, die vor ihm herliefen. Und Absalom machte sich am Morgen früh auf und stellte sich neben dem Torweg auf; und es geschah, wenn jemand einen Rechtsstreit hatte, so dass er zum König vor Gericht kommen musste, so rief ihn Absalom zu sich und fragte ihn: „Aus welcher Stadt bist du?“ Antwortete er dann: „Dein Knecht ist aus einem der Stämme Israels,“ so sprach Absalom zu ihm: „Siehe, deine Sache ist gut und recht, aber beim König ist niemand, der dir Gehör schenkt!“ Und Absalom sprach: O dass man doch mich zum Richter im Land einsetzte, damit jedermann zu mir käme, der einen Rechtsstreit und Rechtshandel hat; ich würde ihm zu seinem Recht verhelfen! Und es geschah, wenn jemand kam, um sich vor ihm niederzuwerfen, so streckte er seine Hand aus, ergriff ihn und küsste ihn. So machte es Absalom mit allen Israeliten, die zum König vor Gericht kamen; und so stahl sich Absalom die Herzen der Männer von Israel..

In Vers 6 heißt es, dass Absalom „das Herz der Männer von Israel stahl.“ Es ist interessant, dass die Bibel hier das Wort „stehlen“ verwendet. Das weist darauf hin, dass Absalom ihre Loyalität durch unrechte Mittel erlangte. Was Absalom den Leuten versprach, mochte sich edel und gerecht anhören, aber die Art und Weise mit der Absalom dabei war, die Autorität Davids zu unterwandern, hatte nichts Edles oder Gerechtes an sich.

Wir können in diesem Abschnitt in 2.Samuel 15 einige Charaktereigenschaften von Absalom entdecken:

- Absalom hielt fest an der Kränkung über die Nachlässigkeit Davids gegenüber der Untat von Amnon.
- Absalom war ein stolzer und eitler Mensch.
- Absalom war ein Schmeichler.

- Absalom war ein Opportunist[1].
- Absalom unterwanderte Davids Autorität, während er zugleich eine eigene Gefolgschaft aufbaute.

Wir wollen nun diese einzelnen Charaktereigenschaften betrachten und herausfinden, wie sie sich in Absaloms Leben auswirkten und die Leute in seiner Umgebung in Mitleidenschaft zogen.

Die Kränkung über das Versäumnis von David

Absalom hielt fest an der Kränkung über das Versäumnis von David, Amnon zu bestrafen. Diese alte Verletzung war die Grundlage für die spätere Klage Absaloms: *„O dass man doch mich zum Richter im Land einsetzte, damit jedermann zu mir käme, der einen Rechtsstreit und Rechtshandel hat; ich würde ihm zu seinem Recht verhelfen!“* (2.Samuel 15:4, SCHL). Eigentlich sagte Absalom: „Der Leiter sorgt nicht dafür, dass die Dinge richtig laufen, aber wenn ich an seiner Stelle wäre, würde ich das tun.“ Der anfängliche Ärger über die Untätigkeit Davids bezüglich der Schändung von Tamar mag zwar verständlich gewesen sein, dennoch gilt es festzuhalten, dass zwei falsche Handlungen keine richtige ergeben. David hatte falsch gehandelt, aber Absalom ebenso, weil er an einer Verletzung festhielt und schließlich aufgrund dieser Verletzung handelte.

Stolz und Eitelkeit

Außerdem war Absalom ein stolzer und eitler Mensch. Er zog gerne die Aufmerksamkeit auf sich. In 2.Samuel 15:1 heißt es: *„Danach aber geschah es, dass Absalom sich Wagen und Pferde verschaffte und 50 Mann, die vor ihm herliefen“* (SCHL). Stellen Sie sich diese Szene vor! Sie reiten durch die Stadt mit Wagen und Pferden und *fünfzig* Männer laufen vor Ihnen her, um Ihr Kommen anzukündigen!

---

[1] Ein Opportunist ist jemand, der die Umstände, die Schwächen oder Probleme anderer Leute für seine eigenen Ziele benutzt; bzw. jemand, der stets sein Fähnchen nach dem Wind dreht um niemals im Nachteil zu sein (Anm. d. Übersetzers).

Absaloms Eitelkeit zeigt sich auch in 2.Samuel 14:25-26.

2.Samuel 14:25-26
In ganz Israel aber gab es keinen Mann so schön wie Absalom und so sehr zu rühmen. Von seiner Fußsohle bis zu seinem Scheitel war kein Makel an ihm. Und wenn er sein Haupt scheren ließ, es geschah nämlich am Ende jedes Jahres, dass er es scheren ließ, denn es war ihm zu schwer, so ließ er es scheren, dann wog sein Haupthaar zweihundert Schekel nach königlichem Gewicht.

Kennen Sie jemanden, der seine Haare wiegt, nachdem er sie geschnitten hat? Ja, es wäre sicher nicht leicht demütig zu bleiben, wenn man die beliebteste Person im ganzen Land ist. Diese Art von Beschäftigung verrät ein ungewöhnliches Maß an Selbstinteresse. Absalom versucht seine Handlungen in 2.Samuel 15:1-6 zu rechtfertigen, indem er sich als Garant für Gerechtigkeit ausgibt, aber ich bin mir sicher, dass seine Egozentrik eine Haupttriebkraft seines Verhaltens war.

Ein Schmeichler

Absalom war ein Schmeichler. In 2.Samuel 15:3 heißt es: *„Dann sagte Absalom zu ihm: Siehe, deine Anliegen sind gut und recht.“* Absalom schmeichelte den Leuten, um ihre Gunst zu gewinnen und sie auf seine Seite zu ziehen. Die Bibel hält nicht viel von Schmeichlern. In Psalm 12:3 finden wir keine guten Worte über solche, die „mit glatter Lippe“ und „mit doppeltem Herzen“ reden. Und in Judas, Vers 16, finden wir scharfe Worte über solche, „deren Mund geschwollen und hochtrabend redet, wenn sie gewisse Leute bis in den Himmel loben, weil sie sich davon einen Nutzen erhoffen“ (NTR).

Kennen Sie die Redewendung: „Mit Schmeichelei erreichen Sie bei mir nichts“? Für gewöhnlich wird sie von Leuten verwendet, denen gerade jemand geschmeichelt hat und die den Schmeichler darauf aufmerksam machen wollen, dass seine süßen Worte nichts erreichen werden. Trotzdem ist diese Redewendung nicht absolut wahr; in dieser Welt wird Schmeichelei *sehr wohl* etwas bewirken. Aber die Position in die Sie (als der Schmeichler oder als derjenige, der sich von der Schmeichelei beeindrucken lässt) geraten, ist nicht die Position die Gott für Sie geplant hat.

Ein Opportunist

Absalom war ein Opportunist. Er sprach die Verärgerten an. Er machte sich (tatsächliche oder scheinbare) Mängel im Königreich Davids zu Nutze, um die Unzufriedenheit im Volk zu schüren und weiter wachsen zu lassen.

Sind Sie ein Opportunist? Wenden Sie sich an unzufriedene Mitglieder in Ihrer Gemeinde oder in dem Dienst, für den Sie arbeiten? Beobachten Sie die Wirkung, die Ihre Worte und Handlungen auf die Leute in Ihrer Umgebung haben. Werden die Leute dazu ermutigt, den Pastor oder Leiter zu unterstützen? Oder werden sie vom Pastor oder Leiter abgezogen, um *Sie* zu unterstützen?

Unterwanderung der Autorität

Absalom unterwanderte Davids Autorität, um seine eigenen Pläne umzusetzen. Absalom demontierte das Bild des Königs und arbeitete zugleich daran, seine eigene Gefolgschaft aufzubauen. In der Warnung von Paulus an die Ältesten in Ephesus klingt das schlechte Vorbild von Absalom an: *„Ich weiß, dass nach meinem Abschied grausame Wölfe zu euch hereinkommen werden, die die Herde nicht verschonen. Und aus eurer eigenen Mitte werden Männer aufstehen, die verkehrte Dinge reden, um die Jünger abzuziehen hinter sich her"* (Apg. 20:29-30).

Ein Autor schrieb über das Verhalten von Absalom Folgendes:

> Für den geistlichen Bereich gilt: Ein Mensch, der einen Aufstand anzettelt, hat damit bewiesen – mögen seine Worte noch so großartig sein oder sein Verhalten beinah engelhaft erscheinen – dass er ein kritisches Wesen und einen gewissenlosen Charakter hat und verborgene Absichten in seinem Herzen trägt. Kurzum, er ist ein Dieb. Er sorgt für Unzufriedenheit und Spannung, entweder um Macht zu erlangen oder einen Zustrom von Nachfolgern zu erwirken. Die Nachfolger, die er bekommt, gebraucht er, um seinen eigenen Machtbereich zu sichern. Was sind das für traurige Anfänge, die

> auf einem Aufruhr gründen ... Gott wird gewiss keine Spaltung in Seinem Machtbereich ehren. Es kommt mir merkwürdig vor, dass Leute, die sich dazu befugt fühlen, Spaltung im Reich Gottes zu verursachen, sich nicht befugt und in der Lage fühlen, irgendwo in die Ferne zu gehen, um dort ihr eigenes Reich aufzurichten. Sie wissen nichts Besseres, als einen anderen Leiter zu berauben. Ausnahmslos scheinen solche Leute auf einige Nachfolger angewiesen zu sein, die ein anderer für sie ausgebildet hat.[1]

Absalom war ein Dieb, indem er die Herzen der Leute von David abzog. Tun oder sagen auch Sie Dinge, welche die Loyalität der Leute von Ihrem Pastor abziehen?

Uneinigkeit ist eine schlechte Saat

Quer durch dieses Buch haben wir verschiedene Personen studiert, die in einem Dienst der Hilfeleistung standen, um von ihnen zu lernen – manche haben uns gezeigt, was man *tun sollte,* und andere, was man *nicht tun sollte.* In unserer Betrachtung von 2.Samuel 15:1-6 und der damit verbundenen Analyse *negativer* Charaktereigenschaften von Absalom, haben wir eine ansehnliche Liste von dem, *was man nicht tun sollte.*

Viele Gemeinden haben gefährliche und unnötige Spaltungen erlitten, weil ein Einzelner oder eine Gruppe von Leuten anfingen, ihr Augenmerk zu sehr auf Unvollkommenheiten oder Mängel in der Gemeinde oder in der Person des Pastors zu richten. Wie wir wissen, wird es in der Gemeinde, solange sie aus Menschen besteht, immer Fehler, Mängel und blinde Flecken geben. Die Fähigkeit einen Fehler zu finden ist keine große Tugend oder Begabung. Es gab schon Probleme, bevor Sie der Gemeinde beitraten, es gibt Probleme, so lange Sie dabei sind, und es wird Probleme geben, nachdem Sie gegangen sind. Wir sind alle unvollkommen und auf dem Weg der Veränderung.

Die Hauptwaffe, die Satan gegen Mitarbeiter im Dienst einsetzt, ist die, sie zu Kritik und Fehlersuche anzureizen. Wir müssen erken-

---

[1] Gene Edwards, *A Tale of Three Kings* (Augusta, ME: Christian Books, 1980), S. 67-68. Used by permission of the publisher.

nen, dass Gott uns dazu berufen hat, Teil der *Lösung,* nicht des *Problems* zu sein. Wir werden niemals eine Lösung erwirken, indem wir Spaltung und Streit verursachen. Im Gegenteil, so werden wir nur für zusätzliche Problem sorgen.

In Sprüche 6:16-19 führt Gott sieben Dinge auf, die er hasst, Dinge, die Ihm ein Gräuel sind. Der letzte Bereich, der erwähnt wird, lautet *„und einer, der Zwietracht sät zwischen Brüdern“* (Vers 19, SCHL). Andere Worte für „Zwietracht“ sind Hader, Streit und Reibereien. Wenn Menschen gekränkt sind, dann wollen sie häufig anderen von der Kränkung berichten. Sie möchten, dass man Mitleid mit ihnen hat, sich mit ihnen grämt und mit ihnen Position gegen den Pastor (oder wer immer sie verletzt haben mag) bezieht. Statt die Sache konstruktiv anzugehen, ziehen es solche Leute vor, *Zwietracht zwischen Brüder zu säen.* Auch ein lokaler Infekt ist nicht wünschenswert, aber einer, der auch auf andere Bereiche des Körpers übergreift, ist umso schlimmer.

Ein nobler und tugendhafter Mitarbeiter ist einer, der sein Bestes gibt, und das Angesichts der Tatsache, dass in der Gemeinde nicht alles vollkommen ist. Er wird sich zum gegebenen Zeitpunkt erinnern, dass nicht nur der Pastor (oder die Gemeinde) unvollkommen ist, sondern auch er selbst. Wir müssen die Entscheidung getroffen haben, nicht zu erlauben, dass der Feind uns benutzen kann, um Streit und Spaltung in die Gemeinde zu bringen. Wir wollen ein Teil der Lösung sein, nicht des Problems. Wir zählen zu den Friedenstiftern, die Jesus glückselig nannte (Mat. 5:9).

Beurteilen Sie sich an der Liste von Absaloms Fehlhaltungen, wie wir sie oben festgehalten haben. Sind einige dieser Eigenschaften auch bei Ihnen zu finden? Wenn ja, dann graben Sie ein wenig tiefer und erlauben Sie dem Licht des Wortes und des Geistes Gottes, die Wurzel dieser zerstörerischen Eigenschaften aufzudecken. Wenn Sie dabei einen Samen von Kränkung in Ihrem Herzen finden sollten, reißen Sie ihn aus, bevor er zu einer Infektion führt, die auf den ganzen Leib übergreifen kann.

Fragen zum Nachdenken und zur Diskussion

1. Wie schützen Sie sich davor, dass Kritik in Ihnen Wurzeln schlagen kann, wenn Sie Unzulänglichkeiten oder Fehler in der Gemeinde oder bei ihren Mitgliedern feststellen.
2. Was tun Sie, um sicherzustellen, dass Sie in der entsprechenden Situation einen festen Stand behalten und Ihr Herz und Ihre Einstellung sauber bleiben?
3. Wie ermutigen Sie kritische und verärgerte Leute und wie geben Sie Ihnen Rat, damit sie wieder positiv und produktiv werden können.
4. Sind Sie sicher, dass Ihre Bemühungen das Reich Gottes bauen und nicht Ihr eigenes kleines Reich?
5. Sind Sie sicher, ein Friedensstifter zu sein und nicht jemand, der Zwietracht unter die Leute bringt.
6. Was haben Sie in diesem Kapitel gelernt und wie können Sie es anwenden?
7. In welchen Bereichen müssen Sie ins Gebet gehen oder sich verbessern?

Teil V

Wo ist er zu finden?

Wir haben in diesem Buch verschiedene biblische Prinzipien und Beispiele von unterstützendem Dienst sowie die Eigenschaften guter Mitarbeiter studiert und angeschaut, was genau ein guter Mitarbeiter *nicht* tun und *nicht* sein sollte. Nun, da wir wissen, dass „Timotheus“ ein Bild für die Art von Mitarbeiter ist, die jeder Pastor finden möchte und die wir alle werden sollten – wo genau sollen wir „ihn“ suchen?

Im letzten Teil dieses Buches möchte ich zwei Personengruppen ansprechen: Die Pastoren oder Leiter, die gerne einen solchen Timotheus *engagieren* möchten, und die Menschen, die danach trachten ein solcher Timotheus zu *werden.* Ich bin mir sicher, dass diese abschließenden Worte der Ermutigung und Anweisung Ihnen helfen werden, den Mitarbeiter zu finden und zu entwickeln, nach dem Sie suchen, bzw. die Art von Mitarbeiter zu werden, die für den Pastor wirklich von Nutzen ist.

Kapitel 34

Der Mann im Spiegel

Dieses Kapitel richtet sich an Pastoren und Leiter, an Personen, die auf der Suche nach einem Timotheus sind, weil sie einen solchen für ihr Team gewinnen wollen. Bevor Pastoren und Leiter damit beginnen, nah und fern nach einem Timotheus zu suchen, sollten sie allerdings zuerst einen Blick in den Spiegel wagen, um sicher zu gehen, dass sie selbst die gesuchten Eigenschaften verkörpern. Leiter werden immer ihresgleichen anziehen. Wenn *Sie* keine der Eigenschaften eines Timotheus repräsentieren, warum sollten es Ihre Mitarbeiter oder Gemeindemitglieder tun?

Obwohl sich dieses Buch vor allem an Mitarbeiter im Dienst der Hilfeleistung richtet, gelten die Prinzipien, die darin erläutert werden auch für Pastoren. Jeder Pastor oder Leiter hat selbst einen Pastor oder Leiter, dem er sich unterstellt oder von dem er angeleitet wird – zumindest sollte es so sein. Die Prinzipien in diesem Buch können Ihnen helfen, ein besserer Timotheus für Ihren Auftraggeber zu werden.

Wie schon im Vorwort erwähnt, entspricht der Inhalt, den ich vermittle, dem *Ideal,* nach dem wir trachten sollten. Mir ist klar, dass jeder von uns an einem anderen Punkt des Wachstums, der Reife und der Entwicklung steht. Dieses Buch soll nicht ein Werkzeug für Leiter sein, mit dem sie ihre Mitarbeiter gnadenlos messen. Es ist vielmehr ein Ruf an alle, in sich zu gehen und einen göttlichen Charakter sowie Effektivität im Dienst zu entwickeln.

Ihr Pastoren, habt Geduld mit Euren Mitarbeitern und Mitgliedern. Seid freundlich zu ihnen. Denkt daran, wie der Einfluss Rehobeams drastisch nachließ, weil es ihm an Weisheit im Umgang mit Menschen mangelte. In 2.Chronik 10:7 lesen wir: „Wenn du diesem Volk ein Diener wirst, auf seine Bedürfnisse achtest, mit Barmherzigkeit an ihnen handelst und mit ihnen gemeinsam Lösungen suchst, so werden sie am Ende alles für dich tun." (MESSAGE).

Möchten Sie Mitarbeiter haben, die „alles für Sie tun"? Dann achten Sie auf ihre Bedürfnisse und begegnen sie ihnen mit Barmherzigkeit. Loben Sie jeden Schritt des Wachstums und seien Sie langmütig mit ihnen. Barnabas gab Johannes Markus nicht auf, er kümmerte sich um das Potential in ihm. Jesus gab weder Petrus noch Jakobus noch Johannes auf, als sie Fehler machten. Auch Paulus schickte Timotheus nicht in die Wüste, als er seine Mängel bemerkte. Diese Leiter hörten nicht auf, ihren Mitarbeitern als Vorbilder voranzugehen und sie zu lehren, für sie zu beten, sie zu ermutigen und sie zu lieben.

Das Führungsmodell von Paulus

Wenn ein Leiter möchte, dass seine Mitarbeiter Timotheus ähnlich sind, dann sei ihm empfohlen wie Paulus zu sein. Darum wollen wir in kurzen Zügen das Führungsmodell von Paulus studieren:

1. *Seien Sie Vorbild!* Paulus lebte die Art von Dienst, die er in anderen hervorbringen wollte.
2. *Bauen Sie eine Partnerschaft auf!* Paulus arbeitete mit seinen Unterstützern, suchte ihr Wohl und gab ihnen Anweisungen und Richtlinien.
3. *Bleiben Sie verbunden!* Paulus hörte nicht auf, seinen Schützlingen Richtungsweisung und Rückmeldung zu geben, auch wenn sie örtlich getrennt von ihm wirkten. Er fuhr fort, ihnen zu dienen, selbst wenn sie weit entfernt waren.

Im Folgenden nehmen wir diese drei Prinzipien genauer unter die Lupe und werden sehen, wie sie sich in der Beziehung zu unseren Mitarbeitern auswirken sollten.

Erstens: Seien Sie Vorbild!

Gute Leiter sind Vorbilder. Ich bin mir sicher, dass Paulus die Eigenschaften (wenn auch nicht absolut) verkörperte, die er Timotheus zur Aneignung empfahl. Ich glaube auch, dass Paulus die Art von Leiter war, zu der er Timotheus ausbilden wollte. Es ist enorm wichtig, dass ein Leiter die Art von Dienst lebt, die er in seinen Mitarbeitern sehen möchte. Prediger sollten an erster Stelle das tun, was sie predigen und nicht nach dem Motto leben: „Folgt dem, was ich sage, nicht dem, was ich tue.“

Paulus verstand die Kraft des guten Vorbilds, und er setzte alles daran, ein nachahmenswertes Vorbild zu sein.

1.Korinther 4:16
Ich bitte euch nun, seid meine Nachahmer!

1.Korinther 11:1
Seid meine Nachahmer, wie auch ich Christi Nachahmer bin!

Philipper 3:17
Seid miteinander meine Nachahmer, Brüder, und seht auf die, welche so wandeln, wie ihr uns zum Vorbild habt!

Philipper 4:9
Was ihr auch gelernt und empfangen und gehört und an mir gesehen habt, das tut! Und der Gott des Friedens wird mit euch sein.

2.Timotheus 3:10 u. 14
Du aber bist meiner Lehre gefolgt, meinem Lebenswandel, meinem Vorsatz, meinem Glauben, meiner Langmut, meiner Liebe, meinem Ausharren ...

Du aber bleibe in dem, was du gelernt hast und wovon du überzeugt bist, da du weißt, von wem du gelernt hast ...

Obwohl er die Gläubigen aufforderte, seinem Vorbild zu folgen, wusste er, dass er nicht vollkommen war und dass auch er Wachstum nötig hatte. Er wusste, dass er selbst ein Werk im Werden war. Er sagte: *„Nicht, dass ich es schon ergriffen habe oder schon vollendet bin; ich jage ihm aber nach, ob ich es auch ergreifen möge, weil ich auch von Christus Jesus ergriffen bin. Brüder, ich denke von mir selbst nicht, es ergriffen zu haben; eines aber tue ich: Ich vergesse, was dahinten, strecke mich aber aus nach dem, was vorn ist, und jage auf das Ziel zu, hin zu dem Kampfpreis der Berufung Gottes nach oben in Christus Jesus“* (Phil. 3:12-14).

Paulus wusste um die Gnade und Barmherzigkeit Gottes, die ihm zuteil geworden waren, und gewährte sie auch seinem Schützling. Wenn wir seine Briefe an Timotheus lesen, so finden wir nicht, dass er sofortige und absolute Vollkommenheit von ihm erwartete, sondern wir sehen vielmehr, dass er ihn ermutigte, leitete, nährte und seine Gaben kultivierte. Wir erfahren, wie Paulus Timotheus ermahnte und ihn in Richtung Reife und Effektivität anwies und das im vollen Bewusstsein der Schwachpunkte und Kämpfe, die er zweifellos hatte.

Zweitens: Bauen Sie eine Partnerschaft auf!

Ich erinnere mich an die Redewendung: „Du kannst Leute beschäftigen und Hände anstellen, die *für* dich arbeiten, aber du musst ihre Herzen gewinnen, wenn sie *mit* dir arbeiten sollen." Man gewinnt die Herzen der Menschen, indem man sie liebt. Das tut man, indem man für sie betet, ihnen zuhört, sie aufbaut. Unter dem Strich: *Man muss sich um seine Leute kümmern.*

Ihr Pastoren, Eure Mitarbeiter sollten wissen, dass Euch ihr Wohl am Herzen liegt und dass ihr sie nicht benutzt, um die Arbeit zu erledigen. Folgt dem Vorbild von Paulus und baut eine Partnerschaft mit Euren Mitarbeitern auf und lasst Euch ihr Wohl etwas kosten. Wenn Ihr von der Art von Leiterschaft lest, die Paulus gegenüber seinen Söhnen im Glauben ausübte, dann werdet Ihr gewiss das große Maß an Liebe und Zuneigung bemerken, das er zu ihnen hatte. Timotheus, Titus und die anderen waren für ihn nicht in erster Linie Profitträger. Sie waren nicht nur Objekte, die er zum eigenen Gewinn oder für die Erfüllung seines Dienstes einsetzte. Vielmehr waren sie geliebte Söhne, und er sorgte sich um ihr Wohlergehen.

Paulus schrieb sogar an Gemeinden, dass sie Timotheus angemessen behandeln sollten, damit er sich bei ihnen wohl fühlen konnte. Obwohl Timotheus anfangs sicher der Lehrling oder Schützling von Paulus war, wurde er schließlich zum Partner in seinem Dienst und arbeitete einmütig mit ihm zusammen, um eine gemeinsame Absicht zu verfolgen.

Außerdem achtete Paulus auf Timotheus und bemühte sich um sein Wohl, indem er ihm klare und umfassende Anweisungen gab (wir finden sie in den Pastoralbriefen). Paulus meinte nicht, dass Timotheus intuitiv das ganze notwendige Wissen haben würde, das er für einen effektiven Dienst brauchen würde. Paulus war davon überzeugt, dass es notwendig war, Timotheus mit vielfältigen Anweisungen und Richtlinien zu versorgen. Die Anweisungen, die Paulus ihm gab, waren eine Investition in die Entwicklung von Timotheus.

Drittens: Bleiben Sie verbunden!

Kam es Ihnen schon einmal so vor, als ob Ihre Mitarbeiter und Sie in zwei gegnerischen Teams spielen, statt in derselben Mannschaft zu kämpfen? Leiter und ihre direkten Mitarbeiter können sich manchmal auseinanderleben und sogar entgegengesetzte Ziele verfolgen. Wenn das geschieht, kann es sein, dass die beiden Parteien sich gegenseitig beschuldigen, statt ihre Beziehung als eine Partnerschaft zu verstehen. Der berühmte Footballcoach Bear Bryant präsentierte einen Lösungsvorschlag für dieses Problem: „Wenn etwas schief läuft, bin *ich* der Schuldige. Wenn etwas mittelmäßig läuft, dann teilen *wir* uns die Verantwortung. Wenn etwas besonders gut läuft, dann kommt *euch* der ganze Ruhm zu. Mehr braucht es nicht, um eine erfolgreiche Footballmannschaft zu haben.“[1]

Leiter müssen ihr Team immerzu ermutigen. Loben Sie, was gut läuft, korrigieren Sie, was nicht gut läuft, aber schaffen Sie keine Atmosphäre, in der die Leute sich fürchten Fehler zu machen. Vermitteln Sie ihnen, dass sie nicht nur ihr Coach sind, sondern auch ihr größter Fan. Dann werden Sie alle Teil desselben Teams sein!

Paulus hielt die Verbindung zu seinen Mitarbeitern bis zum Ende. Er hatte verstanden, dass die Ausbildung von Mitarbeitern ein fortdauernder Prozess ist, der niemals aufhört. Paulus übte während des gesamten Lernprozesses, den er durchlief, Geduld mit Timotheus und versorgte ihn stets aufs Neue mit Inspiration und Information. Nicht einmal als er um sein baldiges Ende wusste, hörte er auf, sich in Timotheus zu investieren und ihm wichtige Anweisungen mitzuteilen, wie er seinen Dienst erfüllen konnte.

---

[1] Zitat aus: „Sermon Illustrations, Topic: Credit," Bible.org: Trustworthy Bible Study Ressources, http://www.bible.org/illus.asp?topic_id=342.

Dienst, der aus Liebe entspringt

Paulus diente Timotheus und anderen Menschen in selbstloser Weise. Er gab ihnen von der Liebe Gottes, die in ihm war. Er gab nicht, weil er erwartete, dass sie seinen Dienst der Liebe erwidern würden (was sie leider häufig nicht taten). Paulus schrieb an die Gemeinde in Korinth: *„Ich werde euch nicht zur Last fallen, denn ich suche nicht das Eure, sondern euch. Denn die Kinder sollen nicht für die Eltern Schätze sammeln, sondern die Eltern für die Kinder. Ich will aber sehr gern alles aufwenden und mich aufopfern für eure Seelen. Wenn ich euch also noch mehr liebe, werde ich dann weniger wiedergeliebt?"* (2.Kor. 12:14-15).

Paulus ging von der Annahme aus, dass er den Gläubigen in Korinth mehr geben würde, als er von ihnen zurückerwarten konnte. Dazu war er in der Lage, weil er das Wohl der Leute suchte, denen er diente, und nicht danach trachtete, etwas von ihnen zu bekommen. Motiviert durch Liebe, war Paulus unermüdlich dabei, andere auszubilden und ihnen zu dienen.

Paulus hatte eine Reife, die nicht immer auf eine entsprechende Gegenleistung für den eigenen Einsatz pocht. Er war nicht bitter oder enttäuscht über die Unausgewogenheit dieser Faktoren. Er besaß die Einstellung, das Richtige zu tun, ob nun jemand angemessen darauf reagierte oder nicht.

Der Grundsatz, unabhängig von anderen das Richtige zu tun, kommt sehr gut durch die Tafel zum Ausdruck, die an einer Wand des Kinderheims von Mutter Theresa in Kalkutta hing:

> Menschen sind oftmals unvernünftig, sie handeln unlogisch und selbstsüchtig – vergib ihnen trotzdem.
>
> Deine Freundlichkeit kann Dir als selbstbezogen und unaufrichtig ausgelegt werden – sei dennoch freundlich.
>
> Dein Erfolg wird Dir einige falsche Freunde und einige wahre Feinde einbringen – sei trotzdem erfolgreich.
>
> Bist Du offen und ehrlich, kann es sein, dass andere dich ausnützen – sei dennoch offen und ehrlich.
>
> Was Du über Jahre aufgebaut hast, kann womöglich in einer Nacht zerstört werden – baue trotzdem auf.

> Deine Heiterkeit und Fröhlichkeit mag den Neid der anderen hervorrufen – sei trotzdem fröhlich.
>
> Das Gute, das du heute tust, werden die anderen vielleicht morgen schon vergessen haben – tue trotzdem Gutes.
>
> Gib der Welt Dein Bestes, auch wenn es nie genug ist – gib der Welt trotzdem Dein Bestes.
>
> Schließlich geht es um Dich und Gott – es geht nie um Dich und die anderen.[1]

Es ist ein normaler Teil des Lebens, dass manche Mitarbeiter, die wir ausbilden, uns schließlich verlassen und an einem anderen Ort arbeiten werden – *bilde sie trotzdem aus!*

Anhaltende Investition

Jesus wie auch Paulus investierten in Mitarbeiter und empfingen in manchen Fällen nie den gewünschten Ertrag ihrer Investition. Judas erfüllte nie sein volles Potential. Demas verließ Paulus und kehrte in sein altes Leben zurück. Aber solche Vorkommnisse ließen weder Paulus noch Jesus mutlos und bitter werden. Sie hörten nicht auf, aufgrund der Liebe Gottes, die in ihnen war, in das Leben anderer zu säen.

Es wird jedem von uns früher oder später geschehen, dass man in einen Mitarbeiter investiert, ohne einen wirklichen Nutzen daraus zu empfangen. Aber selbst wenn der Nutzen einer Investition nicht sofort sichtbar ist, sollten wir im Sinn behalten, dass wir sowieso nicht in Menschen investieren, damit uns geholfen ist. Wir investieren in Menschen zu *ihrem* Nutzen – damit sie geistlich wachsen und zu dem werden können, was ihrer göttlichen Berufung entspricht – sowie zum Nutzen des Reiches Gottes.

Es mag vorkommen, dass Leute, die wir ausgebildet haben, ihre Ausbildung mit sich nehmen und einer anderen Gemeinde oder einem anderen Dienst damit helfen. Betrachten Sie solche Personen als Same, den Sie ins Reich Gottes gesät haben. Obwohl Ihre Gemeinde oder Ihr Dienst vielleicht nicht den vollen oder soforti-

[1] „Do It Anyway," http://catholicgirl.faithweb.com/mother_teresa.htm.

gen Nutzen davon hat, wird doch das Reich Gottes als Ganzes einen Nutzen haben, und dafür sollten Sie dankbar sein.

Wenn die Mitarbeiter, die Sie ausgebildet haben, sich eines Tages verabschieden, um an einem anderen Ort zu wirken, dann lassen Sie sich davon nicht grämen oder enttäuschen. Auf keinen Fall dürfen Sie es zulassen, dass solche Vorkommnisse Sie davon abhalten können, in weitere Männer und Frauen Ihrer Gemeinde zu investieren. Wie Zig Ziglar einmal gesagt hat: „Es ist weniger schlimm, Leute auszubilden, die man später verliert, als sie nicht auszubilden und sie zu *behalten.*“[1] Wenn Sie Mitarbeiter ins Reich Gottes säen (freiwillig oder unfreiwillig), so stehen Sie im Glauben und erwarten Sie, dass andere kommen, um den Platz derer einzunehmen, die Ihre Gemeinde verlassen haben.

Suchen Sie in den eigenen Reihen

Ich habe mehrfach betont, dass erfolgreiche Leiterschaft nur dann wirklich möglich ist, wenn sie auf großartige Nachfolgerschaft trifft. Behalten Sie aber im Hinterkopf, dass „Nachfolge ein Akt des Vertrauens ist – der Glaube an den Weg eines Leiters – und dass Glaube nur dann entfacht werden kann, wenn Leiter sich als integer erweisen.“[2] Wie Sie sich erinnern, war Paulus unter anderem deswegen ein großer Leiter, weil er tat, was er predigte, und selbst nach den Grundsätzen lebte, die er Timotheus vermitteln wollte. Darum sind die Eigenschaften guter Mitarbeiter auch die Eigenschaften guter Leiter. Wenn Sie diese Eigenschaften, Ehrlichkeit, Integrität, Treue und so weiter, in Ihrem Leben umsetzen, dann werden Ihre Mitarbeiter in der Lage sein, Ihnen und dem Weg zu vertrauen, den Sie ihnen empfehlen zu gehen.

Vielleicht sind Sie sich sicher, dass Sie die Eigenschaften von Timotheus recht gut verkörpern, und Sie haben keine Zweifel daran, dass Sie die Leute gut behandeln und viel in sie investieren. Viel-

---

[1] Duncan Maxwell Anderson, „Creating Loyalty; Zig Ziglar: Discipline Inspires Devotion,“ *Success Magazine,* November 1994.

[2] Lawrence M. Miller, zitiert in „Article Number 172: Ethics of Followership,“ http://onlineethics.org/corp/leader.html#ethics.

leicht folgen Sie auch dem Führungsstil von Paulus und müssen *trotzdem* sagen: „Ich brauche viel mehr Hilfe, als ich im Augenblick habe. Ich habe gesucht und gesucht und ich bin noch immer auf der Suche nach Timotheus!“

Fassen Sie Mut ... seien Sie geduldig! Sie müssen nicht den ganzen Globus nach einem Mann wie Timotheus absuchen. Sie müssen nicht zu jeder Bibelschulabschlussfeier gehen in der Hoffnung, dort Ihren Timotheus zu entdecken, wie er gerade sein Diplom entgegen nimmt. Vielleicht kann man auf diesem Weg gute Leute finden, aber vielleicht sitzt Timotheus bereits in ihren eigenen Reihen. Es könnte der Mann sein, der jeden Sonntag mit seiner Familie treu zum Gottesdienst kommt. Vielleicht ist es die Frau, die einmal im Monat am Büchertisch mitarbeitet. Vielleicht sind es die Leute, die erst kürzlich zum Glauben gekommen sind, aber viel Interesse und Eifer zeigen. Vielleicht müssen Sie nicht weit suchen, um Timotheus zu finden – lassen Sie Ihren Blick über Ihre Gemeinde schweifen. Potentielle Mitarbeiter werden Ausbildung brauchen, sie werden Belehrung nötig haben, es wird unerlässlich sein, ihnen Liebe zu erweisen und Wegweisung zu geben, aber das ist nur normal. Menschen wie Timotheus werden gemacht, nicht geboren.

Fragen zum Nachdenken und zur Diskussion

1. Wie groß ist Ihre Ähnlichkeit mit Timotheus, wie er in diesem Buch beschrieben wurde? Wagen Sie einen Blick in den Spiegel!
2. Stellen Sie Erwartungen an Ihre Mitarbeiter, die Sie selbst nicht erfüllen?
3. Nennen Sie Bereiche, in denen Sie als Vorbild fungieren.
4. In welcher Hinsicht haben Sie eine partnerschaftliche Beziehung zu den Menschen aufgebaut, die unter Ihrer Leitung arbeiten?
5. In welcher Hinsicht bleiben Sie mit Menschen in Verbindung, die Sie ausgebildet haben.

6. Ist es schon vorgekommen, dass Leute, die von Ihnen ausgebildet wurden, schließlich weiter gezogen sind? Waren Sie versucht zu denken, dass Sie ihre Zeit vergeblich investiert hatten?
7. Nennen Sie fünf Leute in Ihrer Gemeinde, von denen Sie glauben, dass sie das Potential haben, ein Timotheus zu werden. Was können Sie tun, um dieses Potential zu entwickeln?
8. Was haben Sie in diesem Kapitel gelernt und wie können Sie es anwenden?
9. In welchen Bereichen müssen Sie ins Gebet gehen oder sich verbessern?

Kapitel 35

Der Timotheus in Dir

Ich bin mir sicher, dass Sie den Wunsch haben, das beste Teammitglied, der beste bezahlte oder ehrenamtliche Mitarbeiter zu sein, der Sie sein können, und dass sie danach trachten, die Berufung Gottes in einer Weise auszuleben, die für den Herrn und die Leute, mit denen Sie zusammenarbeiten, eine Freude ist. Dennoch denken Sie vielleicht: *Jetzt habe ich 34 Kapitel darüber gelesen, wie dieser „Timotheus" beschaffen sein muss und sich verhalten sollte – wo soll ich anfangen? Wie kann ich ein „Timotheus" werden? Muss ich ein Seminar in meiner Gemeinde besuchen, bevor ich damit anfangen kann? Oder sollte ich es lieber gar nicht erst versuchen, weil ich diesem Bild einfach nicht entspreche?* Ich werde Ihnen nun dieselben grundsätzlichen Ratschläge geben, wie ich sie oben den Pastoren gegeben habe: Fassen Sie Mut ... seien Sie geduldig!

Es wäre nicht fair, Sie „auf die Suche nach Timotheus" zu schikken, ohne Ihnen einen Startpunkt zu geben, von dem aus Sie Ihre Suche beginnen können. Zu sein wie „Timotheus" bedeutet nicht, ein Kostüm *anzuziehen.* Und es handelt sich dabei auch nicht um etwas, das man einmal findet und dann für immer *besitzt.* Zu einem Timotheus *wird* man. Auch für die Jünger nahm es Zeit in Anspruch, den Prozess des Lernens, des Tuns und des Werdens zu durchlaufen und verwandelt zu werden. Und auch Ihre Verwandlung wird Zeit benötigen. Ich kann Ihnen nicht sagen, wie lange es dauern wird, bis der Timotheus in Ihnen zur Reife und zur Blüte kommt. Ich kann Ihnen aber einige praktische Schritte mitteilen, die es Ihnen ermöglichen anzufangen und dem Bild von Timotheus jeden Tag ein wenig ähnlicher zu werden.

Praktische Schritte auf dem Weg ein Timotheus zu werden

Wenn Sie dieses Buch zu Ende gelesen und festgestellt haben, was bereits vorhanden ist und wo es noch mangelt, sollten Sie einen

Plan entwerfen. In einem früheren Kapitel haben wir gelernt, dass Erfolg zustande kommt, wenn wir unsere Arbeit planen und anschließend unseren Plan umsetzen.

1. Erstellen Sie eine Liste mit den Grundsätzen und Eigenschaften, die Sie in Ihrem Leben umgesetzt sehen wollen. Arbeiten Sie das Buch erneut durch und markieren Sie die Passagen, von denen Sie glauben, dass Sie daran arbeiten sollten.
2. Ordnen Sie den Punkten auf Ihrer Liste Prioritäten zu. Beginnen Sie dort, wo Sie sofortigen Handlungsbedarf sehen. Es mag viele Bereiche geben, an denen Sie arbeiten müssen, aber Sie können nicht auf jeder Baustelle gleichzeitig wirken. Wenn Sie einen Aktionsplan haben, wird Ihnen das helfen, den Prozess konzentriert und zielgerichtet in Angriff zu nehmen.
3. Verbringen Sie Zeit im Gebet und bitten Sie den Heiligen Geist, Ihnen zu offenbaren, worauf Sie Ihr unmittelbares Augenmerk richten sollen; bitten Sie auch darum, dass Er Ihnen einen Plan mitteilt, der Ihren Bedürfnissen und Ihrem Naturell entspricht. Bitten Sie den Herrn außerdem um Weisheit (Jakobus 1:9) und befehlen Sie Ihm Ihren Weg (Psalm 37:5). Rechnen Sie mit der Gnade Gottes, die Sie befähigen wird, den Plan umzusetzen.
4. Setzten Sie messbare und erreichbare Ziele. Schreiben Sie zum Beispiel nicht: „Ich möchte pünktlicher werden." „Pünktlicher" ist schwer messbar und es wird Ihnen schwer fallen sagen zu können, ob Sie tatsächlich gewachsen sind. Schreiben Sie lieber: „Ich werde diese Woche jeden Tag eine Viertelstunde früher aufstehen, damit ich eine Viertelstunde eher aus dem Haus gehen kann als bisher. So werde ich pünktlich zur Arbeit kommen und nicht zu spät." So haben Sie nicht nur ein messbares Ziel gesetzt (bin ich wirklich eine Viertelstunde früher aufgestanden?), sondern so setzen Sie auch ein erreichbares Ziel, denn ihr Ziel lautet: *eine Woche lang* 15 Minuten eher aufstehen und aus dem Haus gehen. Damit ist nicht schon das Versagen vorprogrammiert, weil Sie etwa verkündet haben: „Ich werde nie wieder zu spät kommen." Wenn Sie sich Ziele setzen, dann

achten Sie darauf, dass sie *messbar* und *erreichbar* sind. Wenn die kleinen Ziele erreicht sind, können Sie weiter aufbauen.

5. Wenn Sie Hilfe benötigen, um eine Prioritätenliste zu erstellen und/oder sich Ziele zu setzen, dann reden Sie mit einem erfahrenen Freund, mit Ihrem Vorgesetzten oder Pastor und bitten Sie jemand aus dieser Gruppe, Ihnen zu helfen. Bringen Sie zum Ausdruck, dass Sie wirklich Ihr Bestes für Gott geben und dass Sie ein produktiver Mitarbeiter werden wollen. Andere können vielleicht eher als Sie selbst ihren Finger auf die Punkte legen, in denen Sie Wachstum brauchen. Indem Sie jemanden um Hilfe bitten, können Sie zudem einen Sinn für Rechenschaft entwickeln, auch das wird Ihnen helfen, Ihren Plan bis zum Ende umzusetzen.
6. Wenn Sie einen Plan gefasst haben, dann nehmen Sie sich ein Ziel pro Woche vor. Rom ist bekanntlich nicht an einem Tag erbaut worden und auch Sie werden nicht in einem Tag zum ultimativen Supermitarbeiter. Gewähren Sie sich viel Zeit, dann werden Sie das rechte Zeitmaß für jeden Bereich haben, ohne sich dabei selbst zu überfordern.
7. Planen Sie Besprechungen mit Leuten, denen Sie Rechenschaft geben wollen, damit Sie eine Rückmeldung darüber bekommen, wie es um Ihre Entwicklung steht, und dadurch zusätzlich ermutigt werden. Solche Treffen geben Stabilität und werden Ihnen dabei helfen, Ihre Einstellung auf eine höhere Ebene zu bringen.
8. Versuchen Sie nicht, alles selbst zu machen. Die Jünger konnten sich nicht selbst verwandeln und auch Timotheus konnte sich nicht selbst ausbilden. Lassen Sie die Predigten Ihres Pastors zu Ihrem Herzen sprechen. Führen Sie sich Lehre zu, die Ihnen in den zu verbessernden Bereichen helfen kann. Gönnen Sie sich jedes nützliche Training. Lesen Sie Gottes Wort, vor allem auch die Briefe, die Paulus an seine Mitarbeiter schrieb. Tun Sie es mit der Absicht Schriftstellen zu finden, die Sie inspirieren und anweisen. Am allerwichtigsten: Verbringen Sie Qualitäts-

zeit mit dem Herrn und lassen Sie sich durch Seine Gegenwart von innen her verwandeln. Vertrauen Sie auf Gottes Stärke und Gnade: *„Denn Gott ist es, der in euch wirkt sowohl das Wollen als auch das Wirken zu seinem Wohlgefallen“* (Philipper 2:13).

9. Zögern Sie nicht, gehen Sie mit Gott an die Arbeit!

Wenn Sie angefangen haben, die gelernten Prinzipien umzusetzen, werden Sie vielleicht das Bedürfnis haben, manche Abschnitte dieses Buches erneut zu lesen. Es kann nicht schaden, das ganze Buch jedes Jahr einmal zu lesen und festzustellen, wie sich Ihre Antworten auf die Fragen am Ende der Kapitel verändern. Sicher werden Sie dabei deutliche Zeichen des Wachstums erkennen können. Wenn Sie das Buch lesen und die Fragen erneut beantworten, werden Sie sehen, in welchen Punkten Sie gewachsen sind und wo weiteres Wachstum nötig ist. So werden Sie stets eine klare Sicht Ihrer selbst und Ihres Wachstums im Dienst haben.

Ungeachtet Ihrer Position – pflegen Sie die Haltung eines Timotheus

Die meisten Leute, die im Dienst der Hilfeleistung wirken, gehen zum Broterwerb einer Beschäftigung außerhalb der Gemeinde nach. Sie arbeiten auf einem anderen Gebiet und helfen in ihrer Freizeit in der Gemeinde, damit sie in der Weise wachsen und funktionieren kann, wie Gott es beabsichtigt hat. Natürlich gibt es auch Leute, die eine vollzeitliche Anstellung im Dienst der Hilfeleistung in der Gemeinde haben.

Ob Sie nun auf freiwilliger Basis arbeiten oder für Ihren Dienst bezahlt werden – ich möchte Sie ermutigen, auf der Ebene ein Segen zu sein, auf der Sie sich im Augenblick befinden, und sich in den Bereichen einzubringen, die Ihnen zugedacht sind. Achten Sie dabei nicht zu sehr auf eine mögliche Position, einen zukünftigen Titel oder Status. Sei es, dass Sie für den Pastor, für seinen Assistenten oder für einen Bereichsleiter arbeiten – Sie sind stets ein Mitarbeiter im Dienst der Hilfeleistung. Und damit sind und bleiben Sie ein wichtiger, unersetzbarer Teil des Leibes Christi und des Plans, den Gott für Sein Reich hat. Nicht jeder wird die rechte Hand des Pastors sein, trotzdem kann jeder die *Haltung* eines Timotheus haben, auch wenn er nicht die *Position* eines Timotheus hat.

Beginnen Sie dort, wo Sie sind, mit dem, was Sie haben

Es sind drei Lügen, die der Teufel hauptsächlich gebraucht, um Sie davon abzuhalten, der göttlichen Berufung zu folgen und ein nützliches Gefäß für Ihn zu sein. Er wird versuchen Ihnen einzureden, dass große Dinge wohl geschehen können, aber a) nicht durch Sie, b) nicht an dem Ort, an dem Sie sind, und c) durch andere Gaben, als die Ihren. Damit sagt er Ihnen, dass große Dinge *ganz anders, in weiter ferne* und *schwer zu erreichen* sind. Aber die Männer und Frauen, von deren erfolgreichen Taten die Bibel berichtet, waren gewöhnliche Leute, die das gebrauchten, was sie hatten, alltägliche, verfügbare Werkzüge, die dennoch sehr machtvoll waren, weil sie Gott geweiht waren und zu Seiner Verherrlichung eingesetzt wurden.

- Mose hatte einen Stab.
- Rahab hatte ein scharlachrotes Tuch.
- Simson hatte den Kieferknochen eines Esels.
- David hatte eine Steinschleuder.
- Die Witwe hatte einen Krug mit Öl.
- Der kleine Junge hatte ein paar Brote und Fische.
- Dorkas hatte eine Nähnadel und Leinenstoff.

John Burrows sagte einmal: „Der Reiz des Fernen und des Schwierigen ist trügerisch. Die großen Gelegenheiten bieten sich direkt vor der Tür." Seien Sie Sie selbst – gebrauchen Sie Ihre Fähigkeiten, Ihre Begabungen und Ihre Persönlichkeit – und beginnen Sie dort, wo Sie gerade sind, mit dem, was Sie haben.

Ich bin überzeugt, dass Sie ein Mitarbeiter sind, der zu einem Timotheus an der Seite eines Paulus werden möchte. Darum ermutige ich Sie, in sich zu gehen und die Eigenschaften zu suchen, die Timotheus auszeichneten. Was die Eigenschaften angeht, an denen es Ihnen mangelt – wenden Sie sich an Gott, damit Er Ihnen helfen kann, diese Eigenschaften zu entwickeln. Was die bereits vorhandenen Eigenschaften angeht, die der Verfeinerung bedürfen – trachten Sie danach, diese zu stärken. Was die Eigenschaften betrifft, die bereits in der Blüte stehen – bilden Sie sie weiter aus.

Wenn Sie diese 35 Kapitel gelesen haben und nun versucht sind, das Handtuch zu werfen, weil Sie sich überwältigt und nicht qualifiziert fühlen – tun Sie es nicht! Es gibt Hoffnung! Timotheus wurde nicht an einem Tag zu dem, was er war, und das wird auch bei Ihnen nicht anders sein. Wie gesagt, dieses Buch beschreibt den Idealzustand, den wir erreichen können, dem wir nachjagen sollen. Fassen Sie Mut und geben Sie nicht auf. Vielleicht denken Sie, dass Sie nicht bereit oder nicht berufen sind, dass Timotheus irgendein Bursche in Korinth oder Ephesus oder sonst wo war; aber mit Gottes Hilfe, ein wenig Mut und einer großen Portion Einsatz, werden Sie Timotheus *in sich* finden. Sie können heute damit beginnen.

Fragen zum Nachdenken und zur Diskussion

1. Haben Sie ein reiferen Freund oder Vorgesetzten, den Sie darum bitten können, Ihnen Rechenschaft abzunehmen und Ihnen dabei zu helfen, ein Timotheus zu werden? Wenn nicht, gibt es Personen, die in Frage kämen? Was werden Sie unternehmen, um die passende Person zu finden?
2. Hatten Sie schon Zweifel an Ihrem Wert für das Reich Gottes, weil Sie sich als minderwertig empfanden? Haben Sie den Lügen des Teufels Gehör geschenkt, die zum Ausdruck bringen, dass große Dinge anders, in weiter Ferne und schwer zu erreichen sind?
3. Nennen Sie einige Faktoren (Gaben, Fähigkeiten, Besitz, und ähnliche), die Sie bereits haben und die für den Dienst nützlich sein können, wenn sie dem Herrn geweiht werden.
4. Verbringen Sie gerade jetzt etwas Zeit mit dem ersten Schritt der Liste „Praktische Schritte auf dem Weg, ein Timotheus zu werden.“

Gospel Training Center

Starke Gemeinden durch starke Mitarbeiter

Das Gospel Training Center ist eine berufsbegleitende Bibelschule in Brugg/AG (Schweiz), die Ihr Leben nachhaltig verändern wird. Starke christliche Gemeinden bestehen aus starken Mitarbeitern. Mit einem ausgewogenen Trainings-programm wollen wir den Teilnehmern helfen, in allen Bereichen des geistlichen Lebens das nötige Fundament zu legen, damit sie einen unerschütterlichen Glauben, eine unaufhaltsame Hoffnung und eine unbesiegbare Liebe entwickeln können. Lassen Sie sich hineinführen in eine tiefere Erkenntnis des Wortes Gottes und lernen Sie Seinen Plan für Ihr Leben kennen.

Der Unterricht findet statt:

Montags, 09.00 bis 17.00 Uhr
Schulbeginn: Ende August / Schulende: Ende Juni
zusätzlich 4 Block-Unterrichtswochen

Weitere Informationen und Anmeldeunterlagen auf:
www.gospeltrainingcenter.ch
oder: +41 (0)56 441 12 58

Empfehlenswerte Literatur

Apostel, Propheten und Pastoren

von Kenneth E. Hagin

Welche sind die Aufgaben von Aposteln, Propheten und Pastoren im Leib Christi? Der Autor nimmt in seinem Buch anhand des Wortes Gottes Stellung zu diesen aktuellen Fragen. Sein Anliegen ist es, ein klares Verständnis der schriftgemässen Funktion dieser Ämter zu vermitteln.

Paperback, 288 Seiten Euro 13.00 / sFr. 24.80

Heilung durch Gottes Wort

von Kenneth E. Hagin

Ein Andachtsbuch für jeden Tag, das aus den Botschaften der ersten Heilungsschule im Jahr 1979 entstand. Es versorgt den Leser täglich mit einer Dosis von Gottes Medizin. Der Autor vermittelt biblische Wahrheiten, die uns helfen, die Heilung zu empfangen, die Jesus für uns erworben hat.

Paperback, 384 Seiten Euro 16.50 / sFr. 29.80

Wachsender Glaube

von Kenneth E. Hagin

Bilde ein solides Fundament für deinen Glauben durch diese Sammlung einiger der beliebtesten Predigten von Kenneth E. Hagin! Dieser Klassiker vermittelt Grundlagen, die zum Verständnis des Glaubenslebens für jeden Christen von großer Wichtigkeit sind.

Paperback, 116 Seiten Euro 7.80 / sFr. 14.80

Höre! der Herr ruft Dich

von Lynne Hammond

Die Autorin vermittelt eine kraftvolle biblische Perspektive über Gebet, und zeigt das Wesen echter und lebendiger Gemeinschaft mit Gott auf. Der Leser bekommt eine siegreiche Sicht über Anbetung, Fürbitte, Flehen und geistlichen Kampf, die sein Glaubensleben erfrischen wird.

Paperback, 190 Seiten Euro 11.80 / sFr. 22.80

Deine Stellung in Christus

von Mark Hankins

Viele Christen reden davon, was sie gerne sein möchten, was sie sein sollten und was sie einmal sein werden. In diesem Buch erklärt der Autor, was durch den Tod und die Auferstehung Christi geschehen ist und wer wir in Christus bereits sind. Lerne zu verstehen, was dir jetzt gehört!

Paperback, 160 Seiten Euro 9.80 / sFr. 16.80

Römerbrief bis Offenbarung

von Manfred Roth

Eine erklärende Übersetzung. Sie verbindet grösste Sorgfalt und Präzision mit einladender Verständlichkeit, ideal für den heutigen Leser, jedoch auf der Basis gradliniger, kompromissloser Umsetzung des griechischen Grundtextes.

Buch DIN A4, 300 Seiten Euro 20.00 / sFr. 30.00

Zu beziehen durch:

Zoe Evangelistische Vereinigung
Badenerstrasse 808
8048 Zürich
Schweiz

Tel.: +41 44 432 9272
Fax.: +41 44 432 9354

www.zoe-online.ch; zoe@zoe-online.ch

Fordern Sie unseren aktuellen Katalog an mit weiterer glaubensstärkender Literatur.

Besuchen Sie auch die Internetadresse von:

Tony Cooke Ministries

www.tonycooke.org